초등 본질 글쓰기

프롤로그

글쓰기를 향해 달려오게 하는 마음, 그 마음에 관한 연구

나이 마흔에 독서논술지도사가 되었습니다. 곧 오십이니 익숙해질 만도 하건만, 독서논술지도사라는 단어가 이상하게 입에 붙지 않아 누군가 직업을 물어보면 "아이들 책 읽기와 글쓰기를 봐줘요."라고 답하고는 합니다. '독서논술지도사'라는 단어는 목적은 느껴지는데 본질이 느껴지지 않는달까요? 책 읽기와 글쓰기의 세계로 아이들을 인도하는 책 선생? 글 선생? 아이들과 함께 읽고 쓰며 성장하는 길잡이? 장황한 수식어 없이 한 단어로 똑 떨어지는, 이 일이 가진 향기까지도 담을 수 있는 단어를 저는 아직도 찾지 못한 것 같습니다. 독서도 글쓰기도 오로지 공부를 위한 수단과 도구로만 취급받는 세상에서, 저에게는 아직도 '내 인생의 책' 한 권이 삶에 남겼던 잊지 못할 감동과 홀로 공책 위에 생각을 끄적이며 제 안의 성장을 느낄 때의 그 기쁨을 어떻게든 아이들에게 전하고 싶은 마음이 있기 때문이 아닐까 합니다.

아침이면 아이가 등교하기가 무섭게 쓸고 닦는 10평 남짓한 거실이 저의 교실이자 사무실입니다. 거실 한가운데에는 연한 나뭇결이 살아있는 6인용 책상이 있습니다. 그 책상 위에는 뾰족하게 깎인 연필들이 꽂혀있는 연필꽂이와 동강 난 지우개들이 잔뜩 담긴 통이 놓여 있습니다. 해와 구름과 하늘이 절반인 거실 창가에는 크고 작은 초록빛 화분들이 줄지어 서서 오전의 강력한 햇살을 온몸으로 받아냅니다. 저 역시 질세라 볕 아래 서봅니다. 그러고는 교실을 빽빽하게 둘러싸고 있는 책꽂이에서 오늘 수업에 필요한 책들을 찾습니다. 오후에 수업할 책, 다음 주까지 읽어 오라고 아이들에게 나누어 줄 책들을 모두 찾아서 우르르 책상 위에 부려놓은 뒤, 갓 갈아서 내린 향 좋은 원두커피 한 잔을 들고 자리에 앉으면 저의 하루 일과가 시작됩니다. 날 좋은 날이면 창을 열어 바람을 들이는데 그러면 교실 책장 가득 꽂혀있는 책들이 너울너울 숨을 쉬는 것 같은 기분이 듭니다. 그 많은 책이 나무가 되고, 저는 나무 가득한 숲속에 앉은 듯한 느낌이 들기도 하지요. 그래서일까요? 제게 오는 아이 중 하나가 수업 시간에 이런 시를 써냈습니다.

그래, 나 이름 없어 사람 없어 / 다들 관심 없어 간판도 없어 / 하지만 난 딴 학원보다 더 싸 /
그러니 딴 데 가지 말고 나한테 와 / 다른 학원 봤지 책꽂이 없지 /
그러니 나에게 와 나한테 오면 손쉽게 / 생각을 꽃 피워 좋은 인생 살아야지 / (중략) 힘한 길 힘차게 걸어갈 수 있게 / 두뇌가 되어 줄게 힘 닿는 데까지 / 두뇌를 지켜 줄게 다 닿을 때까지 수업에서 패러디 시 쓰기를 종종 하곤 하는데 신민규 시인의 「이런 신발」을 패러디한 초등 4학년 시원이의 시입니다. '다른 학원 봤지 책꽂이 없지'라는 구절과 '힘닿는 데까지 두뇌가 되어주겠다'는 구절에서 그만 빵 하고 웃음이 터졌습니다. '왜 하필 두뇌냐'고 물었더니, 생각을 만들어주는 주는 선생님이라 그렇다네요. 생각을 만들어주는 사람이라…. 어쩜 그 말은 제 마음을 반짝이게 합니다. 무엇보다 시원이 눈에 이 공간에서 가장 근사해 보이는 게 책꽂이였나 봅니다. 더 멋진 차별화 지점을 심어 주었어야 했는데, 그러지 못했던 선생으로서 미안한 마음도 드네요.

제 교실의 책들은 사실 저의 역사입니다. 저는 대학에서 문예창작을 전공하고, 대학 졸업도 전에 출판사에 취직하여 십 년 넘게 어린이책 편집자로 일했습니다. 작가를 꿈꾸던 시절 사 모은 소설책과 작법책, 편집자로 근무하면서 만든 어린이책들, 또 출판 시장이 가장 호황기였던지라 책을 찍으면 200부 정도는 출판 관계자들에게 선물하는 풍조가 있었던 그때 당시 선후배들로부터 받은 책들, 그리고 좋은 책에 욕심이 많아 어린이 분야의 스테디셀러들을 죄다 사 모았으니 책이 많을 수밖에 없지요. 이 책들은 스몰 라이프가 추앙받는 시대에 뭐든 버리지 못하는 습관을 가진 편집쟁이의 고집 같은 것으로 취급받다가 이 일을 시작하고부터는 소중한 보물이 되었습니다. 아이들이 소파 위에 올라서서 읽을 책을 고를 때는 제가 다 신이 납니다. 이건 이래서 재밌고 저건 저래서 재밌고, 마치 책 파는 서점 주인이 된 양 상기되어 너스레를 떨게 되지요.

✳ ✳ ✳

    높은 이상이나 낭만, 혹은 세속의 성공을 목표로 이 직업을 택한 것은 아니었습니다. 그저 출산 이후 경력 단절이 되어버린, 누구 엄마라는 이름이 더 익숙해져 버린 마흔 즈음에 저는 간절하게 직업이 필요했습니다. 아이가 유치원에 가던 날부터 카피라이팅 알바로 시작해 논술 학원 파트타임 교사, 편집 외주일을 하고 구글에서 경력 단절 여성을 위한 CEO 수업도 받으며 제2의 인생을 준비했지요. 대학 졸업 전에 취업을 해버려서 취준생의 불안하고 고달픈 마음을 몰랐었는데 그 많은 길들 중에 내 길 하나 없는 것 같아 답답하고 서글픈 시간을 보냈습니다.

    이사를 하게 되어 파트타임으로 일하던 논술 학원에서 아이들과 작별을 고하던 날이었습니다. 이 수업이 마지막이라는 말을 아이들은 받아들이지 않았습니다. 다들 다음 스케줄이 있었음에도 교실을 나가지 않자 문제가 되기 시작했습니다. 10분, 20분… 시간이 흐르니 다른 학원과 학부모들로부터 전화가 빗발쳤습니다. 아이들은 책상 밑에 들어가서는 서로 어깨를 걸고, 다른 선생님이 와서 타이르고 윽박질러도, 엄마의 찌를 듯한 고함이 핸드폰을 넘어서도 끄떡도 하지 않았습니다. 그런 아이들이 저는 난감하기도, 한편 고맙기도 했습니다. 민망할 정도로 너무 많이 울어버렸던 기억만 남았습니다. 개인 과외로 돌릴 테니 아이를 맡아 달라는 부모들의 요청이 쇄도했습니다. 그러기에는 너무 멀리 이사를 가야 해서 그저 감사히 여기던 차, 궁금해서 제가 물었습니다. 아이들이 왜 그렇게 저를 원하는지 알고 싶다고 말입니다.

"서언이는 선생님을 만나서 처음으로 스스로가 좋아졌대요!"

"희연이는 글을 쓰며 자기가 꽤 괜찮은 사람이란 걸 깨달았대요."

그 말에 멈추었던 가슴이 다시 뛰기 시작했습니다. 시간을 거슬러 올라가며 아이들과 함께 보낸 시간을 하나하나 반추해 보기 시작했습니다. 대학 시절에도 논술 학원에서 아이들을 가르치긴 했지만, 십 년 넘게 어린이책을 만들어서일까요? 책 한 권을 읽고 아이들과 나눌 얘기가 참 많았습니다. 등장인물이 한 행동의 의미를 짚고, 그것을 비판적으로 들여다보고, 주인공의 감정에 공감해 보고 나의 경험을 연결하다 보면 늘 시간이 부족했습니다. 중간중간 책 만들 때의 이야기가 버무려지기도 하였는데, 그러면 아이들의 쫑긋한 귀가 쑥쑥 커지는 모습이 보이기도 했습니다. 아이들이 저를 딛고 책 속으로 한 걸음 더 들어가 작가와 소통하는 모습에 짜릿한 쾌감 같은 것도 느꼈습니다.

독후 활동으로 아이들이 써놓고 간 글을 대할 때는 어린 작가를 대하는 심정으로 임했습니다. 아이가 쓴 한 줄의 문장, 표현, 조사에 담긴 마음, 수업 시간에 주고받은 눈빛, 지우개를 문지르며 그 똥을 털어내고 다시 새 문장을 적어 내려가는 행동에 담긴 아이의 마음을 읽고자 노력했습니다. 아이들의 글을 읽는다는 것은 제게 글 속에 담긴 아이의 마음과 지나온 역사를 읽는 일이었습니다. 그리고 행간에 숨은 아이의 고민과 한숨과 좌절을 어루만지는 일이었습니다. 글 속에서 아이의 성장을 발견하는 순간, 그 순간을 놓치지 않기 위해 저는 돋보기의 눈으로 마음을 다하여 아이들의 글을 읽었습니다. 아이의 성장과 성취에 관해 이야기 나눌 때는 다가올 미래를 함께 꿈꾸는 사람이 될 수 있었습니다.

아이들에겐 저마다의 글쓰기 DNA가 있었습니다. 어떤 아이는 설명하는 글을 잘 썼고, 어떤 아이는 문학적 감수성이 두드러졌으며, 어떤 아이는 언어의 연금술사라 하는 말이 곧 시였습니다. 아이들이 글을 쓰고 가면 그 글을 들고 집으로 와서 제가 칭찬할 부분을 찾아 열심히 줄을 긋고 주를 달았습니다. 아이들은 제가 어떤 칭찬을 해줄까 기대가 된다며 학교 수업을 마치면 제 교실로 숨이 턱까지 차오르도록 달려오곤 했습니다. 지금도 그 시절 만났던 아이들을 떠올리면 숨을 헐떡이며, 땀에 흥건한 앞머리로 이마를 어지럽힌 채 "선생님" 하고 부르면서 벌컥, 교실 문을 열어젖히던 그 모습이 떠오릅니다.

숨차다고, 덥다고, 위험하다고, 걸어오라 해도 기어코 달려오던 아이들! 무엇이 이 아이들을 달리게 하는가. 어쩌면 지금부터 여러분이 읽어나갈 이 책은 그 마음에 관한 연구일지도 모르겠습니다.

우리가 독서와 글쓰기가 중요한 시대를 살아가고 있다는 것은 모두 익히 알고 있습니다. 시험에서 서술형 문제의 비중이 높아지고, 국어뿐 아니라 다른 모든 과목에서도 문해력이 따라주지 않으면 공부 자체가 힘든 시대입니다. 재미있는 건 이렇게 독서와 글쓰기의 중요성은 해마다 높아지는데 아이들의 문해력은 해마다 낮아지고 있다는 겁니다. 문해력이 낮아진다는 것은 읽고 말하고 쓰는 능력 모두가 흔들린다는 이야기입니다. 아이들에게 읽기, 말하기, 쓰기는 하나의 세트니까요. 이런 증상이 나타난 건 단지 스마트폰 같은 미디어가 눈부시게 발달해서, 아이들에게 책 외에 더 재미있는 놀거리가 많아져서일까요? 영상 세대로 넘어가는 시대적 조류일 뿐일까요? AI 관리형 독서논술 학원이 전국적으로 흥행하고 있습니다. 입회할 때 독서 진단평가로 점수를 받고, 매주 한 권씩 책을 읽은 뒤 독서논술 학원의 컴퓨터로 자기가 읽은 책의 내용에 관한 문제를 풀고, 그렇게 독서와 글쓰기도 점수로 관리받는 시스템입니다. 저는 늘 궁금합니다. 이처럼 교육 시스템은 날이 갈수록 더 그럴듯하게 갖춰져 가는데 왜 문해력은 더 떨어지는 걸까?

저는 아이들에게 달려오고 싶은 마음을 심어주지 못해서라고 생각합니다. 진정으로 표현하고 싶고, 쓰고 싶게 만드는 마음을 심어주지 못해 그런 거라고 말이죠. 그러기에 우리는 아이들 스스로 쓰고 싶게 만드는 마음, 그 마음을 탐구해야 하는 게 아닐까 합니다. 재미있어 보여서, 나도 할 수 있을 것 같아서 달리게 만드는 마음 말입니다. 사랑에 빠진 연인들이 그렇듯 조금이라도 빨리 보고 싶어서 눈썹을 휘날리며 달리게 되는 그 마음 말입니다. '어떻게 하면 나에게 달려오게 하지?' 이 글들은 지난 몇 년간 아이들과 수업을 하며 그 질문에 답을 해나갔던 과정에서 얻은 깨달음의 산물입니다.

많은 글쓰기 책들이 '글쓰기 비법'이 들어있다고 자처합니다. 저는 대학부터 문예창작학과를 나와 평생을 책과 글로 밥벌이를 하며 살았지만 글쓰기에 비법이 있다는 말에는 찬성할 수 없습니다. 대단한 방법이 있는 것 같아 막상 들여다보면 대체로 다 아는 싱겁고 얕은 방법론에 실망한 경험이 있으실 겁니다. 간단한 문장의 배치 방법이나 패턴을 익힘으로써, 좋은 표현을 외우게 함으로써 글을 잘 쓰게 만들 수는 없습니다. 그저 그렇게 보이게 할 뿐입니다. 제가 아이들에게 알려 주고팠던 것은 달랐습니다. 저는 글쓰기가 얼마나 재미있는 활동이 될 수 있는지, 글쓰기가 얼마나 내 안의 생각들을 잘 밝혀줄 수 있는지, 글쓰기가 나를 얼마나 빛나는 사람으로 만들어주는지 알려주고 싶었습니다. 누구든 하면 하는 대로 충분히 실력이 늘 수 있다는 사실도 함께 말입니다.

그것은 글쓰기를 가르치는 사람의 생각과 마음의 각도부터 바꾸어야 가능한 일이었습니다. 글쓰기가 중요한 시대를 살면서 이를 단순히 성적이나 꿈을 이루는 수단 정도로 여긴다면 아이들에게 제대로 된 글쓰기를 가르칠 수 없습니다. 무엇이 중요한지부터 생각해야 합니다. 글쓰기의 본질적인 목표가 무엇인지부터 바로 세워야 합니다.

글쓰기는 재미있습니다. 가르치는 사람이 그 재미를 알아야 배우는 아이들도 그 재미를 학습할 수 있습니다. 재미를 알면 자꾸 하게 되고, 자꾸 하다 보면 늘고, 늘면 자신감이 생깁니다. 이 책을 읽으시는 분들이 그 과정을 아이들과 함께 경험하면 좋겠습니다. 재미있게, 제대로 쓰는 삶을 아이들과 나누고 그 성장의 기쁨을 함께 느끼실 수 있다면 좋겠습니다. 모두에게 답이 되지는 않겠지만, 적어도 저의 글들로 인해 글쓰기를 향해 달려나가는 아이가 많아진다면… 저는 행복하겠습니다.

차
례

• **프롤로그** | 글쓰기를 향해 달려오게 하는 마음, 그 마음에 관한 연구　005

제1부 본질 글쓰기 환경 만들기

1장 생각의 스위치 켜두기　021
2장 일단 점을 찍게 하라　028
3장 몸 열기, 마음 열기　036
4장 결대로 쓰게 해야 결대로 성장한다　049
5장 자신감은 잘하기 전에 먼저 심어주는 것이다　060
6장 어떤 말이든 쓸 수 있는 자유를 허하라　071
7장 꽃을 기다리는 마음이 필요해!　083

제2부 본질 글쓰기 첫 번째 걸음 : 글놀이하기와 관찰하기

1장 글놀이로 글쓰기 장벽 낮추기　093
(1) 말이 시가 되는 경험, 동시 제목 맞히기 & 동시로 마주 이야기　094
(2) 모두의 상상을 더해 만든 하나의 이야기, 문장 이어달리기　101

2장 내 안의 생각을 발견하는 힘, 관찰력 키우기　111
(1) 궁금한 마음이 필요해　112
(2) 스토리텔링을 활용하라　123
(3) 오래 두고 볼 수 있는 대상을 정하라　131
(4) 오감으로 관찰하라　141
(5) 익숙한 것을 잘 관찰하려면　151

제3부 본질 글쓰기 두 번째 걸음: 묘사하기와 겪은 일 쓰기

1장 보이지 않는 것을 보이게 하는 힘, 묘사력 키우기   163
(1) 자세하게 쓸수록 더 선명해진다, 문장 늘리기   164
(2) 눈을 감아도 그림이 그려지는 글쓰기, 얼굴 묘사   172
(3) 설명하지 않고 보여주는 글쓰기, 행동 묘사   178
(4) 흐르는 강물처럼 감정을 흘려보내는 연습, 감정 묘사   188

2장 글쓰기 바탕을 완성하는 겪은 일 쓰기   203
(1) 지금 하는 생각이 곧 글이 되는 훈련부터   204
(2) 내 경험이 담긴 동시 쓰기   210
(3) 육하원칙을 살려 쓰기   220
(4) 시간의 흐름에 따라 자세하게 써보자!   227
(5) 경험의 디테일을 살리고 순간의 생각을 포착하는 메모 글쓰기   236
(6) 오감이 살아있는 요리 글쓰기   242

제4부 본질 글쓰기로 AI 넘어서기

1장 중요한 것은 질문할 시간을 주는 것이다   257
2장 아이들에게 물음표를 돌려주세요!   262
3장 왜일까? 왜 그럴까? 원리, 원인과 결과 알기, 추론하기   270
4장 과연 그럴까? 고정관념 깨기   280
5장 너는 어떻게 생각해? 나만의 관점 찾기   288
6장 무슨 뜻일까? 어떤 의미일까? 숨은 뜻 찾기   296
7장 나라면 어떻게 했을까? 내 삶에 적용해 보기   305

제5부 본질 글쓰기 역량 키우기

1장 생각을 조직하는 힘, 문단 나누기   317
2장 글의 구조에 대한 감각을 키워주는 '황금비율'   325
3장 글의 설계 역량을 키우는 개요표 작성하기   331
4장 핵심을 잡아내는 능력, 요약하기   340
5장 설득력과 구체성을 키우는 예를 들어 설명하기   350
6장 상황 감각을 키우는, 대상과 목적에 맞게 쓰기   359

- **에필로그** | 글쓰기로 아이를 잘 키우고 싶은 당신을 위한 따뜻한 동행   371
- **감사의 말**   373

편집자 주
책 안에 등장하는 아이들의 글은 모두 사용 허락을 받았으며, 내용과 표현을 건드리지 않는 선에서 읽기에 좋도록 교정·교열을 진행했습니다.

제1부

본질 글쓰기
환경 만들기

초등 글쓰기, 무엇부터 가르쳐야 할까?

이 책은 아이의 글쓰기를 잘 가르치고 싶은 학부모와 선생님에게 드리는 안내서입니다. 아이가 글쓰기를 어려워한다면, 무엇부터 어떻게 시작해야 할지 몰라 막막하다면, 이 첫 장이 여러분의 마음을 조금 가볍게 만들어줄 수 있기를 바랍니다.

제1부 '본질 글쓰기 환경 만들기'에서는 '글쓰기의 시작은 무엇이어야 하는가'에 대해 이야기합니다. 창의적인 표현과 중심 생각이 살아있는 논리적인 글을 쓰는 법을 배우는 것도 중요합니다. 하지만 그보다 먼저 아이가 자신의 마음을 글로 풀어내었을 때 안전하고 행복했던 경험, 그래서 또 하고 싶어지는 경험을 만들어주는 것이 먼저입니다. 그러기 위해서는 많은 아이들이 왜 글쓰기를 어려워하고 힘들어하는지부터 알아야 합니다.

세상에 글을 못 쓰는 아이는 없습니다. 다만 글쓰기를 어렵게 만드는 환경이 있을 뿐입니다. 공부 잘하는 아이로 키우려면 '공부하기 좋은 환경'부터 갖춰야 하듯, 글 잘 쓰는 아이로 성장시키기 위해서도 가장 먼저 필요한 건 '글을 쓰기 좋은 환경'입니다. 우리는 아이들에게 글쓰기 환경을 만들어주는 사람이자 곧 환경 그 자체입니다. 아이가 자신만의 목소리를 찾아 글로 표현해 나갈 수 있도록 햇빛이 되고 바람이 되고 토양이 되어주는 것, 그것이 바로 이 책을 읽고 계신 여러분들이 해야 할 일입니다.

초등 본질 글쓰기의 첫 스텝은 아이들의 걸음이 아닙니다. 아이들의 첫 번째 선생님인 학부모님들, 또 학교를 비롯해 사교육 현장에 계시는 선생님들의 걸음입니다. 아이가 글을 잘 쓰는 아이로 자라길 바란다면 먼저 '계속 글을 쓰는 아이'로 키워야 합니다. 그러기 위해서는 글쓰기에 대한 두려움이나 과도하게 잘해야 한다는 강박을 내려놓고, 오늘도 내일도 계속 쓸 마음을 가질 수 있게 해주어야 합니다. 그래서 초등 본질 글쓰기의 첫걸음은 '어떻게 하면 아이들이 오늘도 내일도 계속 쓸 마음을 내게 하는가?', '그러려면 우리가 어떤 환경이 되어야 하는가?'인 것입니다.

1장
생각의 스위치 켜두기

첫 시간입니다. 보통 제 수업은 4~6명이 그룹을 이뤄 출발합니다. 아는 친구와 함께 온 아이도 있지만 대부분은 서로 처음 보는 얼굴이거나 그저 얼굴을 아는 정도의 친분인 아이들입니다. 모두들 상기된 표정이나 어색한 얼굴로 앉아 있습니다. 간혹 엄마 손에 이끌려 온 아이에게선 불편한 기색도 느껴집니다. 저는 그런 아이들에게 조심스레 묻습니다. 이곳에 왜 왔냐고, 이곳은 뭐하는 곳인 것 같냐고 말입니다.

"몰라요."

"그냥요. 엄마가 가래서 왔어요."

이 뻔한 질문에 한두 명은 이런 답을 내놓습니다. 낚시질은 성공입니다. 그러라고 던진 미끼니까요. 간혹 너무 똘똘이들만 와서 정확히 자기들이 이곳에 와서 무엇을 해야 하고, 무엇을 얻어가야 하는지 똑 부러지게 답하는 아이들도 있습니다. 하지만 대부분 한두 명의 입에서는 기다렸다는 듯 "그냥요", "몰라요"라는 말이 흘러나옵니다.

"학교 수업과는 달리 내 수업에서는 많은 것들이 허용돼요. 좀이 쑤시면 일어나거나 돌아다녀도 되고, 배가 고프면 뭔가를 먹어도 돼요. 좀 피곤한 친구들은 잠시 저 소파에 누워서 수업을 해도 돼요. 단, 모두 알다시피 다른 친구들에게 피해를 주지 않는 선에서 말이에요."

그러면 아이들은 눈이 휘둥그레집니다. 질문 세례가 이어지기도 합니다. 이래도 돼요? 저래도 돼요? 실제로 일어나 소파에 벌렁 드러눕는 아이도 있습니다. 저는 수업 중 많은 규율에서 아이들을 해방시켜 놓습니다. 물론 안전이나 수업 진행에 꼭 필요한 것들의 가이드라인은 있습니다. 충분히 술렁일 수 있는 시간을 준 다음, 낚시질의 이유를 밝힙니다.

"하지만 절대 해서는 안 되는 말이 있어요. 그건 바로 '그냥요', '몰라요'예요."

그 대답을 했던 아이들의 얼굴이 머쓱해지거나 굳습니다. 그런 안색을 살피는 친구도 있고, 반사적으로 난 아니라며 가슴을 쓸어내리는 친구도 있습니다. 눈치 빠른 아이 입에서는 "칫" 하는 소리가 새어 나오기도 합니다. 저는 그런 아이들의 표정 하나하나를 놓치지 않고 관찰하면서 묻습니다.

"왜일까요? 왜 몰라요, 그냥요 하고 답해서는 안 되는 걸까요?"

물론 패기 좋은 아이들 중에는 "그냥요", "몰라요"로 한 번 더 응수해 보는 경우도 있습니다. 하지만 이미 제가 꽤 많은 자유로움 속에서 수업하게 될 거라는 기대를 심어 주었기에 보통의 아이들은 그 대답을 제외하고 자신이 생각하는 이유를 내놓습니다.

"생각을 안 해서요!"

"선생님한테 '몰라요' 하는 건 버릇없는 거여서요."

"그건 답이 아니라서 그런 거 아네요?"

"바보들이나 하는 말이라서요! 우리 엄마가 '몰라요', '그냥요'는 바보들이나 하는 말이래요!"

저 나름의 답들이 쏟아집니다. 그 자리에서 아이들이 내놓는 모든 대답은 정답이 됩니다. 이것이 제 수업에서 아이들이 얻는 첫 경험입니다.

글 좀 쓰는 아이들에겐 금기어가 있다

모든 것이 아주 손쉽게 해결되는 스마트한 시대를 살고 있습니다. 걸음마를 배우기도 전에 손가락으로 핸드폰이나 패드의 화면을 넘기는 법부터 배운 세대들이 요즘의 어린이들입니다. 초등학생의 7~80퍼센트가 스마트폰을 소지하고 있습니다. 혹자는 이들을 일컬어 포노 사피엔스(Phono Sapiens)라 부르기도 합니다.

참으로 편리한 시대이지 않나요? 공부하다 모르는 것이 나오면 컴퓨터로 검색하면 됩니다. 그러면 30초 내에 답을 찾을 수 있는데 굳이 어른을 찾아다니거나 책을 뒤져 보는 수고로움을 감내할 필요가 없습니다. 심심할 때도 마찬가지입니다. 굳이 누가 이 시간에 나와 놀아줄까 머리를 굴리거나 어디서 뭘 하고 놀아야 할지 궁리할 필요가 없습니다. 스마트폰을 켜면 됩니다. 애쓸 필요가 없어진 것입니다. 이 편리함이,

이 스마트함이 '몰라요, 그냥요 세대'를 낳았습니다. 생각하기는 귀찮으나 원하는 것을 바로바로 얻어야 하는 세대죠.

저는 아이들에게 주먹을 쥐었다 펴는 것을 반복해서 보여주면서 뇌의 운동에 비유합니다. 우리의 뇌는 이렇게 끊임없이 움직이면서 발달하는데, '그냥요', '몰라요'라는 대답은 그 운동을 멈추게 하는 신호라고요. 우리의 심장이 이와 같이 움직여서 새로운 피를 내보내고, 돌아온 피를 흡수하면서 생명을 유지하는 것처럼 우리의 뇌도 끊임없이 움직이면서 지능을 키워가는데, 이 운동을 방해하는 것이 바로 위의 대답이라고 말입니다. 저는 아이들이 제시하는, 기존의 공부 방식을 탈피하는 어떤 새로운 제안도 열린 자세로 검토하고 받아주겠다 약속합니다. 하지만 적어도 우리가 이 시간 동안만큼은 뇌의 운동인 '생각하기'를 멈추지 않겠다고 약속해 줘야 수업이 가능하다는 것을 확실하게 일깨우고 시작하는 것입니다. 물론 그 자리에서 바로 답이 나오지 않는 아이들도 있습니다. 조급해할 필요가 없습니다. 함께하기를 원한다면 따를 수밖에 없는 룰이니 말입니다.

쓴다는 것은 생각한다는 것입니다. 뇌의 저장고를 뒤져 쓰고자 하는 주제에 대한 단편적인 지식들을 찾아내고, 그것들을 어떻게 배열하고 조직하고 구조화하여 표현할 것인지 고민해야 합니다. 이 고도의 작업을 거쳐야만 내 생각을 내 의도대로 정확히 읽는 이에게 전달할 수 있습니다. 생각을 글로 쓰는 작업이 만만해지기까지는 꽤 오랜 시간의 훈련이 필요합니다. 아이들에겐 특히 더 그렇습니다. 어른들은 자라면서 원하든 원하지 않든 많은 종류의 글을 접하기에 막연하게라도 어떻게 써야 하는지 저마다의 상(像)이 있지만, 아이들은 거의 모든 것이 전무한 상태에서 무엇을 어떻게 써야 하는지 결정해야 하기 때문입니다. 그 막막함을 누구보다 잘 알지만, 어떤 글이라도 쓰기 위해서는 '생각하기' 버튼만큼은 켜놓아야 한다는 사실을 단순한 룰을 통해 합의하고 시작하는 것입니다.

많은 허용 속 강력한 한두 개의 금기는 꽤 확실한 힘을 발휘합니다. 무심코 "그냥요", "몰라요" 했다가도 아이들은 제 눈치를 보며 "아차" 하고 두 손으로 입을 틀어막습니다. 시간이 흘러도 제 앞에서는 그 말이 금기어라는 규칙을 잊지 않습니다. 심지어 제 아들도 그렇습니다. 무심코 제가 묻는 말에 "그냥요" 했다가 슬그머니 "그게 왜 그러냐면…" 하고 한 번 더 생각해 보는 겁니다. 그렇게 한 번 더 생각해 보는 습관이 중요합니다. 그 일이 왜 일어났는지를 곰곰이 생각해 보아야 현상의 본질에 접근할 수 있습니다. 누가 한 행동이 의아하다면 그 행동을 왜 했는지 깊게 생각해 보아야 쉽게 속단하지 않고 그 현상을 이해할 수 있습니다. 어떤 일로 인해 불쾌한 감정이 들었다면 그 감정이 왜 생겼는지 들여다보아야 다음에 불필요한 충돌을 피할 수 있습니다. 그렇게 귀찮고 성가신 마음을 누르고 '한 번 더 생각해 보는 과정'이 곧 본질 글쓰기의 시작입니다.

일상에서 생각하는 습관이 들지 않은 아이들에게 자신이 채워야 하는 빈 노트를 들이미는 것은 공포 그 자체일 것입니다. 그래서 아이가 '어떻게 하면 글을 잘 쓰게 할 수 있을까?' 하는 고민보다 선행되어야 할 것은 '어떻게 하면 한 번 더 생각하는 습관을 만들 수 있을까?'입니다. 아이의 일상 속에서 일어난 현상, 행동, 감정에 대해 한 번 더 생각하게끔 돕는 루틴을 심어주세요. 글쓰기의 본질에 다가서는 첫걸음이 될 것입니다.

실전 TIP

종종 "몰라요", "그냥요"로 답하는 아이들, 그냥 넘어가지 마시고 이렇게 해주세요

1. 한 번 더 생각해 볼 수 있도록 호기심을 자극해 주세요.
"정말 네가 모른다고 생각해?"
"그냥 그렇다는 건 어떤 거지?"
"너는 모른다고 하지만 네 머릿속에 방금 어떤 생각이 지나가는 것 같던데? (난 보이던데!)"

2. 깊이 있게 생각해 볼 수 있도록 생각의 물꼬를 터주세요.
"반대로 생각해 보면 어떨까?"
"그게 최선일까?"
"(상황에 따라 반대의 관점을 제시하며) 이렇게 보면 또 다를 수 있지 않을까?"

3. 공감이 필요해 보일 땐 먼저 공감해 주시고 여운을 남겨주세요.
"그렇게 생각할 수도 있겠네…. 그런데 정말 그럴까?"
"모를 수도 있지, 지금은…. 그래도 생각나면 얘기해 주기야."
"어떤 생각은 아주 천천히 오기도 하니까… 조금 더 생각해 봐!"

2장

일단 점을 찍게 하라

『점』(피터 레이놀즈, 문학동네, 2003)이라는 그림책이 있습니다. 이 책에는 미술 시간이 끝나도록 아무것도 그리지 못하는 소녀 베티가 나옵니다. 화가 난 듯 치켜뜬 눈, 뾰로통한 입, 고집스러운 표정으로 텅 빈 교실에 오도카니 앉아있는 베티…. 그런 베티에게 미술 선생님이 다가옵니다. 선생님은 베티의 빈 도화지를 말없이 들여다보더니, 조심스럽게 눈보라 속의 북극곰을 그렸나 보다고 말합니다. 베티는 대뜸 화난 목소리로 놀리지 말라며 자신은 아무것도 못 그리겠다고 합니다. 그러자 선생님은 부드러운 목소리로 "어떤 것이라도 좋으니 한번 시작해 보렴. 그냥 네가 하고 싶은 대로 해봐."라고 말합니다.

그 말에 베티는 기다렸다는 듯 연필을 잡고 도화지에 힘껏 내리꽂습니다. "여기요!"라는 대답과 함께. 이번에도 말없이 베티의 도화지를 들여다보던 선생님은 베티가 찍은 점 밑에 본인의 이름을 쓰게 합니다.

그리고 일주일 뒤 미술 시간, 베티는 선생님의 책상 옆에 걸린 액자를 보고 깜짝 놀랍니다. 번쩍거리는 금테 액자 속에는 자신이 지난 시간 힘껏 내리꽂았던 점 하나가 떡 하니 그려져 있었기 때문입니다. 그 뒤 베티는 어떻게 되었을까요?

그림책 『점』은 '무엇이든 일단 시작하는 것이 중요하다'는 메시지와 더불어 '가능성을 만드는 선생님의 역할'에 대해 생각해 보게 합니다. 잠깐 등장하는 미술 선생님의 말과 행동에 책의 핵심 메시지가 담겨 있습니다. 수업 시간이 끝나도록 아무것도 그려져 있지 않은 베티의 도화지를 보고도 선생님은 재촉하거나 다그치지 않습니다. 오히려 뭐라도 괜찮으니 하고 싶은 대로 해보라며 더 기다려줍니다. 진짜 선생님의 모습입니다. 새로운 도전, 시작이 두렵고 힘든 아이에게 그저 뭐라도 좋으니 해보라 독려하고 기다리는 것, 어떤 결과를 만들어내든 그것을 성의껏 읽어 줄 마음이 있음을 보여주는 것, 그런 것이야말로 아이의 성장과 발전을 바라는 진정한 선생님이자 조력자의 모습일 테니까요.

제게도 엄마 손에 이끌려 어쩔 수 없이 오는 아이들이 있습니다. 글쓰기가 익숙하지 않아 힘들어하는 아이도 있고, 남들보다 잘 못 쓰는 것 같아 글쓰기가 싫은 아이도 있고, 맞춤법을 지적받았거나 누군가와 비교당했던 기억 때문에 또 그런 일이 벌어질까 봐 두려워 글을 못 쓰는 친구도 있었습니다. 글 못 쓰는 이유는 수도 없이 많습니다. 그 이유 중 대부분은 글쓰기를 배우는 과정에서 부정적인 피드백이나 지적을 받은 경험에서 시작된 것이었습니다. 그런 친구들은 글씨체부터 티가 납니다. 누구나 하기 싫은 것, 잘 못하는 것을 할 때는 마음이 뒤틀리고 행동이 곱게 나가기 힘듭니다. 고운 말도 곱게 받아들여지지 않지요. 삐뚤어지고 일그러진 감정은 태도와 행동으로 나타나기 일쑤입니다. 베티가 흰 도화지에 "여기요!" 하고 내리꽂은 점 하나처럼 말이죠.

이때 우리의 반응이 중요합니다. 우선 아이의 태도와 행동, 그리고 아이가 내놓은 결과물을 두고 점수 매기고, 판단하고, 이유를 찾고, 조언하려 드는 반사 행동을 딱 멈추어야 합니다. '나의 똑똑하고도 똑똑한 뇌야, 제발 지금은 생각을 멈추렴!' 뇌의 작동을 멈추고 받아들여야 합니다. 눈앞의 아이가 내놓은 끄적임 하나가 아이의 첫 시도라는 것을 말입니다. 반항적이고 뒤틀린 태도로 아이가 내리꽂은 점 하나, 삐뚤빼뚤 그리다시피 한 단어 하나, 볼멘 목소리로 내뱉은 짧은 대답이 모두 소중하고 소중한 시도라는 사실을 깨달아야 합니다. 아이의 반응에 걱정이 되어 핀잔을 주거나 혼내거나 구구절절 훈계를 해버리면 글쓰기에 대한 아이의 마음은 완전히 닫혀버리고 말 것입니다. 아이의 불만이 담긴 행동이나 태도에 대해서는 단순하게 이렇게 해석하시면 됩니다.

"저는 지금 글쓰기가 어려워요. 그래서 도움이 필요해요. 도와주세요!"

글쓰기를 잘하게 되면 일어나는 변화

축구를 잘하는 2학년 준혁이의 글씨는 읽기가 어렵습니다. 학교에서도 집에서도 만날 글씨체로 지적받다 보니 글쓰기라는 말만 들어도 얼굴색이 변합니다. 사실 본인이 써놓은 글을 본인도 못 읽으니 그런 순간을 마주하는 게 고역일 겁니다. 그저 종일 축구만 했으면 좋겠습니다. 첫 수업부터 삐딱하게 앉아있는 준혁이를 보며 『점』 속의 베티가 떠올랐습니다. 첫 수업 시간에 글놀이를 하는데, 문장 이어달리기를 하다 문제가 생겼습니다. 아이들이 준혁이의 문장을 못 읽겠다고 성토하는 것입니다. 글놀이가 재밌어서 잠시 밝았던 준혁이의 얼굴에서 웃음기가 싹 가시는 것을 보았습니다.

"잠깐, 잠깐만, 얘들아! 선생님이 대신 읽어줄게. 보자…. '그러자 엄마의 눈이 휘둥그레졌습니다.' 이 문장이 준혁이가 쓴 거야? 우와, 너 이 표현을 어떻게 알아? 2학년 아이들은 잘 안 쓰는 표현인데…. 얘들아, 너네 '휘둥그레지다'가 무슨 뜻인지 알아? 와, 게다가 이 '휘' 자가 예술이네! 무슨 태극기가 휘날리다의 '휘' 자 같다. 진짜 막 휘날리는 느낌이네. 이렇게 '휘' 자를 휘날리게 쓰는 건 또 네가 처음이다!"

그랬더니 아이들이 하나둘 준혁이의 '휘' 자를 보기 위해 제 자리로 모여들었습니다. 게 중 빠른 친구들은 자기 자리로 돌아가 '휘' 자를 다시 써보기도 합니다. 자기는 이보다 더 휘날리게 쓸 수 있다며 큰소리 치는 친구도 있었습니다. 준혁이는 보일 듯 말 듯 미소를 지었습니다. 다음 문장부터는 그래도 남들이 알아보게 쓰려고 애쓴 티가 나기 시작했습니다. 아이들은 읽기 힘든 문장이 나와도 더 이상 저를 찾지 않습니다.

그날부터였던 것 같습니다. 준혁이가 글쓰기가 재밌다고 말하고 다니기 시작한 것 말입니다. 준혁이는 제가 이사로 그 동네를 떠날 때까지 계속 제게로 와 즐겁게 글을 쓰다 갔습니다. 그렇게 매주 쓰다 보니 실제로 글도 부쩍 늘었습니다. 누군가 준혁이를 축구 잘하는 아이로 소개하면 준혁이는 절대 참지 않고 이렇게 말합니다.

"아니야, 나 이제 글쓰기도 잘해. 다 잘해!"

글쓰기 하나로 이제 무엇이든 다 잘하는 준혁이가 되었습니다. 그렇습니다. 글쓰기를 잘한다는 것은 초등학교 아이들에겐 다 잘한다는 이야기이기도 합니다. 왜 그렇냐고요? 보통 글 잘 쓰는 친구들은 자존감이 매우 높습니다. 자신의 생각과 감정을 타인에게 잘 전달할 수 있다는 자신감은 곧 자존감과 직결되기 때문입니다. 글쓰기는 소통입니다. 내 욕구나 내 안의 생각, 내 감정을 다른 이들에게 정확하게 전달하고 그로 인해 자신이 원하는 것이나 기대했던 반응을 얻다 보면 스스로에 대한 만족감과 신뢰감이 자라게 됩니다. 매 순간 이런 성취의 경험을 얻으며 자란 아이는 자존감이 높고 늘 자신감이 넘칩니다. 글 잘 쓰는 아이 중에 공부 못하는 아이가 별로 없는 맥락과도 일맥상통합니다.

초등학생 중에도 간혹 눈에 띄게 글을 잘 쓰는 아이가 있습니다. 그런데 글쓰기 가능성은 그런 아이에게서만 찾을 수 있는 게 아닙니다. 한 줄이라도 쓸 줄 아는 세상 모든 아이들 안에 글쓰기의 가능성이 숨어 있습니다. 아이들이 시도하는 글쓰기와 관련된 모든 행위에서 우리는 글쓰기 가능성을 찾아야 합니다. 아직 글까지 나아가지 못한 말의 단계, 생각의 단계에서도 우리는 글쓰기의 가능성을 찾을 수 있습니다. 그것이 바로 글쓰기 선생님의 첫 번째 미션입니다.

전문가도 아닌데 어떻게 아이들 안의 글쓰기 가능성을 찾아내느냐고요? 혹시 아이 앞에서 뻔한 거짓말이나 연기를 하라는 뜻이냐고요? 그렇지 않습니다. 물론 가능성이란 걸 아이가 "여기요, 이거잖아요!" 짠 하고 쉽게 펼쳐 보여주진 않습니다. 보일 듯 말 듯한 기척을 찾아서 주의를 기울이고, 흐릿한 눈을 비벼가며 기를 쓰고서 찾아내야 하는 게 가능성일 수도 있습니다. 드넓은 진흙 속에서 숨겨진 진주 하나를 캐내는 마음으로 말입니다.

하지만 마음먹기에 따라서는 무척 쉽게 찾을 수도 있는 것이 글쓰기 가능성입니다. 예를 들어 볼까요? 글씨를 좀 삐뚤빼뚤 썼어도, 자신의 생각을 정확하게 표현한 아이는 잘한 겁니다. 맞춤법이 좀 틀렸어도 남과 다른 자신만의 생각과 느낌을 표현했다면 잘한 겁니다. 문장의 구성이 좀 엉성하거나 호응이 안 맞아도 솔직한 느낌과 감정이 담긴 글을 썼다면 잘한 겁니다. 글을 쓰는 동안 똑바로 앉아 있었거나 글씨를 반듯하게 썼거나 연필을 바로 잡은 것도 잘한 겁니다! '그럼에도 불구하고 잘한 한 구석, 발전 가능성이 보이는 한 구석'이 바로 글쓰기 가능성입니다. 단점보다 장점을 먼저 보아주면 될 일입니다. 또 글쓰기 결과물뿐 아니라 글쓰기 과정이나 태도에서도 장점을 찾을 수 있다는 사실을 알아야 합니다. 그렇게 찾아낸 장점이 다 글쓰기 가능성입니다. 아이의 가능성을 향해 선생님이 진심으로 열렬히 박수를 쳐줄 때 아이들은 글 잘 쓰는 아이로 재탄생하게 됩니다. 본질 글쓰기가 시작되는 겁니다.

그래도 어려우시다면 아이들의 글쓰기를 봐주기 전 아래의 선서문을 먼저 읽어보세요.

「글 잘 쓰는 아이 엄마의 글쓰기 지도 선서」

첫째. 처음부터 잘하는 아이들은 없다.

둘째. 나의 기대가 높으면 높을수록 잘해 보이고 싶은 아이의 부담도 늘어난다. 그 부담이 내 아이의 소중한 시도를 망칠 수 있다.

셋째, 나는 내 아이의 어떤 시도에서든 가능성을 찾아낼 수 있는 글쓰기 재능 발견자이다.

오늘부터 아예 이렇게 마음먹으셔도 좋겠습니다.

'오늘부터 나는 글 잘 쓰는 아이의 엄마(첫 번째 선생님)다.'

행여 그 시도를 지나쳤거나 모르고 망쳐버린 경우라도 문제없습니다. 기회는 또 옵니다. 아이들이 하는 글쓰기와 관련된 모든 행위가 다 '가능성을 보여주기 위한 시도'라는 사실만 명심해 주세요. 그리고 여러분도 시도해 보세요. 혹 아이가 불신의 눈으로 "왜 그래, 엄마? 지금 연기하는 거야?" 하거든 아니라고 진심 어린 어조로 말씀하신 뒤 다음에 또 도전하세요. 열 번 찍어도 안 넘어가는 나무는 없습니다. 어떤 아이라도 얼마든지 글 잘 쓰는 아이로 새롭게 태어날 수 있습니다. 『점』의 베티처럼 선생님이 비춰준 가능성을 바탕으로 스스로 기적을 만들어낼 수 있습니다.

실전 TIP

아래 표에서
내 아이의 글쓰기 가능성을 찾아보세요

아래에서 하나라도 해당되면 잘 쓰는 겁니다. 미리 내 아이의 칭찬 목록을 아래처럼 만들어보세요. 그리고 필요에 따라 하나씩 잘 꺼내 쓰시는 겁니다.

1	자기가 생각하고 느낀 것을 정확하게 글로 옮길 수 있다.	
2	평소 말하듯이 글을 쓴다.	
3	어떤 답을(글을) 쓸지 한 번 더 생각해 보고 쓴다.	
4	글을 쓸 때 앉는 자세가 반듯하다.	
5	글씨를 예쁘고 반듯하게 쓰려고 노력한다.	
6	자기만의 개성 넘치는 표현이 있다.	
7	솔직한 생각과 느낌을 쓰려고 노력한다.	
8	생각이 안 날 때도 조금 더 생각해 보려고 노력한다.	
9	틀린 글씨나 잘 못 쓴 글씨를 지운 뒤 다시 쓰려고 한다.	
10	상투적이지 않은, 나다운 표현을 쓴다.	

3장

몸 열기, 마음 열기

글쓰기 선생님이 가장 먼저 해야 할 일은 아이들의 마음을 얻는 것입니다. 글쓰기 선생님은 특히나 아이들과 좀 친해야 합니다. 아이가 어떤 생각이나 느낌을 내놓아도 안전할 것 같은 인상을 주어야 합니다. 좀 못 해도 괜찮고, 좀 나빠도 괜찮고, 좀 어이없어도 괜찮을 것 같은 인상 말입니다. 부정적인 감정을 부정적으로 표현했다고 앞에 있는 어른이 도덕적 잣대를 들이대거나 대충 앞뒤 없이 내뱉은 표현에 문법의 잣대부터 들이댄다면 아이들은 자신의 생각과 감정을 있는 그대로 드러내기 힘들어집니다. 부정적이면 부정적인 대로, 모자라면 모자라는 대로, 틀리면 틀리는 대로, 있는 그대로의 자기를 표현할 수 있는 편안함이 우선입니다. 이 분야 전문가들이 입을 모아 빨간펜을 내려놓으라 말하는 이유입니다. 안전함이 우선입니다. 그러려면 먼저 아이들의 마음부터 열어야 합니다.

"아니, 독서논술 수업에서 이걸 왜 해야 하는 거예요, 선생님?"

한 꺼풀 벗기면 날 선 짜증이 뾰족한 민낯을 드러낼 것 같은 아슬아슬한 목소리였습니다. 콩주머니를 한 손에 들고 이걸로 대체 뭘 하려는 건가 하는 얼굴로 두리번대던, 열 명 남짓한 독서논술지도사 선생님들의 시선이 일제히 그 목소리 쪽으로 쏠렸습니다. 파트타임으로 일하던 독서논술 학원을 그만두고 본격적인 공부가 필요하겠다 싶어 찾은 평생교육원의 첫 수업 날이었습니다. 독서논술지도사들이 가장 알아주는 모 기관에서 주관하는 자격증도 따고, 그 기관에서 실시하는 교사 교육도 수료했으나 채워지지 않는 마음이 있었습니다. 그래서 한때는 독서논술지도사를 양성하는 학교로 가장 유명한 곳이었으나 지금은 이 일을 오래 하신 선생님들만 알음알음으로 더 많은 공부가 필요할 때 찾는 곳이 있다 하여 찾아간 길이었습니다. 왕복 네 시간, 만만치 않은 거리였지만 조금이라도 더 완성된 모습으로 아이들을 만나고 싶다는 마음이 컸습니다. 강원도 등 먼 지방에서 새벽 기차를 타고 온 분들도 있었으니 날 선 억양 속에 담긴 짜증이 이해가 가고도 남는 상황이었습니다.

"일단 해보시면 압니다!"

불안하게 엉키고 흔들리던 시선들이 이번엔 길잡이 선생님의 음성 쪽으로 와르르 쏟아집니다. 감정의 동요 따위는 찾아볼 수 없는 온화하고 단단한 목소리였습니다. 길잡이 선생님은 안 쓰는 천을 직사각형으로 잘라 그 안에 콩이나 쌀 등을 채워 넣은 콩주머니를 소개해 주며 선생님들이 각자 손에 든 콩주머니를 실컷 탐색할 수 있는 시간과 정보를 주었습니다. 그러고는 콩주머니를 머리나 어깨, 등허리 등에 얹고 교실을 한 바퀴 돌아와 바구니에 던져 넣으며 인사하는 놀이부터 콩주머니를 던져서 손뼉 치고 받기, 콩주머니를 바구니로 받아내기, 바구니에 콩주머니 던져 넣기 등 콩주머니로 할 수 있는 다양한 놀이를 선생님들이 직접 해볼 수 있도록 지도했습니다. 선생님들 입에서 헉헉대는 소리가 흘러나왔습니다. 실수가 나오면 웃음도 터져 나왔습니다. 평균 연령이 마흔 중반에서 오십 정도, 연배가 그보다 꽤 지긋해 보이는 분들도 있었습니다. 하나같이 얼굴에 환한 빛이 일렁이고 있었습니다. 발그레한 흥분과 몰입의 기쁨이 어우러져 빛으로 뿜어져 나오는 듯했습니다. 다른 이들의 시선도, 내 안의 욕망과 목표 의식도 잊고 오로지 콩주머니만 집중해서 던지고 받았습니다. 10분, 15분 남짓 흘렀을까요? 사는 곳도, 나이도, 이력도, 이곳에 온 이유도 다 달랐던 이들이 기꺼이 하나가 되는 데 모자람 없는 시간이었습니다. 이후 본 수업이 시작되었고 앞선 콩주머니 놀이의 목적이나 이유에 대해 더 캐묻는 이는 없었습니다. 일단 해보니 알 것 같았기 때문입니다.

본 수업을 집중력 있게 잘하고, 아이들의 관심과 흥미를 돋우면서 수업 참여도와 효과를 높이기 위해 워밍업하는 시간을 보통 '마음 열기'라 부릅니다. 운동을 하기 전에 스트레칭이나 몸풀기를 하는 것처럼 본격적으로 공부나 글쓰기를 하기 전에도 준비 운동이 필요합니다. 수업 시작 후 5~15분간은 마음과 몸의 준비를 하는 시간입니다. 글쓰기나 독서 수업의 경우 그날의 주제와 관련해 이야기를 나누거나 브레인스토밍, 스몰 토크, 간단한 글쓰기, 퀴즈 활동을 하며 본 수업에서 다룰 주제를 가볍게 환기하는 활동들로 구성되는 것이 일반적입니다. 앉아서 언어로 하는 활동이 대부분이지요.

저는 글쓰기처럼 많은 두뇌 활동과 집중력을 요하는 수업일수록 몸놀이가 마음 열기 활동으로 제격이라고 생각합니다. 아이들의 글쓰기 수업은 보통 90분에서 120분 동안 이루어집니다. 한 회 수업에 길든 짧든 읽기, 말하기, 쓰기가 다 들어가고 매시간 글쓰기 활동으로 마무리해야 되니 그 정도의 시간은 필요합니다. 다만 그 시간 동안 아이들이 집중력을 유지해야 하는데, 이게 쉬운 일이 아닙니다. 그래서 수업 시간에 집중하기 좋은 상태로 몸을 최적화시켜 두는 것입니다.

실제로 몸을 움직이는 것은 충동성을 억제하고 집중력을 향상시키는 데 도움이 됩니다. 『인스타 브레인』(안데르스 한센, 동양북스, 2020)이라는 책에 따르면 충동성을 측정하는 스트룹 검사(Stroop Test)에서 20분간 신체 활동을 하고 참여한 그룹과 그렇지 못한 그룹을 비교하여 실험한 결과 신체 활동을 하고 검사에 참여한 그룹의 결과가 월등히 좋았다고 합니다. 후속 실험에서는 초등학생 100명을 대상으로 6분간 신체 활동을 한 뒤 검사를 시행했는데, 이 실험에서는 6분간의 신체 활동이 충동성을 억제하여 집중력을 높였을 뿐 아니라 문제를 빠르게 해결하는 정보처리 속도에도 긍정적인 영향을 미쳤다는 것이 밝혀졌습니다. 그래서 주의력이 부족하고 충동성이 높은 ADHD 학생들에게도 5분 이상의 달리기와 같은 신체 활동을 적극 권장하는 것입니다.

몸이 열리면 마음도 열린다

부모님이 태권도 도장을 해서 태권도만 잘하고 싶은 시연이는 독서논술, 영어, 수학 등 재미없는 공부를 가르치는 학원에 앉아있어야 하는 게 불만입니다. 엄마 아빠가 반협박, 반회유로 등을 떠미니 오긴 왔는데 온 얼굴과 온몸에 '싫어!' 딱지가 붙어 있습니다. 이미 학원도 여러 개 거쳐 온 터라 이 공부방을 멋지게 관둘 자신감도 엿보입니다. 도발적인 눈빛을 감추지도, 제 눈길을 피하지도 않습니다.

"먼저 마음에 드는 콩주머니를 골라보세요. 그리고 그 안에 무엇이 들었을까 만져도 보고, 냄새도 맡아보세요. 절대 뜯지는 말아주세요. 던지지도 말아주세요. 천이 뜯어지면 어떤 대참사가 날지도 모르니까요!"

그 말이 채 끝나기도 전에 "툭!" 콩주머니 하나가 교실 바닥에 무서운 속도로 패대기쳐집니다. 아이들의 시선이 오롯이 시연이에게 가 꽂힙니다. 찌를 듯한 눈빛을 가만히 응시해 봅니다. 다치지 않게 가만가만 눈빛으로 어루만져 봅니다. 다행인 건 함께 수업을 시작한 아이들이 그런 시연이를 잘 아는지라, 이런 역동에 동참하지 않고 숨죽여 지켜보기 시작했다는 겁니다.

'알겠어. 네 마음이 어떤 건지…. 알겠다고!'

그렇게 눈빛으로 어루만진 뒤, 속으로 생각합니다.

'오늘은 콩주머니 놀이를 두 배로 해야겠구나!'

저는 흔들림 없이 콩주머니를 머리에 얹고 배꼽 손을 한 채 교실 한 바퀴를 휘 돌아 콩주머니 바구니 앞에서 다소곳이 인사를 하며 머리에 이고 있던 콩주머니를 바구니에 넣습니다. 눈치를 보던 아이들이 하나

둘 제 뒤를 따릅니다. 시연이도 어쩔 수 없이 터덜터덜 따라옵니다. 두 번째는 명치께에 콩주머니를 얹고 등을 활처럼 뒤로 젖힌 뒤 휘적휘적 교실 한 바퀴를 걸어 보입니다. 저의 그런 모습에 아이들이 뒤에서 깔깔깔 자지러집니다. 그러든가 말든가 저는 제 가슴의 콩주머니를 바구니에 잘 던져 넣고 아이들을 둘러봅니다. '쉬워 보여? 그럼 너희들도 해 보든가….' 하는 눈빛을 장착하고 말이죠.

인사 놀이를 비롯해 콩주머니를 이용해 할 수 있는 놀이를 두세 가지 해 보입니다. 그리고 여느 때처럼 정성을 다해 설명해 줍니다. 여기선 '선생님 라떼'도 등장합니다.

"선생님이 어릴 때는 초등학교가 아니라 국민학교였어. 그런데 아니? 아침마다 조회를 했는데, 스피커에서 음악이 흘러나오면 국민체조를 했어. 이렇게, 이렇게 하는 게 국민체조야! 선생님은 그 체조가 진짜 싫었어. 우스꽝스럽기만 한 이걸 왜 하나 싶었지. 그것뿐이 아니었어. 체조가 끝나면 수업 전에 운동장을 다섯 바퀴에서 열 바퀴까지 돌기도 했었어. 수업 태도가 나빠도 나가서 뛰어야 했어. 벌 같아서 싫었지. 그런데 희한한 건 헉헉대면서 뛰고 오잖아? 그러면 머리도 맑아지고 수업 집중도 더 잘됐어. 선생님 말씀도 귀에 쏙쏙 잘 들어오고 말이야. 수업 시간이 10분만 흘러도 허리가 아프고 엉덩이가 배겨서 앉아있기 불편했는데 그런 것도 까무룩 잊게 되곤 했지!"

저의 국민체조 시늉을 비롯해 라떼 이야기를 마치 옛날 드라마 보듯 하던 아이들이 이쯤 되면 자신의 경험담을 하나둘 터놓기 시작합니다. 국민체조를 유튜브에서 보았다는 증언도 여기저기서 쏟아집니다. 그 효과를 보았다는 아이들도 여럿입니다. 시연이의 눈빛에 서렸던 퍼런 불도 힘을 잃었습니다.

"나중에, 아주 나중에 어른이 되어서 알았어. 그게 다 과학이었다는 것을. 운동을 하면 심장이 미친 듯이 뛰잖아. 지금 너희들의 가슴도 펄떡대고 있을 거야. 그건 심장에서 피가 우리 몸 곳곳을 돌아다니면서 몸의 모든 기능이 원활하게 잘 돌아갈 수 있도록 핏속 영양소를 공급하고 있다는 증거야. 배고플 땐 아무것도 하기 싫은데 맛난 거 먹고 나면 기운 나잖아? 뭐든 할 마음도 생기고. 우리 몸도 그래. 어떤 걸 배우든 스펀지처럼 빨아들일 준비가 되는 거야. 글쓰기 수업 전에 아주 잠깐 이런 몸놀이를 하는 이유는 그거야. 몸이 열려야 마음이 열리고, 마음이 열리면 너희들의 생각도 열리기 때문이지."

그 말이 끝나기가 무섭게 시연이가 한 마디 덧붙입니다.

"운동을 하고 나면 혈액순환이 좋아져 공부 집중도 잘 된다고 했어요! 우리 아빠가!"

"얘네 아버지 태권도 도장 해요, 선생님! 그래서 잘 알아요!"

눈알만 이리저리 굴리던 아이들의 입도 열렸습니다. 아이들의 눈빛은 이제 초롱초롱 무엇이든 담을 준비가 된 물그릇 같습니다. 저는 말없이 그 눈빛들에 고개를 깊이 끄덕여 줍니다. 시연이는 초등학교를 졸업할 때까지 저한테 와서 글쓰기를 배웠습니다. 말로는 '공부는 싫다', '글쓰기는 싫다' 하면서도 가끔 잘해야겠다는 마음이 들거나 경쟁이 붙었을 때에는 본인도 멋쩍어할 정도로 근사한 글을 써놓고 가곤 했습니다. 태권도뿐 아니라 공부도, 글쓰기도 지는 건 싫어서 기어코 잘하고 보는 아이로, 해마다 학급 회장은 놓치지 않는 아이로 성장했습니다.

어디 콩주머니 놀이만 그렇겠습니까. 짧은 시간에 몸과 마음을 '붐업'시켜줄 짧은 몸놀이는 얼마든지 많습니다. 꼭 콩주머니 놀이가 아니어도 됩니다. 짧은 산책이나 그저 동네 한 바퀴 뛰고 오는 것도 괜찮습니다. 그 순간에 아이가 원하고 좋아하며 함께 하는 사람과 제일 즐겁게 교감할 수 있는 활동이면 됩니다. 부모나 교사가 시간과 마음을 내어 진심으로 함께 놀아준다면 그것만으로도 아이들은 몸과 마음을 활짝 열 수 있습니다. 놀이만큼 마음을 열기에 좋은 도구도 없습니다. 아이들과 친한 글쓰기 선생님이 되고 싶으세요? 그렇다면 놀아주면 됩니다. 짧은 시간이라도 집중해서 아이들이 원하는 방식으로 놀아주세요. 그것 하나면 충분합니다.

머리를 써야 하는 글쓰기나 공부는 몸과 마음이 열린 다음에 해주는 것이 효과가 좋습니다. 인간이 대체로 그러하지만 어릴수록 마음이 전부일 때가 많습니다. 비단 글쓰기만 그런 게 아닐 것입니다. 시작이 재미있고 즐거워야 다음 활동이나 공부도 즐거울 거란 기대가 듭니다. 가르치는 사람에 대한 마음이 활짝 열려있어야 새로운 지식이나 경험을 스펀지처럼 빨아들일 수 있습니다. 배우는 이들의 마음 바탕에 즐거움이 있어야 본질에 다가설 수 있습니다. 목표만 있는 공부는 즐거움이 끼어들 틈이 없고, 즐거움이 없는 공부는 본질에 다가서기 힘들기 때문입니다.

시연이의 일이 있은 지 3년 뒤, 새로 온 2학년 지호가 첫 수업에서 이렇게 말을 합니다.

"어, 선생님. 우리 학교 담임 선생님이랑 똑같은 말씀을 하시네요? 그래서 우리 반도 이제 수업 전에 잠깐 몸놀이를 하고 시작해요! 어떻게 똑같지?"

저는 그저 웃음으로 지호의 말에 답합니다.

아이가 글쓰기를 좋아하고, 잘했으면 좋겠나요? 그럼 먼저 글쓰기 전에 몸으로 재미있게 놀아주세요. "오늘 글쓰기 좀 해볼까?" 하고 말했을 때 아이들 머릿속에 몸놀이가 글쓰기와 한 짝이 되어 떠오르게 해주세요. 사탕보다 건강하고, 사탕보다 달콤한 유혹이 될 수 있습니다. 글쓰기가 즐거워지는 하나의 방법입니다.

실전 TIP

글쓰기 전 아이와 함께 할 수 있는
놀이를 정리해 보았습니다

아래의 내용은 참조만 하세요. 제일 중요한 것은 아이가 원하고 좋아하는 놀이를 함께 즐겁게 하는 것입니다. 제 아이는 아주 정적인 편인데 양손을 잡고 서로 발을 밟는 놀이는 좋아했습니다. 매번 똑같은 걸 하려니 지겹긴 했지만, 아이가 다 커서 청소년을 목전에 둔 지금에도 아이가 양손을 내밀면 저는 기꺼이 그 손을 잡곤 한답니다.

집에서 하는 맨몸 놀이 (2인 이상)

- **서서 하는 팔씨름**

1. 서로 마주 선 다음 각자의 오른발을 내밀어 상대 발에 붙입니다.
2. 오른손을 내밀어 팔씨름하듯이 마주 잡습니다.
3. 선 채로 팔씨름을 하되 팔과는 상관없이 발이 먼저 떨어지는 사람이 지는 겁니다.

- **무릎 씨름**

1. 의자 두 개를 마주 보게 하고 무릎이 닿게 앉습니다.
2. 가위바위보로 진 사람이 무릎을 모으고, 이긴 사람이 진 사람의 무릎 바깥쪽에 자신의 무릎을 붙입니다.
3. "시작" 하면 진 사람은 있는 힘껏 무릎을 벌리고, 이긴 사람은 진 사람이 무릎을 벌리지 못하도록 최선을 다해 상대방의 무릎을 압박하면 됩니다.

- **발 밟기 게임**
1. 두 사람이 마주 보고 손을 맞잡습니다.
2. 손을 떼지 않은 채 상대방의 발을 먼저 밟으면 이기는 게임입니다.

- **손 펜싱 게임**
1. 한 손바닥은 펴서 등 뒤로 가져가 손등을 등에 붙입니다.
2. 다른 한 손은 펼친 채 손가락을 붙여서 칼 모양을 만듭니다.
3. 칼 모양의 손으로 상대방이 등 뒤에 숨긴 손바닥을 먼저 찌르면 이기는 게임입니다.

- **텔레파시 박수 치기**
1. 두 사람이 마주 선 다음 둘 다 눈가리개를 씁니다.
2. 처음엔 "박수" 소리에 맞춰 두 손을 뻗어 박수를 칩니다.
3. 성공한 다음부터는 한 바퀴 돌고 박수 치기, 앉았다 일어나서 박수 치기, 만세 하고 박수 치기 등 다양하게 응용해 봅니다.

- **눈 가리고 술래잡기**
1. 한 명은 눈을 가립니다.
2. 눈을 가리지 않은 사람이 손뼉을 쳐서 자신의 위치를 알립니다.
3. 눈을 가린 사람이 눈을 가리지 않은 사람의 몸에 손을 대면 이기는 게임입니다.

간단한 준비물과 함께 하는 놀이 (2인 이상)

• 책 먼저 찾아오기 게임

준비물: 종이, 연필

1. 가장 긴 제목의 책, 사람이 가장 많이 등장하는 책, 동물이 가장 많이 등장하는 책, 가장 페이지 수가 많은 책, 가장 페이지 수가 적은 책, 강아지가 많이 등장하는 책 등 책의 특징들을 각각 따로 적은 종이쪽지를 내용이 보이지 않게 잘 접어서 준비합니다.
2. 서가에서 조금 떨어진 곳에 자리를 잡습니다.
3. 가위바위보로 이긴 사람이 종이쪽지를 고릅니다.

• 풍선 배구

준비물: 풍선, 스톱워치, 잘 지워지는 분필 혹은 선 표시를 할 수 있는 털실이나 테이프

1. 팽팽하게 잘 분 풍선을 준비합니다.
2. 상대와 나 사이에 선을 그어 표시합니다.
3. 시간을 합의해 스톱워치에 맞춰 놓은 뒤 풍선을 상대편에게 던집니다.
4. 풍선이 땅에 닿으면 이긴 겁니다. 정해진 시간 동안 풍선을 가장 상대편 땅에 많이 떨어뜨린 사람이 이기는 게임입니다.

• 생수병 세우기

준비물: 생수병 500ml

1. 생수병에 담긴 물을 반쯤 마시거나 물을 적당히 남겨둡니다. (약 3분의 1에서 2분의 1)
2. 생수병을 손으로 잡고 바닥을 향해 살짝 던집니다.
3. 병이 공중에서 한 바퀴 돌고 바닥에 착지하도록 던져서 병이 똑바로 서면 성공입니다.

- **여우 꼬리 잡기**

준비물: 수건

1. 각자 바지춤에 수건을 3분의 1쯤 넣어 꼬리를 만든 다음, 서로 1m 정도 떨어져 마주 섭니다.
2. "시작" 하면 재빨리 움직여 상대의 수건을 먼저 빼내면 이기는 게임입니다.

- **탁구공 놀이 1**

준비물: 탁구공, 계란판

1. 벽 가까운 곳 바닥에 계란판을 놓습니다.
2. 순서를 정하여 한 사람씩 30초 동안 탁구공을 튕기거나 던져서 얼마나 넣었는지 개수를 셉니다.

- **탁구공 놀이 2**

준비물: 탁구공, 숟가락, 통이나 그릇

1. 탁구공을 숟가락으로 떠서 방을 한 바퀴 돈 뒤 준비된 통이나 그릇에 담으면 됩니다.
2. 시간 기록으로 승부를 정합니다.
3. 탁구공이 많을 경우, 좀 떨어진 곳에 준비한 통이나 그릇을 놓고 숟가락으로 옮기기 놀이를 해도 좋습니다. 정해진 시간 안에 많이 옮긴 사람이 이기는 게임입니다.

4장

결대로 쓰게 해야 결대로 성장한다

목공 수업을 들은 적이 있습니다. 첫 시간에는 탁자의 상판을 다듬었는데, 나무토막 하나 다듬는 일이 생각보다 쉽지 않았습니다. 나뭇결이 낮은 곳에서 높은 곳으로 향하는 것이 순결 방향이고, 높은 곳에서 낮은 곳으로 향하는 것이 엇결 방향이라는 설명은 들었으나 아리송하기만 했습니다. 이리저리 보기만 하고 손을 못 대는 제게 목수가 다가와 눈을 감고 손끝으로 목재의 결을 살살 만져보라고 했습니다. 조심성 없이 만지면 나무 가시에 찔릴 수 있으니 갓난아이의 피부를 만지듯 최대한 살살 달래면서 나뭇결의 방향을 확인해 보라고 말이죠.

손끝에서 매끄럽게 흐르는 방향이 순결입니다. 반대로 거칠거칠한 느낌이 나면 엇결입니다. 목수는 사포질을 할 때 나무의 결 방향을 잘 이해하고 다듬어야 한다고 재차 강조했습니다. 순결 쪽으로 다듬으면 힘도 덜 들면서 매끈하고 아름다운 면을 얻을 수 있지만, 엇결 쪽으로 다듬으면 결 오름 현상이 일어나 부드러운 표면을 얻을 수 없고 완성도 높은 가구도 만들 수 없기 때문이라고 말입니다. 또 손을 다치기도 쉽고 힘도 더 든다고 했습니다. 그러니 나무를 위해서도, 그 나무를 다루는 사람을 위해서도 나무의 결을 이해하고 다듬는 일이 중요하다는 것이었습니다. 그러면서 강조한 말이 제 마음에 깊은 울림을 주었습니다.

"나무를 다루는 사람은 이걸 명심해야 해요. 결대로 다듬어야 나무가 진가를 발휘합니다. 결대로 아름다운 결과물을 얻을 수 있고요."

아이들도 그렇습니다. 아이들에게도 저마다 결이 있습니다. 여기서 결은 마음의 결입니다. 사람됨을 형성하는 저마다의 고유한 개성 말입니다. 어떤 새로운 활동을 할 때 재미있어 보이면 거리낌 없이 도전하는 아이가 있습니다. 그런가 하면 그냥 해봐도 될 일을 최후의 최후까지 미루며 다른 아이들의 경험을 다 지켜본 뒤 조심스럽게 시작하는 아이도 있습니다. 남들이 재밌다고 하면 본인도 재밌는 것처럼 느끼는 아이도 있고, 왜 그래야 하는지 끝까지 꼬치꼬치 묻고 따져서 스스로 설득되어야 움직이는 아이도 있습니다. 같은 것을 배울 때에도 각자의 기질이나 성격, 즉 자신의 결에 따라 새로운 것을 받아들이고 느끼고 소화하고 표현하는 방식이 다 다른 것입니다.

목수가 나무의 결을, 석수가 돌의 결을 바로 알아야 비로소 돌과 나무를 손상시키지 않고 잘 다룰 수 있듯 아이를 가르치는 선생이나 부모도 마찬가지입니다. 아이들의 결을 알아야 아이들이 그 결대로 잘 성장할 수 있도록 도울 수 있습니다. 자신의 결대로 성장해야 아이들도 제결대로 아름다운 한 그루의 나무가 됩니다. 이는 아이들을 만나는 모든 교육의 장에서 통하는 말일 것입니다. 글쓰기도 그렇습니다.

결대로 쓰게 하면 일어나는 변화

글쓰기 선생을 시작한 지 얼마 되지 않았을 때의 일입니다. 2학년 여자아이들 세 명에 남자아이 한 명, 네 명으로 꾸린 수업이 있었습니다. 홀로 청일점이었던 리현이의 어머니는 상담 때 말씀이 없었습니다. 리현이를 그 그룹에 끼워만 주어도 감사한 일이라며, 꼭 개인 수업이 아닌 그룹 수업을 경험하게 해주고 싶다 했습니다. 그 말씀의 의미를 저는 수업을 시작하고서야 알았습니다.

　리현이는 자리에 10분 이상 앉아있지를 못했습니다. 잠시 제가 판서를 하기 위해 몸을 돌리거나 자료를 나눠주기 위해 이동을 하면 시야에서 금세 사라져 버리곤 했습니다. 책상 밑으로 숨거나 다른 여자아이들에게 몸으로 장난을 걸거나 어떤 때는 다 같이 쓰는 6인용 책상 위에 가로로 누워있기도 했습니다. 경악할 일이었습니다. 활동적인 저학년 남자아이이니 마음으로야 그럴 수도 있지 싶었지만 여간 신경 쓰이는 게 아니었습니다.

　그뿐만 아닙니다. 제가 제안하는 모든 행위에 반기를 들기 일쑤였습니다. 선생님의 질문에 대한 대답은 알든 모르든 본인이 독점하고 싶어 했고, 글쓰기 주제나 분량도 자기가 정하고 싶어 했습니다. 글도 어찌나 빨리 쓰는지 다 쓰고 나면 여기저기 참견하고 교실을 돌아다니는 통에 다른 친구들의 불만도 이만저만이 아니었습니다. 그런 리현이와 실랑이를 한바탕 벌이고 나면 마치 온 동네 잔치를 혼자 치러낸 느낌이 들곤 했습니다.

개인 수업이었다면 일단은 원하는 대로 맞춰 주며 리현이의 마음을 읽어주려 노력했을 것입니다. 하지만 그룹 수업이다 보니 다른 아이들과의 형평성 때문에라도 돌출된 행동들을 넘어가 주는 게 쉽지 않았습니다. 그래서 저는 리현이를 따로 남겨 제 마음을 전달했습니다.

"리현이는 순간적인 집중력이 다른 친구들보다 뛰어나. 그러니 뭐든 일찍 끝내잖아? 다 끝내고도 계속 앉아있는 건 정말 힘든 일일 거야. 하지만 네가 글쓰기를 끝내고 돌아다니기 시작하면 아직 글쓰기를 못 한 친구들에겐 방해가 될 수 있어. 이곳은 함께 수업하는 곳이니까 다른 친구의 속도도 존중할 수 있어야 해! 이렇게 하자. 네가 답을 먼저 쓰거나 글쓰기를 빨리 끝내서 일어나고 싶을 때는 나에게 신호를 보내는 거야. 그러면 잠시 교실 밖으로 나가는 걸 허락해 줄게. 하지만 교실 밖에 있다가 내가 부르면 다시 교실로 와야 해. 수업이 다 안 끝났으니까."

그러면서 검지손가락 하나를 들어 보였습니다. 리현이는 그 제안을 받아들였습니다. 자극에 대한 반응이 빨라 늘 답이 빠르고, 글쓰기도 일등으로 끝내는 게 사실이었으니까요. 또 저는 그룹 수업에 큰 무리가 없는 선에서 수업과 관련된 리현이의 제안을 들어 주기도 했습니다. 다른 아이들이 불평하지 않게 모두가 원하는 수업을 돌아가며 기획하기도 했습니다. 수업의 주도권이 아이들에게 넘어간 듯도 보였습니다. 리현이를 중심으로 아이들은 수업을 기획하고 원칙을 정하는 데 적극적이었는데, 그것이 평소 제가 하던 수업의 테두리에서 그렇게 벗어나지는 않았습니다.

리현이는 눈에 띄게 달라졌습니다. 본인이 매사 빠른 것은 순간 집중력이 높기 때문이라 여기며 모든 것을 빨리 끝내는 것에 대해서는 당당하되 본인의 집중력을 증명하기 위해 노력했습니다. 익숙해진 뒤로는 쓴 글을 스스로 퇴고하는 법을 알려주어 남는 시간에 자기 글을 다시 읽고 고치게 했습니다. 말하듯이 쓰면 글이 된다는 걸 배운 뒤로 리현이는 제게 쏟아내던 말들을 빠르게 글로 써내곤 했습니다. 그래서 수업 시간에 남들이 글 한 편 쓸 때 두세 편도 거뜬히 완성해 냈죠.

> 내 나무는 506동 옆 쌍둥이 은행나무
> 저번 주에 머리를 잘랐다
> 싹둑싹둑 스포츠로 깎았다
> 그래도 걱정 없다
> 여름만 되면 쑥쑥 자라서
> 이 동네에서 제일 큰 은행나무가 될 거나
> 작년부터 87번 관찰해서 내가 제일 잘 안다
>
> 내 나무는 쌍둥이 은행나무
> 우리 아파트에서 내 나무가 제일 크다
>
> ─ 심곡초 3학년 김리현, 「내 나무」

위의 글은 '내 나무 관찰하고 글쓰기'에서 리현이가 쓴 시입니다. 처음부터 시로 쓴 건 아니었는데, 읽어보니 글이 마치 시 같아서 행갈이를 해 고쳐 쓰게 한 글입니다. 그래서 리현이의 말투와 개성이 고스란히 살아 있습니다. 스스로 정한 자기 나무를 향한 애정이 느껴지는 글로, '87번 관찰했다'는 대목에서는 관찰을 많이 한 것에 대한 자부심이 묻어납니다. '말하듯 쓰는 글쓰기'의 힘을 체득하고 글쓰기에 자신감이 생겼을 때 쓴 글이라 짧지만 생생하고 전달력이 좋습니다.

리현이처럼 에너지가 넘치고 끊임없이 무언가를 하고 싶어 하는 아이들이 있습니다. 판단과 행동이 빠른 것이 특징입니다. 확고한 의지와 결단력 때문에 보호자나 주변 어른들과 마찰을 겪기도 합니다. 이런 유형의 아이들은 뭔가를 주도적으로 해내는 게 가장 중요합니다. 글쓰기를 할 때도 주제나 시간, 분량을 본인이 정하게 해주면 마찰이나 실랑이를 줄일 수 있습니다. 명확한 목표를 제시해 주거나 도전적인 과제를 주면 더 열심히 하는 성향이 있습니다. 리현이에게 첫 번째 도전 과제는 집중적으로 글을 빨리 쓰고, 수업 시간 내에서 자신의 주도적인 시간을 확보하는 것이었습니다. 이렇게 매사에 본인이 결정할 수 있는 범위를 넓혀 주고 성취감을 얻을 수 있도록 해주면서 그 과정에서 너무 자신만 알지 않고 다른 사람의 마음도 살필 수 있도록 도와주면 됩니다. 이런 친구들이 글쓰기 훈련을 꾸준히 받고 자라면 주장하는 글, 타인을 설득하는 글도 빼어나게 잘 쓰곤 합니다.

아이들의 결을 잘 읽어주고 그에 맞는 환경을 조성해 주면 아이들은 쓰기 시작합니다. 만약에 제가 초반에 리현이를 집중력이 짧고, 주의가

산만하며, 함께 글쓰기 수업을 하기엔 너무 활동적인 아이라 평가하였다면 어떻게 되었을까요? 움직일 때마다 경고를 하고 앉아있기만 강요했다면 계속 글쓰기를 지속할 수 있었을까요? 그러기 힘들었을 겁니다. 엇결로는 아이를 키우기 힘들기 때문입니다. 첫 번째 선생님이 아이를 어떻게 읽어내느냐 하는 문제는 한 아이의 글쓰기 운명을 좌지우지하기도 합니다.

그런데 우리는 종종 아이가 잘 못하는 부분을 보완해 주는 것이 교육이라 생각합니다. 어른의 역할이자 선생님의 의무라 여기기도 하지요. 물론 그런 부분도 필요하겠지만, 우선해야 하는 것은 아이가 가진 강점을 먼저 비춰주고 강화하는 일입니다. 이것은 본격 글쓰기 과정에서만 그런 게 아니라 태도와 환경을 만들어가는 부분에서도 마찬가지입니다. 아이가 글쓰기에서 자신감을 얻고 계속 쓸 힘, 계속 쓸 마음을 낼 수 있게 하려면 아이 스스로 자신의 강점이 무엇인지 잘 알고 있어야 합니다. 그 강점을 믿고, 그 강점을 바라보며 나아갈 수 있게 지도해야 합니다. 이것이 결대로 쓰게 하는 일입니다.

글쓰기는 특히나 자기답게 쓰면서 발전시켜 나가는 게 중요합니다. 자기가 생긴 대로 잘 쓸 수 있는 게 글이기 때문입니다. 저는 100명이 100개의 방향으로 달려 모두 1등을 할 수 있는 분야가 글쓰기라고 생각합니다. 모자란 부분보다는 잘하는 부분에 더 포커싱해 주세요! 글 속에 아이가 있습니다. 그리고 어린 아이들의 경우엔 글쓰기의 결과물뿐 아니라 글쓰기 태도나 습관까지 모두 그 아이의 글로 보아야 합니다. 아이만의 장점을 찾아 그 부분을 마음껏 칭찬해 주세요. 표현력이 좋은 아이, 서술력이 좋은 아이, 비유와 상징을 잘 쓰는 아이, 남다른 생각이 있는 아이, 자신의 생각을 빨리 정리해 낼 줄 아는 아이, 한 문장 한 단어도 고심하고 신중하게 쓰는 아이, 글씨를 또박또박 쓰는 아이, 바른 자세로 앉아서 쓰는 아이…. 우리는 글을 쓰는 태도와 습관에서도 충분히 아이의 장점을 찾아낼 수 있습니다.

초등 글쓰기에서는 저마다의 장점을 발견하고 키우는 것이 우선입니다. 첫 번째 선생님이 섬세하게 찾아준 아이의 고유한 장점은 아이가 오늘도 내일도 글을 계속 쓸 수 있는 힘이 되어 줄 것이고, 아이의 글쓰기 실력은 그 힘 위에서 자라는 것이기 때문입니다. 마치 볕을 향해 가지를 뻗는 나무들처럼 아이들은 자신만의 글쓰기 실력을 키워나갈 것입니다.

실전 TIP

MBTI 유형에 따라
글쓰기 교육 방식도 달라질 수 있어요!

아이들의 결을 읽는 방식은 다양합니다. 그 결에 따라 교육 방식이나 공부 방법도 달리 하는 게 좋습니다. 저는 아이들 지도법을 공부할 때 슈타이너(Rudolf Steiner)의 인지론을 중심으로 아이들의 결을 읽는 훈련을 하였습니다. 요즘은 MBTI 이론이 한창 인기라 그 이론을 바탕으로 아이들의 결이 글쓰기에 어떤 영향을 미치는지 이야기해 보려 합니다. 초등학생 고학년 정도만 돼도 자신의 MBTI 유형과 특징을 좔좔 읊는 경우가 많을 정도로 대중화되어 있는 이론이라, 이론에 대한 설명은 간략하게 하고 각 유형에 따라 글쓰기 교육이 어떻게 달라야 하는지 이야기해 보도록 하겠습니다.

MBTI(Myers-Briggs Type Indicator)는 사람들의 성격 유형을 16가지로 나누는 성격 유형 검사입니다. MBTI는 네 가지 기준을 조합해서 성격을 분류하지요.

첫째, 에너지를 어디서 얻느냐에 따라 외향형(E), 내향형(I)으로 나눕니다. 외향형(Extraversion, E)은 사람들과 어울릴 때 에너지를 얻는 유형입니다. 활동적이고 말이 많은 편이지요. 내향형(Introversion, I)은 혼자 있는 시간이 필요하고 깊이 있는 대화를 선호합니다. 조용하고 신중한 편이지요. 먼저 외향형의 아이들은 대체로 말하듯이 글을 씁니다. 발표나 토론을 활발히 하는 이런 친구들에게는 빠른 피드백을 해주어 자신의 생각이 말과 글로 바로 발현될 수 있도록 도와주어야 합니다. 반면, 내향형의 아이들은 깊이 생각해 본 뒤 글을 쓰고자 하는 성향이 있습니다. 재촉하기보다는 조용한 환경에서 혼자 깊이 생각할 수 있는 시간을 제공하는 것이 중요합니다. 제가 가르치는 아이들 중 한 반은 극외향형 아이 두 명과 극내향형 아이 두 명 이렇게 네 명이 한 모둠이었는데, 두 명은 늘 수업 시간 내 글을 써냈지만 나머지 두 명은 수업 시간 내 글을 못 써서 숙제로 해오곤 했습니다. 정해진 시간 내 활동을 진행해야 하는 학교가 아닌 만큼 아이들만의 속도와 시간을 인정해 주는 것이 좋습니다.

둘째, 정보를 어떻게 받아들이느냐에 따라 감각형(S)과 직관형(N)으로 나눕니다. 감각형(Sensing, S)은 현실적이고 구체적인 정보를 선호합니다. 항상 자신의 경험을 바탕으로 생각하고 사실을 중요하게 여깁니다. 반면 직관형(Intuition, N)은 직관적으로 상황을 파악하고 큰 그림을 보며 창의적이고 미래지향적인 성향을 지닌 이들이 많습니다. 그래서 감각형(S)의 아이들은 구체적인 사실 중심의 실용적인 글쓰기를 선호하고, 직관형(N)의 아이들은 평소 추상적이고 창의적인 표현을 잘 써서 생활문이나 시 쓰기를 더 선호하는 경향을 보입니다. 감각형의 아이들에게는 구체적인 자료나 경험을 기반으로 뉴스 기사 작성하기를 시킨다거나 실험 보고서 작성하기를 해보게 하면 자신의 역량을 잘 발휘합니다. 직관형의 아이들에게는 본인들이 잘하는 창의적인 글쓰기를 장려해 주면 좋습니다. 그렇다고 잘하는 것만 시킬 수는 없지만, 글쓰기에서 자신의 강점이 어디에 있는지 알면 아이들은 본인의 성향에 맞지 않는 글쓰기를 할 때도 쉽게 좌절하거나 상처받지 않습니다.

셋째, 의사 결정을 어떻게 하느냐에 따라 사고형(T)과 감정형(F)으로 나눕니다. 사고형(Thinking, T)은 논리와 객관적인 사실을 기반으로 판단하는 유형입니다. 원칙과 분석을 중요하게 생각하지요. 감정형(Feeling, F)은 감성이 풍부하며 타인의 감정과 관계를 중요하게 여깁니다. 따뜻하고 배려심이 많은 것이 특징입니다. 사고형(T)의 아이들은 논리적이고 분석적인 글쓰기를 잘하는 경우가 많습니다. 다양한 주제의 주장하는 글쓰기를 통해 비평하는 훈련을 시켜주세요. 글쓰기가 본인의 사고력을 뽐내는 자리가 될 수 있게 해주세요. 아마 더 열심히 쓰려고 들 것입니다. 감정형(F)의 아이들은 감정적이고 공감하는 글쓰기를 곧잘 합니다. 감정 글쓰기가 절로 되는 경우가 많습니다. 이 아이들에겐 생활문이나 시 쓰기를 통해 자신의 감정을 글로 충분히 표현할 수 있도록 해주세요. 글 속에 담긴 타인에 대한 공감이나 배려하는 마음도 꼭 칭찬해 주세요. 책 읽고 글쓰기를 할 때는 어떤 등장인물에 공감하는지 관찰하면서 아이만의 생각과 감상을 글로 표현해 낼 수 있도록 도와주세요. 아이만의 표현을 찾을 수 있도록 격려하면서 본인의 경험과 감정을 마음껏 쓸 수 있게 독려해 주면 감성이 살아있는 글쓰기를 할 수 있게 됩니다.

마지막으로 '생활 방식을 어떻게 정리하는가?' 하는 기준에 따라 판단형(J)과 인식형(P)으로 나뉘지요. 판단형은 계획적이고 체계적인 것을 선호하며 마감 기한을 잘 지키고 정리정돈을 좋아하는 편입니다. 인식형은 유연하고 즉흥적인 것을 좋아하며 변화에 적응을 잘하고 자유로운 방식을 선호합니다. 판단형은 글쓰기도 체계적이고 계획적일 수 있도록 습관을 들여주면 좋습니다. 개요표나 초안을 미리 작성해 전체 그림을 그려보게 한 뒤 세부적인 내용들을 쓰게 하면 글쓰기 만족도를 더 높일 수 있습니다. 글쓰기 미션이나 마감을 정확히 인지시켜 주면 좋고, 그렇게 초안을 작성하게 한 뒤 글쓰기 목표에 맞춰 수정할 수 있도록 도와주면 그 안에서 자신만의 글쓰기 체계를 잡아갑니다. 인식형은 자유롭고 즉흥적인 글쓰기를 선호하는데, 즉석에서 창의적인 아이디어를 내는 일을 좋아하며 새로운 제안과 예상치 못했던 상황에 더 호기심을 느끼고 끌리는 성향이 있습니다. 기존의 글쓰기 방식이나 틀을 깨고 그때그때 새롭게 도전하는 아이들에게 선을 긋지 말아 주세요. 오히려 자유로울 수 있도록 허용해 주는 것이 인식형 아이들의 글쓰기에는 도움이 됩니다.

사실 위의 유형들이 어떻게 결합하는가, 각 유형의 비율이 어느 정도인가, 아이의 글쓰기 환경과 경험은 어떤가에 따라 또 많이 달라질 수 있습니다. 유형별로 어떤 특징이 있는지 정도로만 참조해 주시면 좋겠습니다. 아이의 글쓰기 유형을 이해하고 장단점을 보완하는 데 활용하실 수 있는 자료는 될 것입니다. 그 외에도 아이의 기질, 즉 결을 파악할 수 있는 방법은 많습니다. 다양한 이론도 도움이 되긴 하겠지만 경험보다 더 큰 지혜는 없는 것 같습니다. '내 아이는 내가 잘 알아야지!' 하는 생각으로, 사사건건 판단하고 평가하려는 마음을 내려놓은 후 그저 있는 그대로 아이를 잘 관찰해 보세요. 아이가 무엇을 좋아하고 싫어하는지, 어떤 부분을 힘들어하고 그 이유는 무엇 때문이지… 그렇게 읽어낸 결이 모든 이론을 넘어 내 아이에게 가장 적합한 글쓰기 솔루션을 제공해 줄 것입니다.

5장
자신감은 잘하기 전에
먼저 심어주는 것이다

앞선 글에서 저는 각자 생긴 대로 잘 할 수 있는 것이 글쓰기라고 말씀드렸습니다. 어느 아이들에게나 글쓰기 가능성은 있으며, 그것을 발견하고 키워주는 것은 '첫 번째 글쓰기 선생님'의 몫이라고도 했지요. 아이의 강점을 잘 비춰주어 결대로 쓸 수 있게 해주면 100명이 100개의 방향으로 달려 모두 1등이 될 수 있는 게 바로 글쓰기라고도 했습니다. 또한 아이들의 글쓰기 강점은 단지 글뿐 아니라 태도나 마음, 습관에서도 찾을 수 있다는 말씀을 드리면서 초등 글쓰기에서 잘 쓰는 것의 기준이 무엇인지에 관해서도 정의 내려 보았습니다. 그렇다면 어른이 아닌 아이들의 경우 보통 언제 자신이 글을 잘 쓴다고 느낄까요? 혹은 어떤 경우에 자신이 글을 잘 못 쓴다고 여길까요?

이 질문과 관련된 흥미로운 논문을 본 적이 있습니다. 「잘 쓴 글의 기준에 대한 초·중·고등학생에 대한 인식 비교 연구」(심유나·안상희, 『작문연구』, 2015)라는 제목의 논문입니다. 초등학생, 중학생, 고등학생들은 어떤 글을 잘 쓴 글이라 여기는지를 설문을 통해 분석하고 정리한 논문이었습니다. 이 논문에서 특히 주목할 만한 것은 '초등학생이 생각하는 잘 쓴 글의 기준'이었습니다.

초등학생들은 '자신의 생각이 듬뿍 담겨있는 글', '자신의 생각을 솔직하게 쓴 글'과 같이 자기답게 쓴 글을 잘 쓴 글이라 여긴다는 결론이 나왔습니다. 어른들의 기준과 비슷한 것 같아 반가운 마음이 들었습니다. 그런데 심층 조사에서 이렇게 판단한 주체가 어린이 본인이 아니라 선생님이나 부모님이었다는 결론에서 눈을 뗄 수가 없었습니다. 설문에 응한 어린이들은 '선생님이 잘 썼다고 하는 글', '나는 만족하지 않지만 선생님이 만족하는 글', '엄마, 아빠가 마음에 든다고 하는 글'을 잘 썼다고 여겼습니다. 그 잘 쓴 글의 기준인 자기다움이나 솔직함조차도 어른들의 평에 의거한 것이었습니다. 글씨체나 노력, 글의 명료성과 정확성 등도 그 기준에 포함되지만, 오롯이 글의 내용이나 완성도에 집중하는 중학생이나 고등학생들과는 달리 초등학생의 경우 잘 쓴 글의 기준이 되는 것은 결국 '타인, 특히 엄마, 아빠, 선생님의 인정과 만족'이었다는 것이죠. 초등 5학년을 대상으로 한 조사였으니 어린 학년에서는 이보다 훨씬 더할 것입니다.

정말 그렇습니다. 아이들은 엄마의 눈을 보며 자란다는 말이 있습니다. 본인이 글을 잘 쓴다고 여기는 아이는 부모님이나 선생님의 칭찬을 들은 적이 있기 때문에 본인도 그렇게 생각하는 것입니다. 아무도 그렇게 말해주지 않았음에도 자기 혼자 스스로 잘한다고 여기는 아이를 저는 아직 보지 못했습니다. 잘했다는 칭찬과 독려를 받은 경험이 글 잘 쓰는 아이를 만든 겁니다. 반대로 글을 잘 못 쓴다고 여기는 아이들도 마찬가지입니다. 대체로 그 생각은 부모님을 비롯한 글쓰기를 지도하는 선생님의 생각인 경우가 많습니다. 제게 오시는 학부모 중에는 아이가 글쓰기를 잘 못해서 걱정되는 마음에 오시는 분들이 많습니다. 또래들보다 좀 처지는 것 같고, 아이 스스로도 어려워하니 '우리 아이가 잘 못하나' 하는 걱정이 들 수 있습니다. 심지어 '아이가 나를 닮아 글을 잘 못 쓰는 것 같다'며 상담을 오시는 분도 계십니다. 불안한 마음은 십분 알겠으나 그런 걱정은 넣어두시는 게 좋습니다. 글쓰기 실력은 유전되지 않으니까요!

비단 글쓰기만 그런 것은 아닐 겁니다. 가수나 성악가처럼 타고난 목청을 가져야 하는 음악 분야나 스포츠 선수처럼 남보다 뛰어난 신체 조건이 있어야 도전이 가능한 분야를 제외하면 모든 능력은 후천적으로 길러집니다. 물론 어린 시절부터 부모의 전공이나 직업에 영향을 받아 아이가 그 분야에서 일찍 두각을 나타낼 수는 있습니다. 하지만 그것은 타고난 유전자 때문이 아니라 태어나면서 보고 듣고 행하고 자란 환경 때문입니다. 자주 보고 더 일찍 접하고 남들보다 더 많이 해보았기 때문에 빨리 두각을 나타내는 것뿐입니다. 그러니 글쓰기도 잘하게 하고 싶으시면 남들보다 더 빨리, 더 많이, 더 오래 시키시면 됩니다. 가정환경이 책을 자주 접하고 글쓰기를 중요시하는 분위기이면 더 좋습니다. 저는 편집자 생활을 하면서 작가 선생님들의 자녀들이 별도의 교육 없이도 글을 잘 쓰는 것을 수도 없이 보아 왔습니다.

노벨문학상 수상 작가 한강은 어릴 때부터 아버지 책상에 쌓여있는 원고지와 책 더미 속에서 자랐다고 합니다. 아버지 한승원 작가는 딸이 글을 쓰는 것에 대해 특별한 간섭을 하지 않았지만, 문학의 힘이 무엇인지, 언어가 어떤 책임을 지는지를 말없이 보여준 존재였다고 합니다. 일본의 베스트셀러 작가 무라카미 하루키의 아버지는 일본 고전문학을 가르치는 교사였는데, 그런 아버지 덕분에 하루키는 어린 시절부터 고전과 서양 문학을 모두 접할 수 있었다고 합니다. 그는 자신은 어린 시절 '책을 숨 쉬듯 읽는 환경'에서 자랐다고 이야기합니다. 우리나라의 원로 작가 이문열은 어린 시절 어머니께서 한자 책과 고전을 직접 읽어 주며 남다른 교육을 시켰다고 합니다. 이문열 작가는 자신의 문학 세계관의 상당 부분이 어머니의 영향이라고 밝힌 적이 있습니다. 유전자가 남달라서 잘 쓴 것이 아니라 책을 가까이하고 글쓰기를 중시하며 그로 인한 정서적 자극이 지속되는 환경이 있었기 때문에 가능한 일이었다는 것입니다. 글 잘 쓰는 아이는 글쓰기 좋은 환경에서 탄생한다는 말이 딱 맞지 않습니까?

글쓰기 자신감이 필수인 이유

'어떡하지? 우리 아이는 외가나 친가나 글 쓰는 이가 없는데?'

'글쓰기는 유전이 안 된다면서 작가들이 대대로 글을 잘 쓴다는 소리는 왜 한담?'

'텄네! 텄어! 그럼 우리 애는 일찍부터 운동이나 사업 쪽으로 알아봐

야 하나?'

 이쯤 되면 이런 생각을 하시는 분도 계실 테지요. 그렇지 않습니다. 위의 예시는 그저 부모가 연예인이라면 자녀도 연예계에 몸담고 싶어 하는 경향이 있고, 부모가 법조계에 몸담고 있다면 자녀도 법관이, 의사직에 있다면 자녀도 의사가 되고 싶어 하는 경향을 설명한 것뿐입니다. 그만큼 자식은 부모의 직업에 관심이 많고 또 영향을 크게 받기도 하니까요. 그런데 이런 환경까지는 아니더라도 우리가 마음을 먹거나 신경을 쓰면 만들어 줄 수 있는 환경이 있습니다. 바로 글쓰기 자신감입니다.

 작가 지망생들의 필독서로 꽂히는 『유혹하는 글쓰기』(김영사, 2017)의 작가 스티븐 킹(Stephen Edwin King)은 여섯 살 때 만화책을 베껴 어머니에게 보여준 적이 있다고 합니다. 그때 스티븐 킹의 어머니는 "네 얘기를 써보렴. 너라면 훨씬 잘 쓸 거야."라며 격려해 주었다고 합니다. 그 말 한마디는 소년 스티븐 킹에게 자신감을 주었습니다. 이후에도 스티븐 킹의 어머니는 꼬마 스티븐이 소설 한 편을 완성할 때마다 25센트 동전을 주고 그 글을 스티븐 킹의 이모 네 명에게 읽게 하였는데, 이모들은 스티븐의 글을 열심히 읽고 감탄하며 칭찬을 아끼지 않았다고 합니다. 스티븐 킹이 자라며 글쓰기를 지속할 수 있었던 힘은 이렇게 자신의 글을 읽고 재밌어하고 감탄해 주는 독자들이 있었기 때문입니다. 또 그로 인해 자신은 잘 쓸 수 있다는 자신감을 뼛속 깊이 얻을 수 있었기 때문일 것입니다.

 스티븐 킹은 성인이 되어 여러 출판사에 자신의 원고를 투고하지만 셀 수 없이 많은 거절 쪽지를 받았다고 합니다. 그럼에도 그는 포기하지 않았습니다. 작가가 되기를 포기하지 않게 해주었던 배경에는 분명 어린 시절부터 어머니와 이모들로부터 얻은 이 뿌리 깊은 자신감이 있었을 것입니다. 결국 스티븐 킹은 전 세계에서 33개국 언어로 번역되고, 3억 부 이상 판매된 『캐리』(황금가지, 2024)라는 소설의 작가가 되었습니다. 그는 지금까지 500편이 넘는 작품들을 발표하고, 미국의 가장 권위 있는 문학상인 전미 도서상, 미국 문단에 탁월한 공로를 세운 작가에게 수여하는 평생 공로상을 비롯해 온갖 상을 휩쓸었습니다. 그를 대중적인 인기와 함께 세계적인 작가로 우뚝 서게 한 시발점은 바로 그의 어머니가 '먼저 심어둔 자신감'이었습니다.

"어쩜 넌 이렇게 잘 써?"

"넌 정말 글쓰기에 소질이 있구나!"

가까운 이의 칭찬, 특히 첫 번째 글쓰기 선생님의 칭찬은 아이들 마음에 뿌리 깊은 자신감으로 자리매김합니다. 프롤로그에서 '글꽃피우다' 시를 쓴 시원이는 늘 이렇게 말하고 다닙니다.

"난 처음부터 잘 썼어! 누가 가르쳐줘서 그런 것 아니고, 처음부터 글을 잘 썼다고!"

어떤 형식의 글이든 어떤 주제의 글이든 겁 없이 덤벼 글을 써냅니다. 2~3년을 그렇게 '원래부터 잘 쓰는 아이'로 살았더니 지금은 진짜 잘 씁니다. 뒤늦게 수업에 합류한, 글을 잘 쓰고 싶은 여자 친구들은 그런 시원이를 부러움의 눈으로 바라보곤 하지요. 맞벌이로 바빠 달리 글쓰기를 챙겨줄 수 있는 형편이 아니었는데도 국어 수행평가 점수는 항상 좋다며 어머니께서도 뿌듯해하고 고마워하셨습니다. 저는 시원이를 볼 때마다 '아, 글쓰기도 기세인가!' 하는 생각을 하곤 했습니다.

제가 운영하는 '글꽃피우다'에는 글 잘 쓰는 아이들만 다닙니다. 스스로 글을 잘 못 쓴다고 여기는 아이는 한 명도 없습니다. 처음엔 어떤 사연으로 왔든 다니다 보면 다들 자신을 작가로 여깁니다. 자기의 특기란에 글쓰기는 필수입니다. 정말 이 아이들이 다들 글을 잘 쓸까요? 맞습니다. 잘 씁니다. 자기답게, 생긴 대로 잘 씁니다. 어떤 아이는 시처럼 짧지만 메시지가 담긴 글을 잘 쓰고, 어떤 아이는 설명하는 글도 말하듯 쓰는 재주가 있으며, 어떤 아이는 자기주장을 똑 부러지게 펼치는 글을 잘 씁니다. 무엇보다 어제의 자신보다 오늘 더 잘 씁니다. 잘 쓴다고 믿고 있으니 글 쓰는 것이 두렵지도 고되지도 않습니다. 그렇게 자꾸 쓰다 보니 자꾸 더 잘 쓰게 됩니다. 본인이 잘하는 걸 하니 즐겁기도 할 것입니다. 그러니 더 잘 쓸 일만 남았습니다.

글쓰기 자신감은 아이들이 글을 잘 쓰기 전에 미리 심어주면 좋겠습니다. 사람은 누구나 내가 잘하는 일을 계속하고 싶어 하는 성향을 지닙니다. 잘하는 일을 할 때 내 자신이 좀 괜찮고 멋있어 보이기 때문입니다. 이 경험이 반복될수록 아이는 자신을 믿게 됩니다. 특히 초등학생 시기의 아이들은 '내가 잘하는 사람인지 아닌지'에 대한 감각을 스스로의 판단이 아닌 가까운 이들의 눈을 통해 배웁니다.

그래서 칭찬은 그저 아이들의 기분을 좋게 해주는 말이 아니라, 아이가 '나는 괜찮은 사람이야', '나는 해볼 만한 능력이 있어'라는 자기개념을 형성하게 해주는 핵심 자극이 됩니다. 이 시기에 제대로 된 칭찬은 글쓰기 자신감뿐 아니라 아이의 자존감을 붙잡아 주는 뿌리가 됩니다. 그렇게 형성된 자존감과 자신감은 아이가 쓰는 글뿐만 아니라 앞으로 살아가며 선택하고 표현하는 모든 장면에 영향을 줄 것입니다.

내 아이가 글을 잘 썼으면 좋겠다고 생각하시나요? 그렇다면 마음속의 돋보기란 돋보기는 죄다 꺼내어 아이가 한 편 아니, 한 줄의 글이라도 써냈을 때 잘한 구석을 찾아보세요. 찾아낸 뒤에는 감탄하고 칭찬해 주세요. 모든 교육이 다 그러하겠지만, 글쓰기 역시 박수로 키워나갈 수 있는 장르입니다. 첫 번째 선생님이 만들어야 할 필수 환경은 칭찬으로 아이들의 마음에 자신감의 씨앗을 심어주는 일입니다. 그 씨앗을 지닌 아이는 자신을 믿고 끝까지 써내는 사람으로 성장하게 될 것입니다.

실전 TIP

아이들의 글쓰기 자신감을 꺾는
잘못된 글쓰기 교육 세 가지를 소개합니다!

건강해지려면 좋은 음식을 이것저것 챙겨 먹는 것보다 안 좋은 음식을 안 먹는 것이 더 이롭다고 합니다. 글쓰기 교육도 마찬가지입니다. 절대 해서는 안 되는 것을 안 하는 것이 이것저것 좋은 교육을 시키는 것보다 훨씬 효과적입니다.

1. 맞춤법, 글씨 지적 절대 하지 마세요. 제발요!
글쓰기가 어렵고 힘들어 오는 아이들 중 많은 수가 어린 시절 맞춤법이나 글씨 때문에 혼이 나거나 핀잔을 들었거나 좌절한 경험이 있는 아이들이었습니다. 이 좌절의 경험은 글쓰기를 힘들고 어렵고 본인이 잘할 수 없는 것으로 만들어 버립니다. 경험상 그 마음을 바꾸기가 참 쉽지 않았습니다. 초등학교에 들어가면 아이들이 가장 먼저 만나는 글쓰기 난관이 글씨 바르게 쓰기와 받아쓰기입니다. 이때 받은 평가는 아주 쉽게 글쓰기에 관한 자신감의 상실로 이어집니다. 아이들에게 글쓰기의 시작은 곧 글씨 쓰기와 받아쓰기거든요.
 글씨는 처음 한글을 가르칠 때부터 반듯하게 쓸 수 있도록 교육하는 게 좋습니다. 칭찬만으로도 충분히 가능합니다. 하지만 그때 제대로 못했다면, 그리고 글씨 쓰는 걸 아이가 힘들어한다면 우선 손의 힘부터 길러주세요. 글씨가 반듯하고 예쁠 경우 얻게 되는 좋은 점을 많이 알려주세요. 그리고 최대한 기다려주세요. 곁에 있는 어른들이 글씨를 예쁘게 쓰려고 노력하는 걸 자주 보여줘도 좋습니다. 글씨체를 바로 잡으려다 글쓰기와 영영 이별해 버린 친구들을 많이 보았습니다. (특히 남자아이들이 많이 그랬지요.) 그건 빈대 잡으려다 초가삼간 태우는 것과 같습니다. 혹 때를 놓치셨다면 글씨체 때문에 아이와 실랑이하지 마시고, 적당한 때를 기다려주세요. 나쁜 글씨체 때문에 불이익을 받았을 때를 노려 보시거나 우연히 글씨를 잘 썼을 때 극적인 칭찬이나 보상을 줌으로써 아이 스스로 글씨체 개선 의지를 가지도록 도와주세요. 지적과 핀잔은 독이 될 뿐 절대 해결책이 되지 않습니다. 온라인 글쓰기를 활용하시거나 컴퓨터 키보드로 글을 쓰게 하는 것도 도움이 됩니다. 글씨 때문에 글을 쓰기 싫은 거지 글쓰기 자체가 싫진 않은 친구들도 많기 때문입니다.

맞춤법의 경우는 타고난 기질과 독서량에 많은 영향을 받는데, 무엇이든 꼼꼼히 보는 친구들이나 기억력이 좋은 친구들이 아무래도 유리하기 마련입니다. 책을 많이 읽은 아이들도 유리합니다. 맞춤법은 틀린 걸 지적하고 가르쳐서 해결되는 경우가 거의 없습니다. 오히려 아이들이 글쓰기 자신감을 잃게 하거나 글쓰기를 지레 지겨워하며 달아나게 할 가능성만 높입니다. 맞춤법 지적도 아이들에겐 곧 글쓰기 지적이거든요. 기다려주셔야 합니다. 학년이 올라가고 단어의 노출 빈도수가 많아지면서 맞춤법은 서서히 좋아지기 마련입니다. 아이가 5, 6학년이 되어 스스로 맞춤법에 스트레스를 받거나 자주 틀리는 맞춤법에 의문을 가질 때 자주, 흔히 틀리는 맞춤법의 원리를 알려주세요. 시중에 관련 참고서도 많이 나와있으니 활용하시면 됩니다. 맞춤법 지적이 글쓰기 자신감을 떨어뜨린다는 사실, 꼭 기억해 주시면 좋겠습니다.

2. 아이들의 글을 섣불리 고치려 들지 마세요!

아이들은 자신이 쓴 표현에 대해 교사나 부모님이 고치려 들면 스스로 잘 못 썼다는 생각을 하게 됩니다. 자존심이 센 아이들은 극도로 반발감을 표하거나 글쓰기 자체를 안 하려 들기도 하지요. 수동적이며 의존적인 친구들은 자꾸 의존하는 쪽으로 방향을 잡기도 합니다. 그러니 글에 반영된 아이들의 생각이나 표현에 대해서는 고칠 생각을 하지 않는 것이 좋습니다. 약간의 아이디어를 주거나 보충하면 좋을 내용을 조심스럽게 제안하는 것은 가능합니다. 글의 내용이 어떻든 우선은 글쓴이의 생각과 표현을 인정하고 존중하는 것이 중요합니다. 존중받아 본 아이들이 존중하는 법도 압니다. 초등 고학년이 되면 스스로 본인의 글을 고칠 수 있게끔 퇴고하는 요령을 알려주고 스스로 고치게 하는 것이 좋습니다. 아이 스스로 자신의 글에 조언을 구할 경우 의견을 제시하는 정도는 가능합니다.

3. 함부로 비평하지 마세요!

간혹 글쓰기 지도사 중 아이들이 쓴 글을 놓고 가감 없이 비평하는 분들이 있습니다. 마치 실력 발휘라도 하는 듯, 잘못된 부분이나 미흡한 부분을 짚어내고는 의기양양해 하는 모습입니다. 글쓰기 교사의 실력은 아이들의 글을 판단하고 비평하는 것에 있지 않습니다. 글 속에 담긴 아이의 마음을 읽고, 글이 가진 장점을 찾아 비춰주는 게 되레 글쓰기 교사의 실력입니다. 아직 더 많이 배워야 해서 어린이인 것입니다. 공감과 칭찬만으로도 충분히 글쓰기를 가르칠 수 있습니다. 비평은 아이의 자기 객관화가 어느 정도 되어 그것을 받아들일 수 있을 때 해도 늦지 않답니다.

6장
어떤 말이든 쓸 수 있는 자유를 허하라

제겐 가장 아쉬운 기억으로 남는 친구가 있습니다. 4학년 2학기 때 저를 찾아온 쌍둥이 친구들이었습니다. 이란성 혼성 쌍둥이였는데, 만화 속에서 금방 걸어나온 것처럼 예쁘게 생긴 친구들이었습니다. 모의 수업을 했을 때, '우와, 이렇게 때 묻지 않고 순수한 아이들이 있을까?' 속으로 감탄하기도 했습니다.

어머니의 걱정은 그중 동생인 연우였습니다. 연우는 말을 더듬는 버릇이 있었는데, 이로 인해 심리적으로 많이 위축되어 있는 게 걱정이라고 하셨습니다. 타고나길 내향적인 성격인 데다 하고 싶은 말을 제대로 못 하니 억울할 일이 많다면서 말입니다. 어머니는 그래서 해마다 학교 운영위원회 보직도 맡고, 성당에서도 늘 아이들과 함께 할 수 있는 활동에 신경 써왔다고 하셨습니다. 제 수업은 보통 4~5명의 아이들이 모이면 신규 수업을 시작합니다. 연우 때문인지 어머니는 아이들을 모집

할 때 함께 수업할 아이들을 무척 꼼꼼히 탐색하셨습니다. 이 아이는 이래서 안 되고 저 아이는 이래서 안 되고, 그렇게 모집이 자꾸 지연되다 결국 쌍둥이와 함께 수업할 멤버들은 어머니가 직접 모아 오셨습니다.

제 수업 방식은 연우에게 아주 잘 맞았습니다. 연우는 탐구력이 무척 좋은 친구였는데, 어떤 주제이든 관찰하고 경험한 후 글쓰기로 이어졌으니 연우의 탐구력이 빛을 발할 수밖에요. 당시 아이들의 관찰 수업을 위해 교실에서 사슴벌레를 키우고 있었는데 연우는 사슴벌레를 관찰하고 글 쓰는 시간을 진심으로 행복해 했습니다. 말은 더듬었지만 글은 누구보다 자세하게 쓸 수 있었습니다. 그렇게 자존감을 회복하고 나니 다른 독서 활동과 글쓰기 활동도 매우 적극적으로 열심히 참여하게 되었습니다. 연우는 눈에 띄게 달라졌습니다. 비록 일주일에 1시간 30분이었지만 자신의 가치를 스스로 확인한 아이들은 눈에 띄게 빛이 나기 마련입니다. 연우의 어머니도 감사의 마음을 아끼지 않고 표현해 주셨습니다.

문제는 연우가 아니라 쌍둥이 누나 연하였습니다. 연하는 전무후무하게도 글꽃노트가 두 개인 아이였습니다. 엄마한테 보여주는 용도의 노트 하나, 제 수업에서 쓰고 그냥 놓고 가는 용도의 노트 하나. 이유는 엄마의 검열이 걱정돼 글을 쓰지 못했기 때문입니다.

"선생님, 솔직하게 써야 해요? 그랬다가 엄마가 보고 뭐라 하면 어떡해요?"

그러면서 썼다 지우고 썼다 지우길 반복하다가, 어느 날은 투명 테이프와 종이와 가위를 달라더니 자기가 쓴 글 위에 종이를 잘라 덮은 뒤 투명 테이프로 고정하는 것이었습니다. 타인의 눈을 의식하지 말고 자신의 생각과 감정을 솔직하게 쓰라는 선생님의 말씀을 따르긴 했으나 뒤에 따를 엄마의 검열이 두려웠던 게지요. 엄마가 이 글을 보면 싫어할 것 같다는 것입니다. 싫어하면 어떻게 되느냐 했더니, 엄마가 걱정한다는 것이었습니다. 연하는 엄마의 걱정이 세상에서 제일 두려운 아이였습니다. 그래서 저는 연하에게 노트를 두 개 만들자고 제안하기에 이른 것입니다.

글로 만난 연하의 진짜 마음은 이런 것이었습니다. 엄마는 늘 연우 걱정만 한답니다. 그래서 심지어 작년까지는 학교 선생님께 부탁해 둘이 한 반이 되도록 해왔다는 겁니다. 연우를 지키고 보호하고 연우의 의사를 대변하는 일을 연하가 할 수 있게 말입니다. 연하는 얼굴도 이쁘고 말도 똑 부러지고 공부도 잘했습니다. 심지어 배려심도 많고 차분하고 심성도 고왔습니다. 모든 것이 완벽하다고 할까요? 그래서인지 수업에서도 정답만 내놓던 아이였습니다. 그러던 아이가 어느 날부터인가 제게 묻기 시작했습니다. "그냥 제 생각을 얘기해도 돼요?" 하고 말이죠. 노트가 두 개 생긴 뒤에도 제가 '괜찮다'고 몇 번씩 얘기해 주어야 자기 생각을 쓸 수 있던 친구였습니다.

탐구하는 게 좋아 야외 수업을 좋아했던 연우와 달리 연하는 숲도, 나무도, 곤충도 무서워했습니다. 나무 관찰 수업을 할 때는 자기 나무를 정해 오라고 했더니, 남의 집 높은 담장 너머에 있는 아주 오래되고 큰 단풍나무를 자기 나무라고 정해 왔더라고요. 자기 나무를 관찰할 때는 직접 쓰다듬어 보고, 안아도 보고, 귀도 대어 보곤 하는데 그러기 힘든 나무였죠. 그리고 무섭다고 나무 가까이에도 가지 않으려 했습니다. 저는 그런 연하가 마음 열기를 기다렸다가 어느 날 담장 아래 디딤돌을 놓고 올라가 제가 대신 그 단풍나무를 쓰다듬고 안아 주었습니다. 연하가 돌아와서 쓴 글이 참 인상적이었습니다. 글의 중심 내용은 이러했죠.

> 이제야 나는 내 나무가 편해졌다. 다음에는 나도 돌을 밟고 올라 내 나무를 쓰다듬어 볼 수 있을 것 같다. 선생님은 단풍나무가 상처가 많을수록 더 가치가 나간다고 했다. 그 말을 듣고 보니 내 나무가 엄청 멋있어 보였다. 내 나무로 정하길 잘한 것 같다. 이전에는 담장이 있어서 좋았는데 이제는 담장이 없어졌으면 좋겠다는 생각이 든다. 나도 다른 아이들처럼 내 나무를 안아보고 싶기 때문이다.
>
> — 심곡초 3학년 김연하

이 내용이 아직도 선명하게 기억나는 이유는 당시 연하가 쓴 글이 제게는 너무나 감동적이었기 때문입니다. 이 글 역시 연하는 비밀 노트에다 썼습니다. 이유는 엄마가 왜 자기 나무인데 남의 집에 있는 나무로 정했냐고 뭐라고 할 것 같아서라고 했습니다.

"쓰고 나니 어때? 좀 후련해?"

저는 종종 연하에게 묻곤 했습니다. 그러면 연하는 그저 웃으며 고개를 끄덕였습니다. 어떤 이유에서든 저는 비밀 노트에다 억눌러 온 생각과 감정을 고백하는 연하가 대견하게 느껴졌습니다. 그런 날들이 꽤 오래 이어졌고, 저는 연하, 연우의 어머니가 수업한 노트를 보고 싶다고 하면 공식적인 노트만 보냈습니다.

사단은 할로윈 데이에 벌어졌습니다. 성당에서 할로윈 데이 행사를 하는데 연하, 연우의 어머니는 아이들과 함께 할로윈 복장을 하고 아는 친구들 집을 돌며 사탕을 나누었습니다. 주로 연우 친구의 집이었습니다. 연하는 해마다 그러는 게 싫었습니다. 엄마가 연우를 걱정하는 마음을 알아서 싫다는 내색은 못했지만, 연하는 이제 그런 엄마와 자신이 창피하다는 생각까지 들었다고 했습니다. 그 스트레스 때문이었을까요? 원래 독서 수업이 예정되어 있었는데 연하는 글을 쓰고 싶다고 했습니다. 비밀 노트에 말이죠. 다른 아이들도 글쓰기 수업을 원했기에 그날의 수업을 뒤로 미루고, 자유 주제로 글쓰기 수업을 진행했습니다. 그래서 밀리게 된 수업이 다음 달 수업 계획안에 떡하니 올라가게 된 거죠.

연우, 연하의 어머니는 예정된 수업을 미루고 그날 무슨 수업을 했는지 알고 싶어 하셨고, 연하와 저는 그날 쓴 글이 있는 노트를 공개하기로 마음먹었습니다. 그간의 정황을 어머니께 사실 위주로 설명해 드렸습니다. '글을 쓴다는 것은 자신을 마주하는 일이다. 본인의 감정과 생각을 문자로 확인하면서 자신이 어떤 사람인지 알아가는 일이 곧 글쓰기이다. 자기가 뭘 좋아하는지, 싫어하는지, 뭘 못 견디는지, 뭐에 환장하는지 우리는 글쓰기를 통해 확인한다. 그러면서 자기답게 성장해 가는 것이다. 연하는 엄마가 걱정하고 불안해할까 봐 엄마의 기대에 어긋나거나 걱정할 만한 생각, 감정을 차마 티 내지 못했다. 엄마가 걱정하는 게 연하에겐 가장 큰 스트레스였기 때문이다. 노트가 두 개라는 걸 미리 말씀드리지 못한 이유는 연하가 충분히 편안해진 뒤 스스로 그 부분을 엄마한테 얘기할 용기가 생길 때까지 기다리고 싶었기 때문이다.'
정말 열심히 설명을 드렸습니다. 연우, 연하 어머니는 가만히 듣기만 하셨습니다. 그리고 아이들 아빠와 상의해 보겠다는 말만 남기고 전화를 끊었습니다. 그날 저녁, 수업을 그만하겠다는 문자를 남기셨고 그렇게 허무하게 연하와 연우를 떠나보냈습니다.

'잘한 일이었을까?'

가끔 생각이 납니다. 시간이 꽤 흘러 다양한 아이들과 학부모님들을 대하는 일이 이전보다 훨씬 노련해진 지금 다시 그때와 같은 상황에 놓인다면 나는 어떻게 할 것인가 묻곤 합니다. 그런데 답이 별반 다르지 않습니다. 그때의 깨어진 기대가 연하와 연우 엄마를 조금 더 편한 관계로 인도했기를 바랄 뿐입니다. 연하와 마지막 인사를 하지 못했습니다. 만약 그럴 기회가 주어진다면 꼭 해주고 싶은 말이 있습니다.

"연하야, 고맙다. 내게 와서 솔직할 용기를 내주었던 것 정말 고맙게 생각해. 네가 느끼는 것, 네가 생각하는 게 바로 너야. 너는 너를 투명하게 들여다볼 용기를 내었던 것뿐이야. 그러니깐 혹 살다가 힘들 땐 글을 써. 그땐 정말 혼자만 알 수 있는 곳에다 글을 써. 욕을 써도 괜찮아. 네 속이 뻥 뚫리는 느낌이 들 때까지 아무 말이나 써버려. 그 시간들이 너를 더 강하고 아름답게 만들어 줄 거야. 자기 자신을 투명하게 들여다볼 힘을 지닌 사람은 그 누구보다도 강한 법이거든."

글쓰기 교육의 본질은 존중에 있다

"방학이 길어지자 엄마들이 괴수로 변했다. 그중에서도 우리 엄마가 가장 사납다…." 코로나19가 전국적으로 퍼지던 때 온라인상에서 유행했던 유머입니다. 글쓰기 수업을 하다 보면 저런 글귀를 저는 자주 봅니다. 글쓰기 교사를 시작한 지 얼마 되지 않았을 때는 저런 글을 보면 내 도움이 필요한 아이인가 싶어 몸이 잔뜩 긴장되기도 하였습니다. 공격적인 표현과 증오, 미움 등이 묻어나는 글이 적힌 노트 귀퉁이에는 이빨 가득한 여자, 남자의 그림이 흔하게 등장했습니다. 사춘기가 온 친구들은 엄마, 아빠라는 명칭 대신 '지'라는 사춘기 세계의 4인칭 대명사를 쓰기도 합니다. 그럴 때 첫 번째 글쓰기 선생님이 가장 먼저 해주어야 하는 것이 바로 '존중'입니다.

우선은 아이의 상황과 감정을 있는 그대로 존중해야 합니다. 싫어서 싫다고 쓴 것이고, 지겨우니 지겹다고 쓴 겁니다. 재미가 없으니 재미없다고 쓴 건데 그 감정에 토를 달거나 가르치려 하면 아이들의 마음은 '그럼 그렇지!' 하고 금세 닫혀버리고 맙니다. 아이의 부정적인 감정은 공감하고 존중해 주시되 왜 그런 마음이 들었는지 궁금해해 주세요. 그리고 그 마음의 맥락을 이해해 주세요. 그것만 하셔도 됩니다.

예를 들어, 아이가 어떤 친구를 '죽여버리고 싶다'고 썼다고 가정해 봅시다. 그러면 '아, 네가 지금 그 친구를 죽여버리고 싶을 정도로 밉구나!' 하고 존중해 주시면 됩니다. 그러고 나서는 왜 그런 감정이 들게 되었는지 물어보거나 써보게 하세요. 그걸 말하거나 쓰는 과정에서 아이는 감정이 누그러지는 것을 경험할 수 있습니다. '그런 상황에서는 그런 마음이 들 수도 있겠다' 공감해 주시는 것이 중요합니다. 그 공감이 그렇게 행동해도 된다는 허락은 아닙니다. 그것은 아이들도 잘 압니다.

잘하던 아이들도 때로 부모님이나 선생님에게 도전하기도 합니다. 삐딱한 말과 행동으로 자신의 주먹을 어디까지 뻗어도 되는지 시험하기도 합니다. 저 역시 철마다 겪는 일입니다. 글쓰기 수업이 재미있어서 한 주 내내 기다린다고, 매일 오면 안 되냐 묻던 아이들이 수업을 시작하기도 전에 면전에 대고 "글쓰기 수업 재미없어요." 하고 묻지도 않은 대답을 인사처럼 건넵니다. 저 역시 사람인지라 그런 말에 시무룩해지거나 아이에게 반감이 들 때도 있지만, 그때는 쿨하게 인정해 버리는 게 상책입니다.

"○○이가 글쓰기 수업이 재미가 없구나! 왜 그럴까? 그럼 어떻게 해 보면 좀 재미가 생길까?"

아이에게 물어보세요. 재미없는 이유가 다른 데 있을 수도 있고, 또 재미없는 글쓰기를 조금이라도 더 재미있게 만들어 줄 방법을 아이가 제시해 줄 수도 있으니까요. 해결책을 본인이 가지고 있는 경우가 많습니다. 그렇게 온전히, 있는 그대로 존중받은 경험이 쌓인 아이들은 글을 쓰다가 또 힘든 순간이 와도 잘 지나가게 됩니다. 선생님과 더 좋은 방법을 찾아 지겹고 힘든 느낌을 이겨낼 용기를 얻습니다. 문제를 스스로 해결해 본 경험은 또 위기가 와도 쉽게 포기하지 않고 무슨 방법이 있을 거라는 희망을 갖게 합니다.

아이들은 존중받는 환경이 주어지면 글쓰기를 통해 자신을 있는 그대로 투명하게 들여다볼 용기를 냅니다. 자신의 못난 생각과 감정을 인정할 용기, 때로 실수하고 때로 엉망인 나도 받아들일 용기, 그냥 이대로도 괜찮다고 스스로에게 말해줄 용기가 생깁니다. 세상이 원하거나 엄마, 아빠, 선생님이 원하는 모범 답안을 쓰는 게 아니라 '진짜 나'를 쓸 수 있게 됩니다. 글을 써보면 자신을 압니다. 글을 쓰면서 비로소 내가 무슨 생각과 감정에 사로잡혀 있었는지 알게 되고, 나는 어떤 사람인지 알게 됩니다. 그리고 그런 나를 세상에 당당하고 솔직하게 드러내는 법을 훈련하게 됩니다. 글쓰기를 잘하는 아이들이 자존감이 높은 이유도 여기에 있습니다.

글쓰기를 잘하는 자존감이 높은 아이로 키우고 싶다면 글에 담긴 아이의 마음을 존중해 주어야 합니다. 글쓰기 교육의 핵심은 글을 가르치는 것이 아니라 아이의 말에 귀 기울이고 존중하는 태도에 있습니다. '왜 이렇게 썼을까?', '무슨 마음이었을까?'를 묻는 것만으로도, 관심을 표현하는 것만으로도 아이의 글쓰기 자존감은 자라기 시작합니다. 그것이 바로 본질 글쓰기의 시작인 것입니다.

저는 아이들이 살면서 화가 나거나, 속상하거나, 억울하거나, 힘이 들 때⋯ 그럴 때 생각나는 것이 글쓰기였으면 좋겠습니다. 아이건 어른이건 모두 그랬으면 좋겠습니다. 물론 목청껏 노래를 불러도 좋고, 심장이 터지도록 달려도 좋고, 친구와 침이 마르도록 수다를 떨어도 좋고, 고막이 나가도록 좋아하는 음악을 들어도 좋습니다. 모두 내 안의 부정적인 감정들을 다스리는 훌륭한 방법들입니다. 그렇기는 하지만 단순한 스트레스나 지나가는 화가 아니라 좀 더 깊은 상처나 고통에 직면했을 때, 그래서 많이 우울하고 슬플 때, 내 마음을 제대로 알아주는 이가 한 명도 없는 것 같은 그런 순간에 글을 쓰면 마법 같은 일이 벌어진다는 것을 경험하게 해주고 싶습니다. 자라는 아이들에게 이런 글쓰기를 경험하게 해주세요. 인생에서 웅덩이를 만났을 때 아주 멋지고 우아하게 그 웅덩이를 건너는 방법을 하나 마련해 두는 것과 같을 테니 말입니다.

실전 TIP

아이들이 쓴 글에
피드백하는 법을 알려 드립니다

아이들이 쓴 글을 가져와도 어떤 말을 어떻게 해줘야 하나 난감합니다. 나름 글을 좀 본다 하시는 분들도, 글에 대해서는 전혀 모르겠다는 분들도 다 마찬가지일 것입니다. 자칫 잘못 아는 척을 했다가 아이 글쓰기에 나쁜 영향이라도 끼칠까 조심스럽기도 합니다. 그래서 아이의 마음을 지키며 글쓰기를 독려하는 피드백 방법을 알려드릴까 합니다.

첫째, 아이 글에 담긴 생각과 느낌을 존중하고 공감해 주세요.
평가하지 않고 존중하겠다는 마음가짐으로 아이의 글을 읽어주세요. 아이의 생각과 느낌을 있는 그대로 받아들여 주세요. 그리고 아이가 왜 그런 생각과 감정을 가졌는지 진짜로 궁금해하며 물어주세요. 읽는 이가 내 글의 내용에 관심을 보일 때 아이들은 자기 글에 대해 자신감을 얻습니다. 다음에도 또 쓸 마음을 내게 됩니다.

둘째, 공감의 피드백을 해주세요.
글 내용에서 흥미로웠거나 잘 썼다는 생각이 들었거나 인상적이었던 부분을 아이에게 알려주세요. 왜 그런지 자세히 이야기해 주세요. 가르치는 사람이 아니라 아이의 글을 읽은 첫 번째 독자라는 생각으로 피드백해 주세요.

셋째, 구체적으로 칭찬해 주세요!
그냥 잘 썼다는 말보다는 어떤 부분이 어떻게 좋았는지 자세하게, 구체적으로 이야기해 주어야 합니다. 글에서 찾을 수 없을 때는 글의 양이나 글을 쓰는 태도나 자세를 칭찬해도 괜찮습니다. 칭찬이 전문적일 필요 없습니다. 대신 구체적이어야 합니다.

딱 이 세 가지면 됩니다. 존중, 공감, 칭찬으로 키우는 것이 본질 글쓰기입니다. 글을 썼다는 것만으로도 칭찬받을 만한 일이니까요! 아이들에게 글쓰기가 어른들의 존중과 공감과 칭찬을 받을 수 있는 공간이 되게 해주세요.

7장
꽃을 기다리는 마음이 필요해!

씨앗을 심고 꽃을 기다려본 적 있나요? 식물은 우리의 마음과는 관계없이 자신의 속도로 싹을 틔우고 줄기를 올리고 꽃을 피웁니다. 우리가 조급해하고 안달한들 달라지는 건 없어요. 우리가 해줄 수 있는 것은 적당한 햇빛과 바람과 물을 제공해 주며 때가 되길 기다리는 것이죠. 아이들의 글쓰기 교육도 이와 같았으면 좋겠습니다. 저마다 피어날 때가 있는, 그게 언제인지는 정확히 알 수 없는 꽃을 기다리는 마음이었으면 좋겠습니다.

내 마음에 심은 꽃

고이고이 심었네

무슨 꽃이 피려나

기다리네

내 마음에 심은 꽃
고이고이 심었네
언제쯤에 피려나
기다리네

—〈내 마음에 심은 꽃〉노래 전문

  글쓰기 첫 수업에서 아이들과 함께 부르는 노래입니다. 새로운 수업이 열린다는 것은 제 마음의 정원에 새로운 씨앗들이 심어졌다는 걸 의미합니다. 언젠가는 꽃을 피울 씨앗들이지요. 어떤 꽃이 필지, 어떤 향기가 날지는 모릅니다. 글쓰기 교사인 제가 할 수 있는 일은 이 씨앗들이 최대한 고루고루 햇살과 바람과 비를 맞게 하는 것입니다. 그리고 기다리는 것입니다.

  세상의 모든 부모님을 비롯해 아이들을 대하는 직업을 가지신 분들의 마음이 이와 같을 거라고 생각합니다. 육아는 기다림이란 말, 공감하시죠. 아이들은 때가 되면 뒤집고, 기고, 걷고, 말합니다. 때로 조금 늦거나 빠르거나 속도의 차이가 있긴 하지만, 아이들은 대체로 기가 막히게 때에 맞춰 발달의 과업들을 달성해 냅니다. 마치 아이들 몸에 프로그래밍이 된 것처럼 말이죠. 그러니 우리가 아이들에게 무언가를 가르쳐야겠다는 생각에 앞서 갖추어야 할 덕목은 바로 다름 아닌 아이들 스스로 해낼 수 있다는 믿음과 저마다의 시간차를 인정하는 기다림이 아닐까 합니다.

글쓰기 꽃을 피우는 데 필요한 결정적 노력, 기다림

성원이는 초등학교 3학년 1학기 때 제게 온 친구입니다. 제 교실에서 한 2~30분 차를 타고 가야 하는 거리에 살고 있었습니다. 어머니는 운전을 하지 않으셨는데, 매주 택시를 타고 아이를 데려오고 데려갈 수 있으니 아이를 좀 봐달라고 하셨습니다. 성원이는 학교에서든 학원에서든 답을 하는 과정에서 문장을 쓰지 않는다고 했습니다. 모든 대답은 단어나 단답형, 그마저도 마구 휘갈겨 써서 알아보기 힘든 지경이었습니다. 글쓰기만 그런 것은 아니었습니다. 책 역시 엄마가 읽어주면 겨우 듣는 수준이었습니다. 그것도 자신이 좋아하는 장르의 책만 말입니다. 신체적인 활동을 좋아하지 않는 외동이었는데, 그러니 더 미디어에 집착하는 것 같아 걱정이라 했습니다.

 거리가 멀어서 처음엔 말렸으나 수업을 듣겠다는 어머니의 의지가 너무나 확고하셨습니다. 제일 먼저 우리가 나눈 이야기는 기다림에 대해서였습니다. 책에 관심이 없고, 글쓰기는 더더욱 관심이 없는 이 친구를 어머니가 원하시는 대로 책을 읽고 글을 쓰는 아이로 만들기 위해서는 꽤 오랜 시간의 정성과 노력이 필요하다는 것, 그 시간을 우리는 기다림으로 채워야 한다는 것에 어머니는 동의하셨습니다. 어머니는 5학년이 될 때까지 2년 동안 매주 한 권의 책을 정성스레 읽혀 보내셨습니다. 그리고 저는 처음엔 한 줄, 다음엔 두 줄, 세 줄, 네 줄 그 아이가 쓰는 글에 그저 아낌없는 찬사를 보냈습니다.

 성원이는 곧 6학년이 됩니다. 한 주제에 한 바닥 정도는 단숨에 너끈히 써내는 수준이 되었지요. 얼마 전 학교에서 자신의 강점에 대해 써보는 시간이 있었답니다. 어머니께서 그 친구가 쓴 글을 제게 보내 주셨는데, 자신의 강점에 다름 아닌 책 읽기와 글쓰기가 있었습니다. 그 글을 사진으로 찍어 제게 보내주시며 어머니는 아이처럼 좋아하셨습니다. 마치 그 친구가 저와 한 수업에서 첫 노트를 완성했을 때처럼 말이죠. 어머니의 꿈이 현실이 된 겁니다.

학부모님들과 상담을 할 때 저는 성원이와 성원이 어머니의 얘기를 종종 합니다. 그 일이 마치 기다림의 승리처럼 느껴지기 때문입니다. 이제 됐다 싶으면 강짜를 놓는 아이의 마음을 되돌리기 위해 어머니와 저는 종종 이야기를 나누었고, 때로 공조도 하였습니다. 상담 끝에 어머니는 꼭 이렇게 물으셨어요. "언젠가는 되겠죠, 선생님?" 그럼 저는 웃으며 "우리가 포기하지 않는다면요." 하고 답하곤 했습니다. 어른들이 포기하지 않는다면 아이들은 반드시 해내는 존재이기 때문입니다.

성원이뿐 아니라 어머니와의 약속된 기다림으로 또래들보다 어눌하거나 느렸던 글쓰기의 수준을 끌어올린 경우는 꽤 있습니다. 서연이는 1학년 말에 제게 온 친구인데 친한 어머니들끼리 팀을 꾸려 오신 케이스입니다. 서연이는 읽기나 글쓰기 영역 모든 것이 또래 친구들에 비해 느렸습니다. 그런데 함께 온 친구들은 달랐습니다. 그중에는 타고난 언어 능력이 좋은 친구도 있었고, 집안에 글쓰기 환경이 잘 갖춰진 친구도 있었습니다. 함께 있으면 눈에 띄게 차이가 느껴졌지만, 어릴 때부터 함께 놀며 자란 친구들이라 그런지 서로 감싸고 기다리고 덮어주며 수업을 받았습니다.

중간에 서연이가 다른 동네로 이사를 가게 되었는데 어머님은 그 뒤로도 2년을 넘게 운전을 해오면서 글쓰기 수업을 계속할 수 있도록 도왔습니다. 무슨 말인지 모르겠던 문장이 자기 생각이 또렷이 담긴 문장으로 변하고, 문단 속에 슬슬 조리 있게 생각을 담을 수도 있게 되고, 처음-가운데-끝의 흐름에 맞춰 자신의 생각을 전개하는 능력도 생겼습니다. 부러 한 학년 정도 목표를 낮춰 잡고 책을 읽혔는데, 4학년이 된 지금은 친구들과 같은 책을 읽고도 내용을 파악하고 그 안에서 자신만의 통찰을 이뤄내는 데 전혀 무리가 없게 되었습니다. 게다가 타고난 유머 감각까지 더해지니 서연이의 글은 친구들과 친구 엄마들 사이에서도 인기였습니다. 서연이의 꿈은 개그맨에서 대통령으로 바뀌었고, 본인이 책도 잘 읽고 글쓰기도 잘한다며 종종 칭찬 앞에서 "이게 나야!" 자신감 넘치는 아이가 되었습니다. 가끔은 서연이가 수업을 리드한다는 느낌이 들 정도입니다.

저는 서연이의 성장을 보면 떠오르는 말이 있습니다.

'아이 한 명을 키우는 데 온 마을이 필요하다.'

아무리 비교하지 않겠다고 마음먹더라도 언어 능력이 좋은 아이들과 친하다 보면 어쩔 수 없이 비교가 되고 스트레스가 쌓이는 순간도 있었겠지요. 서연이 어머니는 그런 부분에 있어 서연이와 주변 친구들을 믿고 통 크게 대처하셨습니다. 가끔 솔직하게 피드백을 드릴 때가 있었는데, 언제나 "천천히 커도 괜찮다"는 말씀을 하시곤 하셨습니다. 함께 의논하여 책 읽기며 글쓰기에서 가정에서 조력이 필요한 부분을 늘 체크하셨고, 아낌없이 도와주셨습니다. 또 같은 수업을 받는 아이들과 어머니들도 서연이의 성장을 함께 기뻐해 주었습니다. 마치 모두가 서연이에게 햇살과 바람과 비가 되어 도와주는 것 같았습니다. 물론 서연이 또한 다른 친구들에게 응원을 보냈습니다. 비교와 경쟁이 기본값인 요즘 세상에 이런 친구들, 이런 어머니들과 수업을 할 수 있어 저는 늘 마음속 깊이 감사드리고 있습니다. 이 경우에도 마지막 한 방울의, 보이지는 않지만 가장 결정적인 노력은 기다림이었다고 확신합니다.

본질 글쓰기는 그 기다림의 행복을 나누는 시간입니다. 지금 여기에서 우리가 함께 글을 쓸 수 있어 참 좋다는 마음, 우리가 함께 글로 마음을 나눌 수 있어 참 좋다는 느낌을 아이에게 전해보세요. 아이들도 글 쓰는 시간을 특별하고도 행복한 시간으로 기억하게 될 것입니다.

제2부

본질 글쓰기
첫 번째 걸음:

글놀이하기와 관찰하기

글쓰기를 위한 몸과 마음 열기

초등 글쓰기의 시작은 재미입니다. 아이들이 글을 쓰는 데 있어 가장 먼저 필요한 것은 글을 쓰고 싶은 마음입니다. 이 마음은 억지로 반복해서 써내는 훈련으로는 길러지지 않습니다. '글쓰기가 재밌구나!' 하는 반복된 경험에서 비롯됩니다.

글쓰기 실력이 자라기 위해서는 먼저 글을 쓸 수 있는 몸과 마음의 준비가 필요합니다. 말하자면, 글을 쓰기 위한 감각을 깨우는 일입니다. 이 장에서는 그 준비 단계를 함께 해봅니다.

글을 쓰는 데 필요한 기초 체력은 '언어 감각'과 '생각을 발견하는 힘'에서 비롯됩니다. 첫 번째 걸음에서는 글놀이와 관찰을 통해 이 두 가지 힘을 기르는 법을 이야기합니다. 글놀이는 아이들이 말과 글을 즐겁게 받아들이게 하고, 관찰은 생각의 깊이를 만들어 줍니다. 언어를 감각적으로 익히고, 세상을 바라보는 눈을 뜨게 하는 것. 그것이 바로 본질 글쓰기의 준비입니다.

'글놀이'는 아이의 말과 글 사이에 다리를 놓아줍니다. 글에는 정답이 없다는 걸 놀이를 통해 자연스럽게 알게 됩니다. 내 생각을 마음껏 써도 괜찮다는 느낌, 말처럼 써도 된다는 편안함. 이 경험이 아이의 글쓰기 문을 엽니다.

'관찰하기'는 글쓰기의 눈을 뜨게 하는 훈련입니다. 그냥 보는 것이 아니라 다시 보고, 더 자세히 보고, 궁금해하면서 바라보는 과정입니다. 글은 결국 본 것을 바탕으로 쓰는 것이기 때문에 관찰력은 글쓰기에서 가장 중요한 힘입니다.

이 장에서 제시하는 다양한 활동들을 따라가다 보면 아이는 글을 쓰기 위한 감각과 태도를 자연스럽게 갖추게 됩니다. 이 준비가 잘 되어 있어야 그다음 단계에서 아이들은 살아있는 글을 쓸 수 있습니다.

1장

글놀이로 글쓰기 장벽 낮추기

　우리는 어린 아이들에게 말을 가르칠 때 보통 놀이로 시작합니다. 끝말잇기, 수수께끼, 꽁지 따기, 말 잇기 놀이 같은 즐거운 말놀이를 통해 아이는 자연스럽게 어휘를 익히고, 언어에 익숙해지며, 표현력을 키울 수 있습니다. 말의 시작이 놀이이듯 글쓰기의 시작도 글놀이여야 합니다.

　이유는 간단합니다. 놀이가 주는 즐거움 때문입니다. 다양한 글놀이를 통해 아이들은 '어? 글로 놀 수 있네?', '어? 글쓰기가 생각보다 재미있네?'라는 발견을 하게 됩니다. 이러한 긍정적인 경험은 글쓰기에 대한 막연한 두려움을 낮추고, 글쓰기를 부담이 아닌 즐거운 활동으로 인식하게 합니다. 여타 다른 장르와 마찬가지로 글놀이를 통한 글쓰기 훈련은 아이들의 인지 발달에 긍정적인 영향을 미치며, 글쓰기 자신감을 키우는 데도 큰 도움이 됩니다.

　글놀이는 단순히 즐거운 경험을 제공하는 것에서 그치지 않습니다.

어린 아이들이 글쓰기 감각을 몸으로 익히는 데에도 매우 효과적인 수단입니다. 이 장에 소개된 대로 단어, 문장, 이야기 단위로 글놀이를 확장해 나가 보세요. 아이들이 자연스럽게 글쓰기의 기초 체력을 다질 수 있을 겁니다. 이 과정에서 어휘 사용, 문장 감각, 글의 구조를 알게 모르게 내재화하는데 이는 아이들이 글쓰기의 기본 요소를 이해하는 데 중요한 역할을 합니다.

더욱이 글쓰기에는 정답이 없다는 사실을 깨우치는 것도 중요합니다. 정답이 정해져 있는 빈칸 채우기보다 빈 종이에 자유롭게 생각을 써내려 가는 것이 글쓰기에서 더 효과적인 접근 방식이라 생각합니다. 이런 과정을 통해 아이들은 '아! 글쓰기에는 정답이 없구나!', '그냥 내 생각을 쓰면 그게 답이구나!'라는 사실을 깨닫게 됩니다. 이는 자유롭고 창의적인 글쓰기의 출발점이 됩니다.

아이들이 오래, 즐겁게, 스스로 원해서 글을 쓰도록 만들고 싶으신가요? 그렇다면 그 시작은 반드시 놀이여야 합니다.

(1) 말이 시가 되는 경험,
동시 제목 맞히기 & 동시로 마주 이야기

초등 저학년의 글놀이는 단어를 가지고 노는 활동에서 시작해 문장 만들기, 이야기 구성하기, 이야기의 구조를 이해하고 표현하는 단계로 점차 확장해 나가는 것이 좋습니다. 어린이뿐 아니라 어른들도 모두 재미있게 참여할 수 있는 게 글놀이입니다. 가정에서 보드게임 하듯이, 카드놀이 하듯이 활용하시면 좋겠습니다.

예를 들어 '공부벌레'라는 말을 생각해볼까요? 권오삼 시인의 시「공부벌레」에 따르면, 공부벌레는 곤충도감에 없는 벌레랍니다. 그런데 희한하게도 국어사전에는 있지요. 게다가 벌레라면 질색팔색하는 엄마가 제일 좋아하는 벌레라고 합니다. 어른들은 딱 보고도 쉽게 알아맞히지만 아이들은 그렇지 않습니다. 공부벌레라는 단어가 요즘엔 자주 쓰지 않는 단어라서 그렇습니다. 한참을 헤매다 누군가 정답을 말하면 아이들 사이에선 탄식이 쏟아집니다.

"공부를 좋아하는 데 왜 벌레라고 불러요?"

의아한 듯 아이들이 묻습니다. 바라던 바입니다.

"그러게. 공부랑 벌레랑은 좀 안 어울린다. 벌레 하면 어떤 느낌이 떠올라?"

"가끔 인간에게도 막 벌레라는 말을 쓸 때가 있잖아. 언제 그래?"

"그 단어 안에는 어떤 뜻이 포함된 것 같아?"

"요즘은 너무 잘하는 것, 보이는 것에 집착해도 벌레 충 자를 막 붙이더라. 재능충처럼 말이야. 그 안에는 비꼬는 마음이 좀 들어있는 거 같지? 그러니 공부벌레라는 말을 지어낸 사람의 마음은 어떤 걸까?"

수업은 너울너울 물결 무늬를 그리며 공부벌레 시로 시작해, 벌레라는 단어에 담긴 의미, 활용, 새로운 신조어 '‒충'의 숨은 뜻까지 이어집니다. 단어 하나를 이렇게 집중적으로 들여다본 적이 있는가 생각해 보세요. 새로운 단어가 나오면 사전 찾아 검색해 뜻을 알려주기만 바빴지, 우리 생활 속에서 그 단어가 차지하는 의미나 쓰임새, 풍조까지 이야기하기는 쉽지 않습니다. 글놀이에 시를 이용하는 이유는 시어에 집중하면 그 단어를 깊이 있게 혹은 다양한 각도로 바라보는 체험의 장이 펼쳐지기 때문입니다. 언어 감각을 키우기에도 제격입니다.

"또요."

"또 내주세요."

요청이 쏟아집니다. 이 놀이는 '동시 제목 맞히기'입니다. 꼭 시 수업을 할 때가 아니더라도 압축적이고 상징적인 단어 만들기가 필요할 때 종종 동시를 읽어주며 제목 맞히기를 하면 좋습니다. 저는 꽤 즉흥적인 사람이라 아이들이 원할 때 손에 잡히는 동시집 한 권을 꺼내 즉흥적으로 퀴즈를 만들 때가 많습니다.

□□

나태주

자세히 보아야

예쁘다.

오래 보아야

사랑스럽다.

너도 그렇다.

—『풀꽃』(나태주, 지혜, 2021)

　이 시는 워낙 대중적인 시라 어린 친구들도 꽤나 잘 압니다. 그런데 막상 제목을 지워버리면 "뭐지? 뭐지? 나 아는 시인데…." 하며 머리를 쥐어뜯습니다. 제목을 알아도 상관없습니다. 자세히 보아야 예쁜 것, 오래 보아야 사랑스러운 것을 생각해 보라고 하면 됩니다. 제일 많이 나오는 대답이 '엄마'입니다. 책 읽어줄 때 제 무릎에 올라와 앉는 걸 좋아하는 지호라는 2학년 친구는 '글꽃'이라고 답했더군요. 저는 아이들에게 글꽃쌤으로 불립니다. 선생님이라 답해 놓고 사슴같이 눈망울을 끔벅끔벅하고 있는 그 재치에 놀라 특급 간식을 제공했지요. 제 칭찬과 보상을 받은 지호의 예쁜 두 눈에 '이쯤이야!' 하는 자신감이 서리는 걸 확인할 수 있었습니다. 제게 온 지 몇 달 안 된 지호는 그날 이후 쓰는 글의 양이 두 배로 늘었습니다.

　위의 시 제목 다시 짓기에서 '내 동생'이라 썼던 서연이는 그걸 소재로 다음과 같은 글을 썼습니다.

(중략)

내 동생은 제멋대로 고집불통 떼쟁이

7살인데 아직도 울 때는 아기처럼 땅콩 입이 된다.

그런데 그게 참 귀여워서 자꾸 울리게 된다.

〈중략〉

— 심곡초 4학년 김서연

　서연이네 동생은 울 때 땅콩 입이 된다고 합니다. 양쪽 땅콩이 들어 있는 부분이 볼록 튀어나온 껍질째의 땅콩 말입니다. 그 사랑스러운 입 때문에 더 울리게 된다고 합니다. 이렇게 발견한 예쁨과 사랑스러움은 아마 더 선명하게 오래 갈 것입니다. 자세히 보아야 예쁜 것, 오래 보아야 사랑스러운 것을 골똘히 생각하다 우리는 무심코 지나친 일상 속 생각을 발견하게 됩니다. 이렇게 발견한 생각을 그대로 쓰면 아름다운 시가 되고, 따뜻한 생활문이 됩니다.

　글을 쓴다는 것은 이렇게 내 안에 있던, 혹은 일상 속에서 스쳐 지나갔던 생각을 기억해 내고 발견해 내는 것입니다. 저는 이것을 '아하!'라 부릅니다. 내 안의 생각을 문자화할 수 있을 만큼 선명하고 구체적인 언어로 발견하는 순간을 의미합니다. 본질 글쓰기에서 글놀이는 아이들과 함께 '아하!'의 경험을 공유하는 장이기도 합니다.

아이들의 말이 곧 시가 되는 것을 지켜보며

'수평선'에 대해서도 생각해 볼까요? 저는 2학년 수업에서 「수평선」이란 제목의 시를 보여주고 아이들에게 이 단어에 관한 퀴즈를 내곤 합니다. 그런데 언젠가는 아이들 5명이 모두 수평선이라는 말을 처음 들어

본다고 해서 놀랐던 적이 있습니다.

"그런데 수평선이 뭐예요?"

"이 시에 바다와 하늘이 맞닿은 자리에 그어 놓은 선이라 나와있네."

"그런데 왜 수평선이에요?"

"물 수에, 평평할 평 자니까…. 물과 하늘이 만나는 선이 어느 한 곳이 높거나 낮지 않고 고르게 평편해서 그런 거 아닐까?"

"지구는 둥근데 왜 수평선은 안 둥글어요?"

서연이가 묻습니다. 수평선이란 단어는 오늘 처음 배웠지만 언젠가 바닷가에서 보았던 수평선은 둥글었던 것 같다고 합니다. 그 말들이 제게는 꼭 시처럼 들려서 서연이가 한 말을 그대로 받아 적었습니다.

수평선,
바다와 하늘이 맞닿은 자리에 그어 놓은 선이다.
누가 그었는지는 모른다.
지구는 둥그니까 수평선도 둥글어야 하는데
자를 대고 그은 것처럼 직선이다.
시인 말이 맞을까?
과학자 말이 맞을까?
내년 여름휴가 때는 꼭 확인해 봐야지.
둥근지, 안 둥근지.

―나진초 2학년 박서연

말을 그대로 옮겼더니 시가 되었습니다. 시를 보고 시를 쓴 격이네요. 생각을 따라가면 이렇게 멋진 시가 나온다는 것을 알았습니다.

"서연아, 네 말은 시인의 시보다 더 시 같아! 지구가 둥그니까 수평선도 둥근 게 맞겠네. 그럼 왜 시인의 눈에는 직선으로 보였는지 우리가 좀 찾아봐야겠다, 그치?"

서연이의 어깨가 으쓱해집니다. 그 뒤로 서연이는 매일 시 같은 말만 내뱉습니다. 아이들과 글놀이를 할 때 가만히 아이의 말에 귀를 기울여 보세요. 그리고 주고받은 말을 포스트잇 같은 데 메모해 보세요. 아이만의 생각이, 아이만의 표현이 펄떡펄떡 살아있는 글로 탄생하기도 합니다.

이렇게 글놀이를 하면서 아이의 말을 들어주고, 공감하고, 감동해 보세요! 열린 귀와 마음으로 아이들의 말 속에 담긴 뜻을 헤아려 보면서 대화를 주고받다 보면 그 대화가 곧 시가 되고, 글이 되는 것을 알 수 있습니다. 이렇게 만든 시를 '마주 이야기'라고 부르기도 합니다. 그래서 저는 저학년 수업을 할 때 아이들의 말을 얼른 노트에 받아 적어 놓았다가 이것이 한 편의 멋진 글이 되는 것을 보여주곤 합니다. 그러면 아이들은 글쓰기를 그렇게 어렵지 않게 여기게 됩니다. 일상적인 말이 글이 되는 과정을 '보았기 때문'입니다. 말이 곧 시가 되는 과정을 '경험했기 때문'입니다. 생각이 글이 되는 과정을 아이들이 보고, 경험하게 하는 것이 본질 글쓰기의 시작입니다.

아기도 보통 말을 배울 때 남의 말을 흉내 내면서 말을 배웁니다. 흉내 내다가, 응용하다가 어느 순간부터 자신의 말을 하기 시작하지요. 글도 마찬가지입니다. 남의 글을 흉내 내고, 응용하다가 어느 순간 자기만의 표현을, 자기만의 생각을 쓰게 됩니다. 자기만의 언어를 만들어가는 가장 자연스러운 방법입니다. 시로 글놀이를 하는 것도 같은 효과를 가집니다. 처음에는 타인이 해석해 놓은 의미를 따라 하고, 적용해 보는 수준일 겁니다. 하지만 하다 보면 자신만의 표현과 의미를 찾게 됩니다. 그것을 정확한 단어로, 문장으로 옮겨 쓰면 됩니다. 시로 하는 글놀이는 이렇듯 단어에 대한 감각을 키우면서 단어 선정을 주의 깊게 하도록 도와주고 시의 언어를 통해 의미를 탐구하는 경험을 선사합니다. 이렇게 시의 맛을 알고 시로 노는 경험을 해본 아이들은 시를 좋아하게 됩니다. 시가 아이들 삶 속으로 걸어 들어올 수도 있고요!

(2) 모두의 상상을 더해 만든 하나의 이야기, 문장 이어달리기

아이들이 제일 좋아하는 글놀이 중 하나는 문장 이어달리기입니다. 첫 문장은 재미있는 문장으로 미리 제시해 주는 편인데, 익숙해지면 아이들이 스스로 만들어내기도 합니다. 서너 명 이상은 되어야 재미있는 놀이입니다. 세 아이를 둔 한 학부모님이 제 수업에서 이 놀이를 배워 간 뒤 온 가족이 둘러앉아 종종 이 놀이를 한다며 아이 셋을 낳은 게 이때처럼 뿌듯했던 적이 없다고 하셨던 기억이 나네요. 놀이 방법은 아래와 같습니다.

문장 이어달리기 놀이 방법

1. 줄 노트에 첫 문장을 씁니다. (처음엔 지도하시는 분이, 나중에는 아이들이)

2. 방향이나 순서를 정해 돌아가며 한 문장씩 이야기를 이어갑니다.

3. 장난으로 이야기를 망치면 안 된다 미리 일러둡니다.

4. 기발한 전개에 오버 리액션은 기본입니다.

5. 똥은 기본이고, 죽는 것은 옵션입니다. 굴하지 마시고 끝까지 살아남아 문장을 완성하세요.

문장 이어달리기를 하다 보면 정말 말도 안 되는 이야기가 나옵니다. 첫 문장에 똥 단어가 들어가면 이야기가 온통 똥판이 되기도 합니다. 남자가 여자가 되고, 엄마가 악어가 됩니다. 그리고 그 악어가 나에게 똥도 쌉니다. 엉망진창입니다. 그런데 이렇게 놀면서 아이들은 배를 잡고 데굴데굴 구릅니다. 눈물을 찔끔찔끔 짜며 반전에 반전을 더하는 문장을 만들어냅니다. 그렇게 글을 쓴 아이들은 이 수업을 통해 적어도 반전의 묘미 하나는 제대로 깨치게 됩니다.

문장 이어달리기는 새롭게 수업을 시작할 때 많이 하는 놀이입니다. 저는 이 놀이를 하면서 아이들의 결을 파악하는 용도로도 사용합니다. 단면이긴 합니다만, 이 놀이를 하다 보면 아이들의 성향이 나오기 마련이거든요. 예를 들어 '나는 남자인데, 여자 화장실이었다', '그것은 쉬였다', '너무 놀랐는데, 모든 여자가 나의 엉덩이와 고추를 봤다'는 모두 한 아이가 쓴 문장들입니다. 남자인데 여자 화장실에 갔다는 설정이나 입에서 뱉어낸 것이 쉬였다는 내용이나 내 고추를 모든 여자가 봤다는 설

> **생각 릴레이1**
>
> 제목 : **목욕**
> 지은이 : 김리현, 김서연, 박주하, 이도우
>
> 숙제를 하려는데, 갑자기 똥이 마려웠다.
> 그래서 화장실에 갔는데 설사가 나왔다.
> 설사를 했는데 이번엔 쉬가 마려웠다.
> 나는 남자인데, 여자 화장실이었다.
> 여자가 문을 열었는데, 내 고추를 봤다.
> 너무 놀라서 거품을 물고 쓰러졌다.
> 일어나서 거품을 소파에 뱉었다.
> 그것은 쉬였다.
> 그런데 입에서 똥이 나왔다.
> 그래서 일단은 손을 먼저 씻으려고 했는데
> 머리 위에서 물이 나왔다.
> 그러고는 샤워를 했다.
> 거긴 여탕이었다.
> 너무 놀랐는데,
> 모든 여자가 나의 엉덩이와 고추를 봤다.
> 순간 내가 여자가 됐다.

> **생각 릴레이3**
>
> 제목 : **천원 때문에 시작된 엄마의 벌**
> 지은이 : 김리현, 김서연, 박주하, 이도우
>
> 길을 가다 똥 묻은 천원을 발견했다.
> 천원이길래 나도 모르게 손이 갔다.
> 천원에 홀려서 저절로 손이 가서 손에 똥이 묻었다.
> 내 손에서 똥 냄새가 났다.
> 세면대에 씻어야 되는데 변기 물에 씻었다.
> 그런데 갑자기 변기 물이 내려갔다.
> 그런데 갑자기 엄마가 들어와서 야 너! 숙제하기
> 싫어서 화장실에 있었지! 라고 잔소리가 시작됐다.
> 나는 똥을 퍼먹였다.
> 그리고 엄마한테 똥을 뱉었다.
> 엄마가 한 시간 벌을 서라고 했다.
> 너무 화가 나서 또 엄마한테 똥을 쌌다.
> 거긴 바로 여자화장실이었다.
> 그런데 거기 여자가 있었다.
> 그 여자는 악어였다. 악어가 나한테 똥을 쌌다.

정이 개구지고 거침없습니다. 이야기를 리드하고 싶은 아이의 마음이 드러납니다. 그런데 이런 파격적인 내용들을 잘 받아주는 친구들도 있습니다. 받아주는 역할을 하는 친구들은 희한하게 어떻게든 내용을 이어가는 데 초점을 두게 됩니다. 전체를 생각하는 마음이 엿보이는 대목이죠. 글을 쓰는 태도에서도 차이가 납니다. 상상력이 너무 나아간 이야기 앞에서 화를 내거나 짜증을 내는 아이가 있는가 하면, 그런 걸 재미있게 잘 받아주는 친구도 있습니다. 저는 그런 것들을 눈여겨보면서 다음에 놀이할 때는 배려가 필요한 아이에게 조언을 주거나 너무 배려만 하는 아이에게는 자기 목소리를 낼 수 있도록 독려합니다. 그러면서 아이들에게 다른 친구의 글을 존중하는 법을 가르치기도 합니다. 친구의 문장이 내 뜻과 같지 않다고 타박하거나 미리 훈수를 두는 아이들에겐 그런 행동을 저지하며 내 생각만큼 타인의 생각도 소중하다는 사실을 알게 합니다. 앞으로 함께 만들어갈 수업에서 필요한 덕목에 대해 미리 이야기해 둘 수 있는 좋은 장이 되기도 하지요.

문장 이어달리기는 앞 사람이 쓴 문장에 자연스럽게 이야기를 이어야 하면서도, 새롭고 흥미로운 전개를 스스로 상상해야 하기 때문에 상상력과 창의력을 키울 수 있는 놀이입니다. 또, 문장을 이어가면서 이야기의 전개와 결말, 반전 등을 고민해야 하기에 이야기의 구조와 흐름을 익힐 수도 있습니다. 무엇보다 함께 글을 완성하는 과정에서 타인의 문장을 해석하고 자기 문장을 전체에 어울리게 작성하는 능력도 키울 수 있습니다. 학원이나 학교뿐 아니라 가족 구성원들이 둘러앉아 하기에도 참 좋은 놀이입니다. 각자의 역할도 가늠할 수 있고, 조율해야 하는 문제들을 놀이하면서 규칙을 통해 훈련해 볼 수도 있으니까요!

실전 TIP

가정에서 아이와 해볼 수 있는
다양한 글놀이들

1. 포스트잇 글놀이

아이들이 저학년인 경우, 포스트잇 글놀이를 강력 추천합니다. 다양한 크기의 포스트잇을 준비하시고, 식탁, 거실 테이블, 책상, 책장, 냉장고 겉면 등에 놓거나 붙여두세요. 포스트잇에 서로에게 하고 싶은 말만 적어도 재미있는 글놀이가 됩니다. 생각을 말로 뱉듯, 생각을 바로 글로 쓰는 습관이 들면 말만큼이나 글이 편리하게 느껴지고, 글쓰기가 별스럽지 않게 여겨질 수 있습니다. 매일의 소원을 포스트잇에 적어 냉장고에 붙여두거나 서로에게 서운하거나 요청할 일이 있으면 말 대신 포스트잇에 적어 냉장고나 현관 등 서로의 눈에 잘 띄는 곳에 붙여보세요. 또 기본 문장의 단어를 각각 단어별로 다른 포스트잇에 쓴 뒤 서로 번갈아 가며 단어 사이에 꾸미는 말을 넣어 문장을 늘리는 방법도 있습니다. 수식어를 넣다 보면 표현하고자 하는 문장이 정확해진다는 것을 체험할 수 있습니다.

예시

엄마는 좋아합니다.
엄마는 나를 좋아합니다.
엄마는 잠든 나를 좋아합니다.
엄마는 예쁘게 잠든 나를 좋아합니다.
엄마는 말없이 예쁘게 잠든 나를 좋아합니다.

2. 말놀이 겸 글놀이

• 리리리 자로 끝나는 말

아래 노래를 다른 가사로 바꿔보세요. 생각보다 쉽지 않습니다. '리' 자가 끝나면 '기'나 '미'로 바꾸는 것도 해보세요.

[예시]

개나리, 보따리, 대싸리, 소쿠리, 유리 항아리
꾀꼬리, 목소리, 개나리, 울타리, 오리 한 마리
민머리, 대머리, 똥머리, 말머리, 우리 개구리
머리, 정수리, 옆구리, 뒷다리, 대머리, 종아리

• 가나다 시 짓기

가나다라마바사 한글 자모음을 세로로 써두고 각 첫 글자를 살려 말을 잇게 합니다. 어려워하면 '가'에서 '기역'만 즉, 초성만 살려 써도 됩니다. 함께 하는 구성원들이 돌아가며 한 문장씩 잇되 되도록 앞의 문장을 이어갈 수 있도록 합니다.

[예시]

가 : 가랑비가 보슬보슬 내리던 날에
나 : 나들이를 가려고 집을 나섰죠.
다 : 다람쥐가 쪼르르 달려 내려와
라 : 라디오 노래에 맞춰 춤을 추네요.
마 : 마음이 살짝 좋아 몸을 흔드니
바 : 바람도 함께 나와 춤을 추어요.

- **스무고개 글쓰기**

스무고개를 한 뒤, '예'로 답변이 나온 질문을 바탕으로 대상을 유추해 맞히는 놀이입니다. 설명하는 글쓰기의 기본기를 익힐 수 있고, 유추하는 능력도 키울 수 있습니다.

놀이방법

1. 스무고개 퀴즈를 낼 단어를 정합니다. (사물, 동물, 음식 등 종목도 미리 정합니다.)
2. 친구가 물어오면 '예, 아니오'로 대답합니다.
3. '예'로 대답한 것만 노트에 따로 씁니다.
4. 스무고개 놀이가 끝나면 대상에 대해 추가로 설명하는 글을 적습니다.
5. 쓴 것을 바탕으로 문단 쓰기를 해봅니다. (할 수 있는 고학년만)
6. 놀이가 끝나면 글의 앞뒤에 시작하는 문장과 마무리하는 문장을 써 넣습니다.

예시

지금부터 제가 설명하는 사물을 맞춰보세요. 내 방에 있습니다. 딱 한 개가 있습니다. 내 주먹보다는 큽니다. 글쓰기와 살짝 관련이 있습니다. 학용품입니다. 매일 쓰지는 않습니다. 하지만 꼭 필요합니다. 없으면 힘든 방법을 선택해야 합니다. 이 물건은 딱 한 가지 용도로만 사용할 수 있습니다. 가끔씩 비워주지 않으면 고장이 납니다. 이 물건을 사용하면 저절로 운동이 됩니다. 어린이와 어른이 모두 사용할 수 있습니다. 연필과 관련이 있습니다. 은색입니다. 손잡이가 있습니다. 이 물건은 무엇일까요?

3. 노래 가사 바꿔 부르기

요즘 동요를 개사해 올리는 유튜브 영상이 인기입니다. 그래서 아이들도 노래 개사하는 데 매우 능합니다. 다만 그 개사한 노랫말이 너무 자극적이고, 폭력적인 것이 흠입니다. 그런 노래를 귀에 피 날 정도로 부르고 다니는 아이들이 이해가 안 갈 때도 많으시겠지만, 너그러이 이해해 주세요. 직접 놀이할 때는 폭력적이거나 자극적인 단어는 자제하면서 만들어보자고 구슬려보세요. 어휘 감각이 쑥쑥 자라나는 놀이입니다.

[예시]

아빠와 크레파스(원곡)
어젯밤에 우리 아빠가 다정하신 모습으로 한 손에는 크레파스를 사 가지고 오셨어요. 흠흠 그릴 것은 너무 많은데 하얀 도화지가 너무 작아서 아빠 얼굴 그리고 나니 잠이 들고 말았어요. 어느새 꿈나라엔 아기 코끼리가 춤을 추었고 크레파스 요정들은 나뭇잎을 따고 놀았죠. 흠흠

아빠와 양념치킨(개사한 곡)
어젯밤에 우리 아빠가 다정하신 모습으로 한 손에는 양념치킨을 사 가지고 오셨어요. 흠흠 먹을 입은 너무 많은데 맛난 닭다리가 두 개 뿐여서 동생이 먼저 집어 먹으니 싸움 나고 말았어요. 어느새 동생 코엔 양념 같은 코피가 춤을 추었고 울상이 된 엄마 아빠는 닭 날개를 뜯어 먹었죠. 흠흠

4. 말꼬리 잇기 빙고 놀이

말꼬리 잇기와 빙고 놀이를 접목하여 단어를 확보한 뒤, 그 단어로 이야기를 만드는 놀이입니다. 처음에는 빙고 1줄로 이야기를 만들다가 익숙해지면 2줄로 만들어보세요. 빙고 판을 채운 뒤 종이를 다 오려서 단어가 안 보이게 접은 다음, 가위바위보로 단어를 뽑아 이야기를 만들어도 됩니다. 단어를 원하는 수만큼 확보한 다음, 이야기의 통일성을 위해 참가자들끼리 단어를 몇 개씩 교환해도 괜찮습니다. 이 놀이는 이야기를 만드는 능력을 키워줍니다. 처음에는 단어를 넣어 이야기를 만드는 데만 급급하지만, 반복되면 이야기 속에 자신이 말하고 싶은 중심 생각이나 유머를 넣을 줄도 알게 됩니다.

놀이방법

1. 먼저 끝말잇기로 빙고 판을 채웁니다. 이때, 순서를 정해 입으로 끝말잇기를 하면서 빙고 판을 순서와 상관없이 각자 자유롭게 채웁니다.
2. 칸이 다 채워지면 가위바위보로 순서를 정해 빙고 1줄 혹은 2줄을 만듭니다.
3. 4단어 혹은 7단어를 이용하여 이야기를 만듭니다.
4. 이야기를 만들고 나면 돌아가며 읽어본 뒤 인기투표로 가장 재미있는 글을 뽑아 포상합니다.

예시

겨울방학	학용품	품새	새싹
싹쓸이	리모컨	콘크리트	트림
림보	보물	물건	건오징어
어항	항생제	제로게임	엄무

빙고 놀이로 만든 이야기

겨울방학이 왔다. 기다리고 기다리던 겨울방학이다. 겨울방학만 되면 우리 집에선 어김없이 리모컨 쟁탈전이 벌어진다. 처음엔 아빠와 내가 싸우다가 형이 끼어들고, 마지막에 엄마까지 끼어들면 게임 오버다. 최후의 승자는 늘 엄마니까! 게임에서 진 나와 형은 림보 게임을 했다. 그래서 이긴 사람이 가진 딱지를 싹쓸이하기로 했다. 그런데 림보 게임을 하다 그만 어항을 깨고 말았다. 엄마의 고함이 날아왔다. 그 뒤로 집안의 온갖 물건이 날아들었다. 형과 나는 엄마의 기세에 놀라 깐따삐아 별의 임무를 잊어버리고 본래의 모습을 드러내고 말았다. 엄마가 우리의 모습을 보더니 조용히 입을 가렸다. 우리는 거울을 보았다. 거울 속에는 두 개의 리모컨이 서있었다.

2장
내 안의 생각을 발견하는 힘, 관찰력 키우기

 글은 결국 본 것에서 시작합니다. 내가 본 장면, 내가 본 표정, 내가 본 순간…. 그래서 글쓰기는 말이 아니라 눈이 먼저입니다. 본질 글쓰기는 공식을 외우고 익혀서 쓰는 글쓰기가 아닙니다. 아이 안에 이미 존재하는 생각과 감정, 경험을 꺼내는 글쓰기입니다. 그 시작은 '관찰'입니다.
 관찰은 그냥 보는 것과는 다릅니다. 자세히 보는 것입니다. 이건 왜 이렇고 저건 왜 그런가 궁금해하며 보는 것입니다. 궁금한 마음에 보고 또 보는 것입니다. 어제와 오늘 달라진 것은 없나 비교하며 보는 것입니다. 혹시 내가 놓친 것은 없나 샅샅이 훑어보는 것입니다. '왜 그럴까?', '어떻게 될까?' 질문하며 보는 것이 바로 관찰입니다. 그런데 보는 것만으로는 관찰이 완성되지 않습니다. 여기에 "아하!" 하는 깨달음이 따라줘야 관찰이 완성됩니다. 관찰은 겉으로 드러나는 것들을 살펴보는 수동적인 행위를 넘어 적극적으로 보고 느끼면서 기어코 대상에 대한 내 생각을 발견하는 행위이기 때문입니다.

"관찰만 잘해도 글을 잘 쓸 수 있습니다!"

저는 학부모님들께 종종 이렇게 자신 있게 말씀드리기도 합니다. 관찰은 눈으로 쓰는 글쓰기입니다. 대상을 마음으로 보는 연습이기도 합니다. 관찰이 곧 글쓰기의 시작입니다. 그래서 본질 글쓰기에서는 바탕이 되는 가장 강력한 힘으로 관찰력을 꼽습니다.

이 장에서는 관찰을 잘하게 만드는 다양한 방법과 더불어 관찰에서 어떻게 생각을 발견할 수 있는지, 이는 또 어떻게 글쓰기로 연결되는지 등을 살펴보겠습니다.

(1) 궁금한 마음이 필요해

나이 마흔, 논술 학원에서 파트타임 강사로 글쓰기 수업을 시작했습니다. 당시 다녔던 학원에서 가장 이색적인 것은 커다란 병아리 부화기였습니다. 신학기가 되어 봄꽃들이 망울을 터뜨리기 시작하자 병아리 부화기에는 계란이 여러 개 놓였습니다. 그 뒤로 아이들이 오는 시간, 학원 문이 왈칵 열리면 문에 달린 딸랑딸랑 종소리와 함께 "내 병아리, 내 병아리!" 아이들의 고함도 달려들었습니다. 아이들은 신발주머니를 흔들며 곧장 병아리 부화기 앞으로 달려갑니다. 부화기 창에 코가 닿을 만큼 붙어 서서는 자신의 계란에 변화가 있는지 확인부터 합니다. 달라진 게 안 보인다고 시무룩한 아이, 혹시 자기 계란에 문제가 있는 건 아닌지 걱정하는 아이, 흑점과 더불어 병아리의 머리와 심장이 만들어진 게 보인다며 투시력을 자랑하는 아이… 반응도 가지각색입니다.

"오늘 계란 뒤집을 거예요? 그거 제가 해도 돼요? 다른 애들 건 안 건들게요. 네? 네?"

"병아리 태어나면 집에 데려가도 되죠? 드디어 엄마가 데려와도 된다 그랬거든요!"

"제 계란은 색깔이 좀 연한데 병아리도 연한 색으로 태어나나요?"

아이들의 호기심과 불안, 걱정, 그리고 기대는 끝도 없는 질문으로 이어집니다. 끝도 없는 질문은 다시 관찰로 이어집니다. 질문과 관찰은 떼려야 뗄 수 없는 짝꿍입니다. 저 역시 병아리가 부화하는 모습을 보는 건 처음이어서 학원에 갈 때마다 부화기 앞을 서성이게 되었습니다. 그럴 때마다 껍질 속 병아리의 상태가 너무나도 궁금한 아이들의 마음이 이해되었습니다. 병아리가 잘 크는지 빛을 투과시켜 검란할 때는 뱃속의 아이를 초음파 검사기로 처음 들여다볼 때와 같은 긴장감도 느꼈습니다.

20일쯤 되어 성질이 가장 급한 병아리가 첫 콕을 했을 때의 감동은 이루 말할 수가 없었습니다. 안도감과 더불어 병아리들을 만날 기대로 하루가 다 두근거렸습니다. 병아리가 껍질을 부리로 깨고 나오는 걸 첫 콕이라 부른다는 것도, 그 순간을 위해 병아리의 부리 끝에 붙어있던 하얗고 작은 이빨이 며칠 지나면 떨어진다는 사실도 당시 아이들에게 배운 것들입니다. 질문하고 관찰하며 병아리 부화를 기다리는 사이 아이들은 병아리 박사님이 되어 있었습니다. 문득 너무 당연했던 것이 커다란 깨달음으로 다가왔습니다.

'맞아! 관찰을 제대로 하려면 궁금한 마음이 있어야 하지!'

관찰이 중요하다는 것을 모르는 사람은 없을 겁니다. 과학자들의 위대한 발견도, 새로운 상품이나 획기적인 서비스도 모두 관찰에서 비롯되었습니다. 가슴 설레게 하는 유려한 글을 써내는 '작가들의 눈'도 결국 관찰력에서 오는 것입니다. 그래서 우리는 아이들에게 '관찰을 잘해야 한다'고 강조합니다. 그러면서도 정작 아이들에게 궁금한 마음을 심어줄 생각은 못 해본 것 같습니다. 자세히 보게 하려면 궁금한 마음이 있어야 하는데 말입니다. 자주 보게 하려면, 보고 또 보게 하려면, 어제와 오늘 뭐가 달라졌나 비교하며 보게 하려면, 질문하며 보게 하려면 아이들 안에 진정으로 궁금한 마음이 있어야 합니다. 관찰이란 그저 눈으로 보는 것이 아니라 마음이 움직이는 지점을 눈이 따라가는 것이기 때문입니다.

궁금한 마음이 글쓰기로 이어지도록

수업을 하다 보면 탐구력이 좋은 친구들이 있습니다. 이 친구들은 호기심이 많고 관찰력도 좋아서 따로 관찰 교육이 필요하지 않습니다. 본인이 탐구하고 싶은 것을 곁에 두게 하고 함께 궁금해하면 됩니다. 2학년 초에 저에게 와서 매주 한 편씩 본인이 키우는 곤충에 대한 관찰 일기를 써 오는 승휘는 탐구력 좋은 아이의 대표적인 케이스입니다.

노나가 너무 안 자라서 처음으로 귀뚜라미를 줘보고 싶었다. 아빠랑 도마뱀 샵으로 갔다. 귀뚜라미 10마리를 샀다. 노나가 귀뚜라미를 앞에 두었더니 사냥하려고 했다. 실패했다. 계속 했는데 마찬가지였다. 그러다 사냥에 성공했다. 노나가 자랑스러웠다.

— 유현초 2학년 노승휘, 「귀뚜라미 사고 먹이기」

우리 집에는 노나라는 도마뱀이 산다. 노나는 귀뚜라미를 많이 먹는데, 많이 먹는 만큼 똥도 많이 싼다. 잎사귀 은신처에도 싼다. 똥을 어떻게 싸냐면 엉덩이를 들고 바닥에 싼다. 똥을 크게 쌀 때도 있고, 작게 쌀 때도 있다.

— 유현초 2학년 노승휘, 「노나의 똥」

우리 집에 노나라는 도마뱀이 산다. 노나가 피카츄 전등에 올라가서 놀면 너무 귀엽다. 피카츄 전등에서 똥을 싼 적도 있다. 내 손에도 쌌는데 피카츄 전등에 왜 못 싸겠냐고. 당연히 싼다.

— 유현초 2학년 노승휘, 「노나와 피카츄」

아홉 살 승휘네 집에는 사슴벌레도 살고, 사마귀도 살고, 도마뱀도 살고, 프렌치 불독도 삽니다. 파리지옥, 바질, 최근엔 먹던 사과에서 나온 사과씨도 싹을 틔워 함께 살게 되었습니다. 다양한 생명과 함께 사는 것은 승휘의 큰 자랑입니다. 승휘의 글을 읽고 있으면 온 얼굴에 웃음꽃이 번지는 것을 느낄 수 있습니다. 화려한 표현이나 대단한 통찰

없이도 감동과 기쁨을 주는 아이의 글이란 어떤 것인가 느끼실 수 있을 겁니다. 승휘의 글에는 자신이 본 것, 느낀 것을 자신의 언어로 쓰려는 의지와 태도가 고스란히 담겨있기 때문입니다.

노나가 귀뚜라미 사냥에 실패하다가 성공했을 때의 뿌듯함, 잘 안 자라던 노나가 많이 먹고 또 그만큼 똥을 많이 싸는 모습을 유심히 지켜보는 마음, 자기 손등에도 피카츄 전등에도 똥을 싸지만 그런 노나가 귀엽기만 한 승휘의 마음이 글을 통해 고스란히 전해집니다. 구체적인 관찰력과 생생한 감정의 언어, 사소해 보이는 일상도 글감으로 엮어내는 능력, 그래서 다음 편이 궁금해지게 만드는 힘까지…. 이런 글을 쓰는 승휘에게도 말 못 할 글쓰기 고민이 있었습니다.

승휘는 제 수업 첫 시간에 초등학교 입학 이후 자신을 가장 괴롭힌 것이 글쓰기였다고 고백했습니다. 수업 시간에 말만 하고 글을 안 써서 담임 선생님이 승휘를 남겨 못다 한 글쓰기를 시켰는데, 그래서 더 글쓰기를 질겁하게 되었다고 승휘의 어머니께서 미리 언질을 주셨습니다. 또래보다 맞춤법도, 쓰는 속도도 느리고 무엇보다 글쓰기를 고통스럽게 여긴다고 하였습니다. 그래서인지 즐겁게 수업을 받다가도 글 쓸 시간만 되면 온몸에 싫은 티가 납니다. "써보자" 한 마디에 한숨을 푹 내쉬며 일단 본인이 해볼 수 있는 최대한 딴짓을 하며 버텨봅니다. 그렇게 글을 안 쓰고 넘어갈 수 있기를 간절히 바라는 마음이 행동에 그대로 묻어납니다.

그래서 생각해 낸 것이 '승휘의 반려동물 진심으로 궁금해하기'였습니다. 먼저, 매시간 승휘의 반려동물에 대해 꼬치꼬치 캐물었습니다. 제 교실로 반려동물을 들고 오고 싶다는 것을 간신히 말리며, 대신 글쓰기로 알려주길 청했습니다. 처음엔 망설였지만 승휘는 제 제안이 마음에 들었는지, 아니면 제 관심이 달가웠는지 매주 한 편씩 본인이 키우는 반려동물과 반려 식물에 대한 관찰 일기를 써 왔습니다. 일주일 동안 자신의 반려동물에게 있었던 일을 선생님에게 알려야 하는데 매번 들고 올 수는 없고, 선생님은 너무도 궁금해하니 글과 그림으로 기록해 두었다가 들고 오는 것입니다. 그래서 항상 수업 시작 전 5분 정도는 승휘의 이야기를 들었습니다.

반년이 되어가는 지금 승휘는 글쓰기 시간에 몸을 틀거나 낙담하는 표정을 짓지 않습니다. "글쓰기가 제일 싫어요!" 하는 말도 들어본 지 오래입니다. 저는 승휘에게 알려주고 싶었습니다. 자신이 잘 알고 좋아하는 것을 자신이 좋아하는 사람과 공유하는 도구로 글쓰기만 한 게 없다는 사실을 말입니다. 그러는 사이 글쓰기에 대한 두려움도 저절로 극복되었습니다. 승휘가 오는 수요일이면 저 역시 진짜 궁금해집니다.

'오늘은 어떤 관찰 일기를 들고 올까?'

'승휘네 동물원엔 한 주 동안 어떤 일이 있었을까?'

제 교실에 들어서기도 전에 미리 관찰 일기를 꺼내든 승휘 손에는 학교에서 오는 길에 주운 봄꽃들과 예쁜 돌멩이가 꼭 들려 있습니다. 자신의 열렬한 독자인 제게 건네는 마음일 것입니다.

관심이 관찰을 부르고, 관찰이 글쓰기로 이끈다

아이들은 나이나 성별에 따라 좋아하고 관심을 가지는 특별한 대상이 있습니다.

"저는 돌멩이가 좋은데요. 돌멩이에 보면 무늬가 있거든요. 근데 그 무늬가 다 달라요. 선처럼 무늬가 이어진 것도 있고, 지층처럼 결이 있는 것도 있고, 모래알 같은 게 막 자잘하게 박힌 것도 있고 그래요. 저는 무늬 다른 돌멩이를 귀신같이 잘 찾아내요. 우리 동네에서만도 얼마나 많이 주웠는지 몰라요."

서원이는 특이하게도 돌멩이 박사입니다. 다른 것도 열심이긴 하지만 특히 돌멩이에 대한 관심과 탐구심은 거의 박사 수준입니다.

"선생님, 여기 와보세요! 이건 왕사마귀 알집이에요! 이렇게 거품처럼 보이는데 거품 아니고 알집이에요. 만지면 스티로폼 같아요. 이 안에 수백 개의 알이 들어있대요. 알이 들어있는 부분은 단단해서 만져보면 알아요. 갈색이나 회색으로 된 이런 집은 다 왕사마귀 알집이에요."

재연이는 사마귀 박사입니다. 야외 수업으로 뒷동산 올라가는 길에 여러 번 저를 손짓으로 불러 세웁니다. 저는 선뜻 손이 안 나가는데 계속 만져보라고 합니다. 저는 재연이의 말을 귀담아들으며 다른 사마귀 알집과 왕사마귀 알집을 구별해 내는 법을 배웁니다. 제가 사마귀 알이 부화해 어떻게 성장하는지 궁금해하자 재연이는 선뜻 관찰 일기 쓰기 제안을 승낙해 줍니다. 또 성공입니다.

이렇듯 아이들이 좋아하는 대상에서 관찰을 시작하면 관찰을 글쓰기로 연결하기 쉽습니다. 주관이 강해져 말을 안 듣기 시작하는 고학년들도 마찬가지입니다. 가령 초등 고학년이 되면 남자 친구들은 게임에, 사춘기를 겪는 여자 친구들은 연예인에 관심을 가집니다. 좋아하는 대상을 관찰하는 일이 즐거우니 글쓰기도 조금 더 즐거워지는 경험을 할 수 있습니다. 마치 보상처럼 한 번씩 자신이 좋아하는 대상에 대해 쓸 수 있는 자유를 줍니다. 그러면 아이들은 신이 나서 글을 씁니다. 정말 쓰고 싶어 씁니다.

그러니 아이들에게 자기가 관심이 가는 대상, 좋아하는 대상이 있다는 것은 축복입니다. 제 교실에서 자신의 관심사가 뚜렷한 친구들은 모두 '박사'입니다. 현재 제 교실에는 곤충 박사도 있고, 돌멩이 박사도 있고, 풀떼기 박사, 자동차 박사, 강아지 박사도 있습니다. 로블록스 박사도 있고, 마인 크래프트 박사도 있고, 스우파(《스트릿 우먼 파이터》) 박사님도 계십니다. 이 박사님들은 자신이 궁금해하면 선생님도 궁금해할 거라 여기고 새롭게 알아낸 것을 공유하기를 즐깁니다. 저는 그런 순간을 이용하여 글쓰기 수업으로 이끕니다. 물론 들키지 않게, 자연스럽게, 진심을 다해 궁금해하는 시간을 충분히 가진 뒤에 말입니다. 아이들에게 궁금한 대상이 있다는 것이 글쓰기 교사에게는 그저 축복인 이유입니다.

자신이 잘 아는 것, 자신이 좋아하는 것, 자신이 관심 있는 것을 나누고 싶어 하는 것은 인간의 본능입니다. 블로그, 인스타그램이 대성공을 이룰 수 있었던 것도 인간의 그런 욕망을 발현할 수 있는 최적의 장이었기 때문일 것입니다. 보여주고 싶고, 알려주고 싶고, 일깨워주고 싶은 욕망이 글이 되고, 그런 소통의 글쓰기가 지상 최대의 즐거움이자 돈벌이의 수단이 되는 시대에 살고 있습니다. 그 재미와 소통의 맛을 알게 되면 누가 시키지 않아도 다들 열심히 글을 씁니다. 아이들도 마찬가지입니다.

　아이들이 관심을 쏟는 대상에 함께 관심을 가져주세요. 그리고 바로 그 지점에서 글쓰기를 시작하세요. 글쓰기 바탕 가꾸기가 훨씬 수월해질 것입니다.

실전 TIP

관찰력 좋은 아이로 키우고 싶다면
이렇게 해보세요!

탐구심이 타고나는 경우도 있지만 환경을 통해 탐구심 풍부한 아이로 자라게 할 수도 있습니다. 사실 궁금함은 호기심의 불씨고, 그 불씨에 바람을 불어넣는 건 어른의 태도입니다. 아이들이 관찰을 잘하게끔 하고 싶다면, 먼저 질문하기에 자유로운 분위기, 감탄할 수 있는 여유, 답보다는 생각을 지켜봐 주는 시선이 필요합니다. 아래의 팁들을 생활 속에서 실천해 보세요.

1. 함께 놀라고 함께 궁금해해 주세요!

아이가 무언가를 물었을 때, "그건 몰라도 돼" 대신 "그러게? 진짜 왜 그럴까?" 하며 같이 궁금해해 주세요. 어른이 먼저 진짜로 호기심을 가지면, 아이는 "아, 궁금해도 되는구나!", "이건 질문할 가치가 있는 일이구나!" 하고 느끼게 됩니다. 가령, 아이가 "지렁이는 눈이 없어?"라고 물었을 때 "응 없어" 하고 끝내는 게 아니라, "그럼 지렁이는 세상을 어떻게 볼까? 냄새로 볼까? 소리로 알까?" 하고 질문을 이어가 보는 겁니다.

2. 정답보다 질문을 칭찬해 주세요!

"그걸 어떻게 알았어?"보다는 "그걸 궁금해한 게 진짜 멋지다!" 하고 질문 그 자체를 인정해 주세요.
아이들은 대부분 정답보다 질문을 더 무서워합니다. 틀릴까 봐, 엉뚱하다고 할까 봐. 관찰은 질문에서 시작됩니다. 아이의 질문을 '생각의 씨앗'으로 여기는 태도가 필요합니다.

3. 답을 바로 알려주지 말고 스스로 생각해 볼 수 있도록 기다려주세요!

궁금함은 생각하게 만드는 힘입니다. 그런데 답을 너무 빨리 주면, 아이는 스스로 생각할 이유를 잃어버리게 됩니다.

"그건 네가 생각해 봐도 좋겠다."
"우리 같이 찾아보자."

이렇게 말하면 아이가 궁금함에 머무르며 호기심을 생각으로 이어갈 수 있습니다.

4. 작은 변화에 반응하는 어른이 되세요!

비 오는 날, 구름의 모양, 개미가 줄지어 가는 모습, 꽃봉오리 하나 열리는 것, 이런 작은 것들에 감탄하는 어른의 모습을 자주 보여주는 것만으로도 아이 눈에는 세상이 새롭게 보입니다. 궁금함은 결국 작은 것을 크게 보는 마음에서 자라는 법이기 때문입니다.

(2) 스토리텔링을 활용하라

문제는 식물이고 동물이고 자연이고 간에 딱히 궁금한 게 없는 친구들입니다. 궁금한 마음이 없다 보니 이 친구들에겐 관찰이 그저 쳐다보는 일에 지나지 않습니다. 학교에서 숙제나 수행평가로 내준 강낭콩, 토마토 관찰 일기는 죄다 엄마의 숙제가 되어버리곤 합니다. 관찰 일기도 숙제라서 시키면 어쩔 수 없이 겨우 하는 경우가 많습니다. 관찰 일기에 담기는 내용도 새로울 게 없습니다.

  제 아이도 그랬습니다. 함께 씨앗도 심어보고 반려 사슴벌레, 반려 달팽이, 반려견도 키워봤지만 어째 제 아이는 관심이 없고 수업 오는 아이들만 좋아했습니다. 수업 오는 친구들은 궁금해서 달려오는데 제 아이는 거들떠보지도 않는 기분은 참 씁쓰름하기 그지없었습니다. 죽 쒀서 남의 자식만 키우는 기분이었습니다. 사실 저 역시도 아이들의 글쓰기를 가르치기 전까지는 '내 눈은 그저 보기 예쁘라고 달아놓은 장식'이라며 관찰력 없음을 자인하고 살아온 터라 저의 특성이 아이에게 그대로 유전된 거겠지 하고 스스로를 위로하곤 했습니다. 그래서인지 아이가 저학년 시절 들고 오는 관찰 숙제가 그렇게 귀찮고 성가실 수가 없었습니다.

  제 아이가 초등학교 2학년 올라가던 해, '이대로는 안 되겠다!' 하는 생각이 들어 저는 이 카드를 꺼내 들었습니다. 바로 스토리텔링입니다. 아이의 수행평가인 '토마토 씨앗 심고 관찰하기'부터 시작했습니다. 아이는 수행평가라는 말과 함께 씨앗 키트를 제게 건네고는 잊어버린 듯

하였습니다. 그래서 꾀를 내었습니다.

"도윤아, 어젯밤 꿈에 토마토 씨앗이 말하는 꿈을 꿨어. 자기 좀 심어 달래. 답답해 죽겠다고 씨앗 봉투에서 꺼내서 흙에다 좀 심어 달라던데?"

아들은 가만히 제 눈을 쳐다보았습니다.

"엄마가 나 씨앗 심게 하려고 지어낸 거지?"

"아닌데? 그런 걸 왜 거짓말해. 진짜 그런 꿈 꿨어. 걱정되어서 꿈을 꾼 것일 수도 있긴 하지만…. 꿈에서 토마토 씨앗 이름이 방울이었어. 아주 답답해 죽던데?"

"방울이? 방울토마토 씨앗이어서 방울인가? 방울, 방울이 괜찮네. 알았어. 방울이 꺼내서 흙에 심어줄게. 답답하지 않게! 엄마 또 꿈 안 꾸게!"

씨앗 키트에 쓰여있는 대로 아이는 흙에다 토마토 씨앗을 심었습니다. 수경 재배가 가능한 화분이었습니다. 씨앗을 심은 흙이 담긴 화분 밑에는 물을 채워 놓을 수 있는 투명한 화분이 있고, 그 둘 사이엔 네모난 천 조각이 두 화분을 연결하고 있었습니다. 물을 채우던 아들이 걱정스러운 눈빛으로 물었습니다.

"그런데 엄마, 싹이 안 나면 어떡하지? 내가 너무 늦게 심어서?"

"쉿! 그런 말 하면 안 돼. 방울이는 귀가 없어도 다 들어. 엄마랑 저번에 밥이랑 빵 놓고 실험해 봤잖아. 다 들어! 걱정은 속으로 하고 좋은 말만 해주자, 우리!"

말의 중요성을 깨닫게 하기 위해 빵과 밥을 각각 두 개의 컵에 담아놓고 한쪽은 좋은 말만, 다른 쪽은 나쁜 말만 계속 들려주는 실험을 한 적이 있습니다. 나쁜 말만 들려준 컵의 빵과 밥이 먼저 상하는 것을 눈으로 확인한 터라 아홉 살 아들은 크게 고개를 끄덕이더니,

"방울이는 이제 숨 쉬게 되었으니까 햇빛도 먹고 물도 먹으면 금방 싹도 날 거야! 우리 베란다는 햇빛도 잘 드니까 빨리 날 거야! 그치, 엄마?"

부러 큰 소리로 말하는 것이었습니다. 그 뒤로 아들은 종종 물었습니다. 방울이 꿈을 또 꾸지는 않았느냐고. 작전은 대성공이었습니다.

관찰과 생각의 징검다리, 스토리텔링

호기심이 없는 아이들에게 "이건 왜 이럴까?", "저건 왜 저럴까?" 하고 물어봐야 "몰라요" 하고 끝나기 쉽습니다. 왜냐하면 궁금함을 느끼기 위한 정서적 준비가 되어있지 않기 때문입니다. 그런 아이들에게 필요한 것이 스토리텔링입니다. "재미있는 일이 있어!" 하면서 아이의 주의를 끌고 감정적으로 몰입하게 해주기 때문입니다. 감정이 연결되면 아이들은 묻습니다.

"그래서 어떻게 됐는데요?"

"왜 그랬대요?"

자연스러운 궁금증입니다. 억지로 시켜서 흉내 내는 호기심이 아니라 마음에서 우러난 호기심입니다. 이야기는 듣는 이의 궁금증을 자극하고 질문을 이끕니다.

"걔는 왜 이런 행동을 했을까?"

"걔는 앞으로 어떻게 될까?"

"내가 저 상황이면 어땠을까?"

스토리 속 사건, 인물, 갈등, 반전 등은 아이들로 하여금 생각하게 만들고, 질문하게 만들고, 내 경험과 연결하게 만들지요. 이렇게 스토리텔링은 사고의 뿌리를 자연스럽게 흔드는 도구가 될 수 있습니다. 그렇기에 호기심이 약한 아이일수록 간접적으로 궁금증을 유발하는 상황을 만들어주는 것이 좋습니다.

무엇보다 진짜 호기심은 나의 경험과 세상이 연결될 때 강하게 생겨납니다. 그런데 아이가 모든 경험을 직접적으로 풍부하게 하기는 어려우므로 스토리텔링을 통해 아이의 내면에 있는 감정, 기억, 이미지가 연결될 수 있도록 실마리를 제공해 주세요. 제 아들은 우리의 말을 알아듣는 방울이 이야기를 통해 밥과 식빵 실험을 떠올렸습니다.

"맞아, 좋은 말을 해줘야 뭐든 잘 되는 걸 나는 알아!"

이 연결 덕분에 방울이에 대한 아이의 관심과 생각이 자연스럽게 움트기 시작했고, 거기에서 진짜 호기심이 생기기 시작한 것입니다. 그래서 매일매일 열심히 좋은 말, 기대의 말, 축복의 말, 응원의 말들을 들려주기 시작했습니다. 방울이는 다행히도 무럭무럭 자라서 오백 원짜리만 한 방울토마토를 다섯 개나 선물해 주었습니다. 그 방울이가 너무 귀하고 아까워서 그만 먹지도 못하고 시들어 죽게 만들긴 했지만 말입니다.

호기심이 없는 아이에게 스토리텔링은 흥미의 문을 열고, 질문의 씨앗을 심고, 감정의 연결을 도와주는 가장 따뜻한 방법입니다. 이야기는 아이의 마음을 먼저 열고 생각을 자연스럽게 따라오게 하기 때문입니다.

> 오늘 나는 학교 가는 길에 노란 은행잎을 봤다. 바람에 흔들리는 모습이 까닥까닥 손을 흔드는 것 같았다. 마치 자신을 봐달라고 하는 것 같았다. 혼자밖에 없어서 외로운 것 같았다. 오늘따라 그 나무가 내 친구가 되고 싶은 것 같아서 그 나무를 내 나무로 삼기로 했다. 학교 갈 때, 집에 올 때 매일매일 보기로 했다.
>
> — 새빛초 3학년 이지우, 「내 나무는 은행나무」

스토리텔링을 자연스럽게 받아들이다 보면 이런 글이 나옵니다. 본인도 모르게 나무의 모습을 보고 이야기를 만든 경우입니다. 이렇듯 스토리텔링은 관찰을 생각으로 이끄는 징검다리가 될 수 있습니다. 관찰은 단순히 '보는 것'에서 그치지 않고 "진짜 그럴까?", "대체 왜 그럴까?" 하는 생각으로 확장할 수 있게 해줍니다. 여기에 스토리텔링을 더해주면 단순한 관찰 대상이 이야기의 주인공이 되고, 배경, 사건, 감정의 변화가 생기면서 상상력이 풍부해집니다. 스토리텔링이 관찰 대상에 감정과 의미를 입혀주는 것입니다.

지우는 은행잎이 손을 까닥까닥하는 것을 보고 마치 내게 손짓하는 것 같다고 느끼고 나무가 외로워서 그랬다고 해석했습니다. 본인과 친구가 되고 싶어서 그랬다고도 생각합니다. 그 생각은 관찰을 넘어서 느낌, 감정, 해석이 녹아든 언어로 이어지게 되었죠. 이 스토리텔링은 지우의 내면 경험을 만들었습니다. 은행나무와 친구가 되는 경험 말입니다. 이 경험은 지우의 나무를 의미 있는 존재로 만들어 주었습니다. 상상이 바탕이 된 관찰은 해석을 불러일으킵니다. 해석은 또 의미를 만들 수 있게 해줍니다. 즉, 스토리텔링은 글쓰기 재료인 관찰을 조리하는 요리사가 되는 것입니다.

    스토리텔링에는 관찰을 생각으로, 생각을 표현으로, 그리고 표현을 넘어 자기 경험으로 이끄는 힘이 있습니다. 스토리텔링을 활용한 관찰 수업은 본질 글쓰기를 위한 의미 있는 징검다리가 될 수 있습니다. 본질 글쓰기의 목표는 자기만의 생각으로 자신의 경험을 자기답게 표현하는 것에 있으니까요.

실전 TIP

본질 글쓰기로
관찰 일기 쓰는 법

관찰 일기 쓰기가 그저 본 걸 쓰는 글이 아니라 본 것과 더불어 그걸 통해 얻은 내 생각을 쓰는 경험이 되도록 해주세요. 단순한 관찰 일기를 넘어 모든 본격 글쓰기의 마중물이 될 수 있습니다. 글쓰기도 습관입니다. 생각의 물꼬를 어떻게 터주고, 어떻게 길을 내느냐에 따라 아이들의 글쓰기는 달라질 수 있습니다.

1. 오늘 내가 본 것 (사실 묘사)
우선은 내가 본 것을 있는 그대로 자세히 쓰게 해주세요. 관찰 일기의 시작은 내가 무엇을 보았는지를 정확하게 인식하는 것에서부터 시작합니다. 자세히 보고, 자세히 쓸수록 나중에 생각을 붙이는 과정이 훨씬 풍부해질 수 있습니다.

2. 그것에 대한 내 질문 (궁금증)
관찰 대상에 질문을 던지게 해주세요. 질문을 던지는 순간부터 아이들의 생각이 시작됩니다. 질문은 늘 생각을 깨우는 열쇠라는 점을 잊지 마세요. 단순 묘사에 머물지 않고 생각을 깨우기 위한 다양한 질문을 하는 것이 포인트입니다.

`추천 질문`
왜 저러고 있었을까? / 저건 평소와 뭐가 다르지? / 저 상황 속에서 어떤 기분이었을까? / 나였으면 어땠을까?

3. 느낀 감정 & 떠오른 기억 (자기화)
감정과 나를 연결해 보게 하세요. 내가 관찰한 것에서 어떤 마음이 느껴졌는지, 그리고 그게 나의 경험과 어떻게 연결되는지를 떠올리는 겁니다. 이 과정을 통해 아이는 대상을 해석하고 자기화하는 능력을 기를 수 있습니다.

4. 오늘의 생각 한 줄 (중심 생각)

반드시 긴 글이 아니어도 됩니다. 단 1~2문장이라도 '나만의 생각'이 담기면 성공입니다. 본질 글쓰기의 기초 체력이 되는 남과 다른 관찰 일기 완성입니다.

(3) 오래 두고 볼 수 있는 대상을 정하라

> 글쓰기는 우리가 살아온 세상과 우리가 살고 있는 세상을 자세히 들여다보고 우리가 살아갈 세상을 어떻게 만들어 볼까 하고 고민하는 생각들을 글로 정리하는 일입니다.
>
> ―『뭘 써요, 뭘 쓰라고요?』(김용택 글, 엄정원 그림, 한솔수북, 2013) 머리말 중에서

김용택 선생님은 자신이 나고 자란 섬진강 한 마을의 초등학교에서 30여 년간 아이들에게 글쓰기를 가르치셨습니다. 한 동네에서 나무처럼 오랜 시간 동안 아이들을 만나온 김용택 선생님의 말씀은 글쓰기의 본질을 너무도 잘 짚어주고 있습니다.

글쓰기는 단지 생각을 적는 일이 아니라 지금의 나와 내가 속한 세계를 자세히 들여다보는 일에서 시작됩니다. 자세히 들여다보려면 어떻게 해야 할까요? 그저 한 번 보는 것으로는 부족합니다. 눈길이 오래 머무는 대상이 필요합니다. 다시 보고 또 보는 과정에서 대상을 향한 나의 시선이 깊어지고, 그 시선 속에서 생각의 방향이 생기고, 경험이 쌓이면 자기다운 통찰이 녹아있는 글을 쓸 수 있게 됩니다.

관찰은 단거리 달리기가 아니라 마라톤입니다. 스쳐 지나가는 한 장면보다 천천히 익어가는 한 대상이 아이들에게 훨씬 더 많은 생각의 재료를 안겨줍니다. 예를 들어 매일 물을 주며 기르는 작은 식물, 매일 밥을 주고 똥을 치워 주는 반려동물, 혹은 매일 만나는 친구의 표정처럼 일상에서 오래 바라볼 수 있는 대상은 아이들의 관찰력을 넓히고

나만의 언어를 끌어내는 힘이 됩니다. 본질 글쓰기에서 관찰은 대상의 정보를 파악하고 대단한 원리를 밝혀내는 것이 아니라 그 안에 담긴 이야기를 발견하고 내 마음이 움직이는 지점을 찾아내는 과정이기 때문입니다.

정년 퇴임 후 선생님만의 글쓰기 학교를 여는 것이 꿈이었던 김용택 선생님. 그 꿈의 초안으로 저는 편집자 시절, 김용택 선생님의 초등 글쓰기 책을 기획한 적이 있습니다. 위의 『뭘 써요, 뭘 쓰라고요?』는 제가 기획하고 초고까지 완성했던 책입니다. 김용택 선생님만의 글쓰기론이 담긴 책이지요. 목차만 읽어도 김용택 선생님께서 어떤 철학으로 아이들을 지도하셨는지 환히 알 수 있습니다.

> 내 나무를 정한다 – 관심을 갖는다 – 관심을 가질 때 모든 것이 자세히 보인다 – 자세히 보아야 그것이 무엇인지 알게 된다 – 무엇인지 알아야 이해가 되고 그것이 내 것이 된다 – 아는 것이 내 것이 될 때 지식이 인격이 된다 – 아는 것이 인격이 되어야 비로소 세상과 관계를 맺는다 – 관계를 맺으면 갈등이 일어난다 – 갈등은 조화로운 세상을 꿈꾼다 – 조화로운 세상을 꿈꾸면 생각이 일어난다 – 생각을 논리적으로 정리하면 글이 된다 – 감동을 주는 것들은 살아 있는 것들이다 – 살아 있는 것들은 자연에 있다
>
> —『뭘 써요, 뭘 쓰라고요?』 목차 전문

김용택 선생님의 글쓰기 철학은 저에게 이정표 같은 역할을 해 주었

습니다. 관심이 있어야 자세히 보게 되고, 자세히 보아야 알게 되며, 알게 되면 대상과 나 사이에 관계가 생겨난다는 말이 진리처럼 느껴졌습니다. 저 역시 글쓰기 수업을 하면서 아이들에게 관찰 수업의 일환으로 '자기 나무 정하기'를 해 왔습니다. 아이들에게 제대로 된 관찰을 가르치려면 무엇보다 먼저 오래 볼 수 있는 관계 맺기 대상을 만들어주는 것이 우선이라고 생각했기 때문입니다.

자기 나무가 생기면 벌어지는 근사한 일들

저는 수업 초기에 아이들에게 자신의 나무를 찾아오라 이릅니다. 시골이 아니라 도시에 살아도 나무는 우리가 심심찮게 만날 수 있는 대상입니다. 학교 앞 가로수도 좋고, 오가는 길 어귀의 나무도 좋고, 주택 단지나 아파트 단지 화단의 나무도 좋습니다. 식목일에 엄마, 아빠와 함께 심은 나무면 더 좋지요. 나의 나무가 생긴다는 건 생각보다 근사한 일입니다. 같은 자리에서 늘 나를 지켜보는 존재가 있다는 것, 그것만으로도 아이들은 일만 개의 상상을 해낼 수 있으니까요. 아이들처럼 나무들도 저마다 개성이 있습니다. 결이 있지요. 자기 나무를 찾아오라고 하면 아이들은 그저 느낌인 건지 무의식의 투사인 건지 기똥차게 자신을 닮은 나무를 찾아오곤 합니다. 이런 순간에 스토리텔링은 필수입니다.

"매일 오고 가는 길 있잖아? 학교 갈 때나 학원 갈 때, 집으로 돌아오는 길에 주변을 잘 둘러보면 유독 널 빤히 쳐다보는 나무가 있다? 그 나무는 365일, 하루 24시간을 네가 그 앞을 지나가기만 기다리고 있어. 나무들은 예로부터 수호의 기운이 있어서, 자신의 아이를 지켜주는 존재들이거든. 그런데 그 나무를 어떻게 찾아내냐고? 일단 마음을 가다듬고, 늘 다니던 길에서 대체 내 나무가 누굴까? 주의를 기울여 살펴봐. 어느 순간 '아, 저 나무가 내 나무구나!' 느낌이 올 거야! 그 나무를 찾아와!"

자기 나무를 정하고 나면 희한한 일이 벌어집니다. 늘 무심코 지나던 그 길에서 한 번은 꼭 그 나무를 쳐다보게 됩니다. 물론 일주일에 한 번씩 제 수업에 오는 아이들에게 나무의 안부를 묻는 것은 제 몫입니다.

"오늘 본 너의 나무는 어떤 모습이었어?"

"지난주에 비해 달라진 게 있었어?"

"나무의 색깔이나 모양, 소리, 냄새 중 인상 깊은 게 있었다면 말해볼래?"

"그래, 오늘 나무를 보며 어떤 기분, 어떤 생각이 들었어?"

마치 오늘의 날씨를 묻는 것처럼 나무의 안부, 나무에 대한 생각과 느낌을 묻습니다. 그러면 아이들은 기다렸다는 듯 답을 쏟아냅니다.

"선생님 제 나무는 어제 이발을 했어요! 수위 아저씨가 가지를 다 뭉텅뭉텅 잘라버려서 스포츠 머리가 됐어요! 난 이전 스타일이 더 좋은데…."

"선생님, 제 나무가 저한테 아는 척을 했어요. 제가 그 밑을 지나는데 잎을 하나 딱 떨어뜨려서 제 볼에 맞히는 거예요. 사실은 제가 다른 나무를 또 제 나무로 정했거든요. 그걸 눈치챘나 봐요. 질투 나서 그러는 거죠?"

몇 달 동안은 그렇게 오며 가며 관찰하게 합니다. 있는 그대로의 모습, 계절과 날씨에 따라 변하는 모습, 일상에서 발견한 새로운 모습에 대한 이야기를 나누며 자기 나무의 상을 만들어갑니다. 쓰다듬어도 보고, 귀도 대 보고, 안아도 보고, 나무 생김새를 자세히 보도록 그려보라고도 하면서 아이들이 자기 나무를 더 잘 알 수 있도록 돕습니다.

그렇게 몇 달이 지나면 아이들은 나무와 어느새 친구가 되어 있습니다. 관계가 생긴 겁니다. 관찰이 좀 시들해진다 싶을 즈음, 저는 아이들이 찾아온 나무들의 종류별 기질과 특징을 알려줍니다. 제가 나무에 대해 해박한 것은 아니라서 자료를 열심히 뒤져 보거나 나무에 해박한 지인에게 여쭤보기도 합니다.

"저기 봐. 저 나무는 벚나무인데 나무 둥치의 표면을 자세히 보면 입술 모양이 잔뜩 있다? 그래서 뽀뽀 나무라고 불린대. 벚나무들은 대개가 사람들이 가장 많이 다니는 도로변에 많이 서있잖아. 봄이 되면 잎보다 꽃을 먼저 피워 올리는데 그게 또 얼마나 이뻐, 그치? 얼마나 사랑스러우면 봄마다 엄청난 인파가 그렇게 몰리는 거겠어. 벚나무는 그렇게 사람들의 사랑을 듬뿍 받아야 하는 나무야. 누구보다 가장 먼저, 가장 화려하게 꽃을 피워 이목을 끌잖아? 사랑해 줘, 뽀뽀해 줘, 나무 둥치에는 온통 입술을 내밀고 있잖아. 자, 자기 나무가 벚나무인 사람 손?"

그러면 벚나무를 자기 나무로 데려온 아이들은 동질감에 기뻐 손을 들고 어쩔 줄을 몰라 합니다. 다른 나무를 택한 친구들은 "제 나무는요, 제 나무는요?" 하며 자기 나무에 대해서도 설명해 달라고 조르기 시작하고요!

이렇게 나무의 특징을 이야기로 들려주고 나면, 아이들이 나무를 보는 눈이 또 한 번 달라집니다. 나무의 특징과 강점을 알고 나면 자기 나무에 대한 자부심이 하늘을 찌릅니다. 자기가 곧 나무이고, 나무가 곧 자신이 됩니다. 나무에 대한 사랑도 깊어지지요. 그러면 아이들은 그 나무를 2년이고 3년이고 지켜볼 힘이 생깁니다.

> 내 나무의 이름은 왕이다. 길을 가다가 너무 멋지고 왕같이 생긴 나무를 발견했는데, 사람들 눈에는 잘 안 보이는 것 같고 내 눈에만 잘 보여서 나의 나무인 걸 알았다. 나의 나무는 509동 앞에 있다. 키는 한 3미터쯤 되어 보인다. 가지가 무척 많고, 둥치가 큰 것이 한 열 살은 넘어 보인다. 둥치를 만지면 매끄러울 것 같다. 몸은 좀 울퉁불퉁하게 생겼다. 역시 근육맨. 높은 화단 위에 서있어서 직접 만질 수가 없다. 눈으로 짐작할 뿐이다.
> 나의 나무는 가을이 되면 빨갛게 변하는 단풍나무다. 단풍나무는 습기가 있고, 비옥한 토양에서 잘 자란다. 기둥이 단단하고 질기기 때문에 가구의 재료로도 잘 사용된다. 나무의 속살이 밝은 하얀 색이라 야구방망이로도 많이 만들어지고, 악기로도 만들어진다. 단풍나무로 악기를 만들면 소리가 밝아지는 특징이 있다고 한다. 나무야, 내가 너를 계속 지켜볼 거야! 이대로 쭉 예쁘게 커야 해! 나는 이 나무를 나만 알아봐서 매일매일 뿌듯하다.
>
> — 심곡초 3학년 원준희

준희는 나무를 관찰한 내용을 둥치나 가지 모양 등에서 감촉, 나무가 있는 환경 등으로 써내려 갑니다. 눈으로 본 것을 넘어 상상과 촉각의 언어로 관찰을 확장하고 있어요. 준희는 단풍나무의 특징을 정보와 느낌을 섞어서 풍부하게 서술했습니다. 단풍나무의 용도, 색, 재질을 조사하여 썼지만, 정보 나열이 아닌 자기 언어로 재구성한 부분에서 지식과 감성을 잘 연결하였다고 칭찬해 주었던 글입니다. 준희는 어릴 때부터 자존감이 높은 친구였습니다. 자기 긍정과 할 수 있다는 자신감을 기본적으로 탑재하고 있는 데다, 일상에서 겪는 문제도 대수롭지 않게 넘어갈 수 있는 내적인 힘을 지닌 친구입니다. 위의 글에서 나무를 바라보는 긍정적인 시선에서도 자기 자신을 바라보는 뿌듯한 마음을 충분히 느낄 수 있습니다.

> 내 나무는 놀이터에 있다. 놀이터에서 아이들을 기다리거나 놀이기구들한테 아침 인사를 하곤 한다. 아이들이 학교에 가고 나면 혼자 생각을 하거나 낮잠을 잔다. 점점 숙여지는 나무의 머리를 밑에 있는 소나무가 받쳐주곤 한다. 아이들이 학교가 끝나고 놀이터에 오면 나무는 아이들의 웃음소리에 잠을 깬다. 내 나무는 착해서 소나무한테 고맙다고 인사하고, 다시 일어나 아이들을 반겨준다. 놀이터에서 제일 키가 커서 그 나무를 모르는 아이들이 없다. 아이들이 집에 갈 때 잘 가라고 소리 내어 말할 수는 없지만, 아이들은 나무가 그러는 걸 다 알고 있다. 내 나무는 느티나무다. 껍질이 벗겨져도 끄떡없는 느티나무다. 내가 싫어하는 벌레도 절대 안 꼬이는 느티나무다. 이름도 그래서 느티나무

다. 느티나무야, 나의 나무가 되어 줘서 정말정말 고맙다.

— 심곡초 3학년 박주하

주하의 글은 느티나무를 마치 친구처럼 묘사하고 있습니다. 아이들을 기다리거나 놀이기구에게 아침 인사를 하고, 혼자 생각을 하다 아이들의 웃음소리에 잠을 깨고, 머리를 받쳐준 소나무에게 감사 인사를 한다는 글을 읽으면 우리는 주하의 느티나무가 어떤 성격과 마음씨를 가졌는지 짐작할 수 있습니다. 주하는 객체에 감정을 투영하여 자기 나무를 감성적으로 해석하는 글을 써냈습니다. 주하는 내향적인 데다가 다른 이들의 시선이나 입장을 배려하는 마음도 크다 보니 타인의 기대에 맞추려다 스스로 힘들어하곤 했습니다. 게다가 매사 잘해서 인정받고 싶어 하는 마음도 컸고요. 저는 주하의 느티나무가 얼마나 사람들에게 근사하고 안전한 쉼터가 되어주는지, 어떤 미덕을 가진 나무인지 알려주려고 많이 노력했습니다. 글 말미를 보면 느티나무의 강점 묘사를 통해 자기 확신을 갖기 위해 노력하는 주하의 마음을 엿볼 수 있습니다. 딱히 그래서라고 단정 지을 수는 없지만, 지금은 자기 자신을 믿고 때로 자신을 소중히 여길 줄 아는 건강하고 감성이 풍부한 여중생으로 자랐습니다.

글을 보면 준희와 주하 모두 자기 나무와 자신을 동일시하고 있습니다. 둘의 글 속에 등장한 단풍나무와 느티나무는 더 이상 길가에 서있는 보통의 나무들이 아닙니다. 단순한 자연물이 아니라 준희와 주하의 시선이 입혀진, 저마다의 서사 속 주인공 나무입니다. 이런 동일시는 자신의 삶과 세계를 연결하는 글쓰기로 이어집니다. 나만 아는 특별함에서 글의 중심 주제도 자연스럽게 생겨났습니다. '나의 나무 정하기'가 단지 자연 관찰 글쓰기로 끝나는 게 아니라 아이의 마음과 삶을 들여다볼 수 있는 창이 될 수 있음을 일깨워주는 대목입니다.

이런 글쓰기를 통해 아이는 자기 안에 있던 감정, 생각, 세계관을 깨닫게 됩니다. 자기가 누구인지 어떤 사람인지 또 어떤 삶을 살고 싶은지도 깨닫게 됩니다. 이것이 바로 본질 글쓰기의 힘입니다. 글은 단지 자신의 경험을 글로 열거해 놓은 문자로 된 결과물이 아닙니다. 자기를 발견하고 자신을 가꾸고 다듬는 과정, 그 모든 것이 다 글쓰기인 것입니다!

준희와 주하에게는 나무라는 아주 근사한 친구가 있습니다. 중학생이 된 지금도 지날 때마다 눈인사를 주고받는 아주 오랜 친구입니다. 이젠 당시 저의 스토리텔링을 '선생님표 구라'라며 웃는 나이가 되었지만, 잊을 만하면 자기 나무의 근황을 제게 전하고는 합니다. 준희를 떠올리면 준희의 나무가, 주하를 떠올리면 주하의 나무가 늘 함께 떠오릅니다. 나무를 보고 자란 아이들은 그 나무를 닮아가는 것 같습니다. 아이들에게 닮고 싶은 자기만의 나무를 만들어주세요.

실전 TIP

나의 나무 정하고
관찰글 쓰기

1. 나의 나무 찾기
우리 집, 우리 학교, 우리 동네에서 자주 볼 수 있는 나무 한 그루를 나의 나무로 정해보세요. 그 나무를 직접 그려보세요. 이름도 지어보세요.

2. 나무 관찰 노트 만들기
일주일에 한 번, 혹은 한 달에 한두 번 나무 관찰 일기를 써봅니다. 오늘 본 나의 나무는 어떤 모습이었는지, 색깔, 모양, 소리, 냄새 중 기억나는 게 있는지, 지난번 관찰할 때랑 달라진 것은 있는지, 오늘 나무를 보며 어떤 기분이 들었는지 등을 써봅니다. 나무의 기분이나 마음을 상상한 글도 좋습니다.

3. 나무에 대해 공부해보기
나의 나무에 대해 알아봅니다. 어떤 종류의 나무이고 특징은 어떤지, 어떤 습성이 있으며 어떻게 활용되는지도 공부해 봅니다. 어른에게 묻거나 책과 인터넷을 활용해도 좋습니다. 새롭게 알게 된 정보를 통해 나무를 어떻게 느끼게 되었는지도 꼭 글로 남겨봅니다.

4. 생각 연결하기
내 나무를 보고 든 나의 생각을 한 줄은 꼭 써봅니다. 나의 나무가 나에게 들려준 이야기를 써도 좋습니다.

(4) 오감으로 관찰하라

계절에 한 번은 야외 수업을 합니다. 운 좋게 제가 사는 아파트는 야트막한 동산 하나를 끼고 있습니다. 어른 걸음으로 30분이면 정복되는 동산이지만 산책로를 따라 올라가는 길엔 사람의 손을 타지 않은 야생의 풀과 나무가 있습니다. 동산 한구석엔 꽤 오래된 참나무 숲과 숲속 놀이터도 몇 군데 있습니다. 초여름엔 아까시나무에서 코를 찌를 듯한 단내를 맡을 수 있고 가을엔 참나무 숲에서 도토리 비도 맞을 수 있습니다. 동산 꼭대기엔 동네가 다 내려다보이는 작은 정자가 있는데, 아이들이 엎드려 글을 쓰고 있으면 지나던 어르신들이 그 모습을 한참이고 흐뭇하게 지켜보다 가시곤 합니다.

"산수유 꽃이 노란 왕관을 잔뜩 꺼내 썼으니, 오늘은 야외 수업이다."

그렇게 힌트를 주고 나왔는데도 동산으로 향하는 길에 핀 노란 산수유꽃을 가리키며 "저 꽃은 무슨 꽃이게?" 하고 물으니, 2학년 아이들이 1초의 망설임도 없이 "개나리요!"라고 답합니다. 그래 놓고는 자신이 없는지 되묻는 아이도 있습니다.

"아닌가? 노란색이니까 개나리 아니에요, 선생님?"

노란 꽃은 개나리, 분홍 꽃은 진달래, 흰 꽃은 일단 벚꽃이라 불러 놓고 살피는 아이들… 저는 바로 답을 주지는 않습니다. 무슨 꽃이냐 아이들이 재차 물으면 그저 웃습니다.

"봄 하면 무슨 꽃이 떠올라?"

"민들레! 민들레 홀씨요!"

앞서가던 아이 하나가 길섶의 민들레를 툭 따서 후 하고 부니 민들레 홀씨가 와 하고 날아오릅니다. 그러자 너도나도 민들레 봉오리를 따서 홀씨를 불어 젖힙니다.

"봄은 개나리!"

"진달래요!"

"봄은 뭐니 뭐니 해도 벚꽃이지!"

아이들의 입에서 아는 봄꽃 이름이 다 나옵니다. 이번에는 이렇게 물어봅니다.

"그럼 봄 하면 어떤 음식이 떠올라?"

와글와글하던 아이들이 일제히 조용해집니다.

"…딸기?"

"야, 딸기는 겨울 아냐?"

틀린 말이 아니지요. 요즘엔 초봄보다 겨울에 딸기를 더 많이 먹는 것 같습니다.

"야, 그러면 수박도 맞지!"

아이들의 대화에서 제철 과일이 의미 없는 요즘임을 깨닫습니다. 사시사철 먹고 싶은 과일을 먹을 수 있는 시대를 살고 있습니다. 간혹 쑥이나 냉이를 말하는 친구도 있긴 하지만, 아직 제철 나물이나 제철 과일의 맛을 알기엔 이른 나이인 것도 같습니다. 질문을 바꿔봅니다.

"봄 하면 어떤 냄새가 떠올라?"

"봄 하면 어떤 소리가 떠올라?"

대답이 뜸해집니다. 아이들 머릿속에 떠오른 물음표처럼 민들레 홀씨가 어지럽게 우리를 따라옵니다.

야외 수업의 주제는 '내가 찾은 봄'입니다. 수업 목표는 '오감으로 봄 찾기'. 교실을 나서기 전 아이들에게 주제를 설명해 줍니다. 시각, 청각, 후각, 촉각, 미각 등 오감을 모두 동원하여 봄을 찾아보라 이르지만 이것이 생각보다 쉽지가 않습니다. 노란 꽃 하면 입에서 자동반사적으로 개나리꽃이 튀어나오는 것처럼 우리는 계절을 매우 정형적으로 떠올리는 경우가 많기 때문입니다. 내가 겪은 것, 내가 느낀 것에 대한 기억을 떠올리는 것이 아니라 이미 머릿속에 자리 잡은 이미지를 먼저 떠올리는 경우가 많습니다. 그 이미지는 대체로 교과서나 책, 미디어나 어른들 등 세상이 만들어놓은 이미지입니다. 자동화된 사고에 의존하다 보면 나만의 느낌과 생각이 자라날 땅이 부족해집니다. 어디 계절만 그러할까요.

'봄이 오면 개나리, 진달래 피고 나비가 나풀나풀 날아다녀요.'

틀린 것 하나 없는 문장이지만 아무런 감흥이 느껴지지 않습니다. 왜일까요? 이 문장은 봄을 말하고 있지만 그 안에 살아있는 봄은 없습니다. 누구나 알고 있는 익숙한 이미지 속에 나의 눈, 나의 몸, 나의 마음이 말하는 봄은 빠져있기 때문입니다.

> 봄이 오면 할머니는 늘 뒷산에 있다 / 쑥을 캐러 간다 //
> 쑥을 캐서 쑥떡을 만들면 쑥떡의 고소함에 / 내 마음에 봄이 온 걸 안다 //
> 내가 쑥떡이 맛있다고 하면 / 할머니는 다시 간다 / 뒷산에 쑥 캐러 간다 //
> 할머니의 쑥떡을 먹으면 / 그 고소함에 온 가족이 봄이 온 걸 안다
> ─ 풍무초 5학년 서정우, 「할머니의 쑥떡」

이 시는 정우가 '내가 만난 봄' 수업 시간에 쓴 시입니다. 어떠신가요? 쑥떡의 고소함이 봄으로 느껴지시나요? 정우가 몸으로 겪고 맛으로 기억하는 봄, 가슴으로 기억하는 봄이 느껴지시나요? 이것이 나만의 생각을 나답게 표현한 글입니다. 익숙한 언어가 아닌 나만의 감각과 기억, 관찰과 감정에서 출발한 언어, 그것만이 나의 이야기를 만들고 글을 살아있게 합니다.

반면 자동화된 사고에 익숙해지면 교과서, 미디어, 어른들에게서 들은 이미지와 정보가 먼저 떠오릅니다. 아이들은 자기 경험이나 느낌을 탐색하기보다 정답에 가까운 것을 말하려는 습관을 가지게 되고요. 이는 글에서 진짜 자기를 드러내지 못하고 표현도, 내용도 뻔한 글을 쓰게 만듭니다. 그뿐만 아니라 관찰 감각도 무디게 만듭니다. 이미 머릿속에 떠오른 '봄=노란 개나리, 나비=나풀나풀'이라는 이미지 때문에 새로운 느낌이나 사소한 변화를 놓치게 됩니다. 즉 지금 이 순간의 생생한 봄이 아닌, 기억된 봄, 주입된 봄만을 보게 되는 것이죠. 그렇게 정형화된 생각은 전형적인 표현으로 이어져 개성 없는 글, 기억에 남지 않는 글, 진심이 빠진 글을 낳게 되는 겁니다. 자동화된 사고에 의존하다 보면 나만의 느낌과 생각이 자라날 땅이 부족해진다는 말이 실감 나시나요? 자동화된 사고는 자기 안의 언어를 퍼 올리지 못하게 하여 본질 글쓰기에 다가설 수 없게 만들고 감각을 가두는 틀이기 때문입니다.

나만의 진짜 느낌을 깨우는 오감 관찰

이럴 때 필요한 것이 '오감 관찰'입니다. 우리는 시각에 아주 많은 부분을 의지해 살고 있습니다. 뇌에서 만들어지는 생각이나 판단의 80퍼센트가 시각에 의해 좌우된다고 하니, 대부분의 생각이나 판단을 시각적 정보가 결정짓는다 해도 과언이 아닙니다. 오감을 활용해 관찰하라는 말이 공익광고의 표어처럼 공허하게 들리는 이유입니다. 그보다 적극적인 감각 센서의 전환이 필요합니다. 그래서 저는 아이들의 오감을 여는 활동을 할 때 주로 눈을 감아보게 합니다.

시각을 차단하면 가장 먼저 청각이 살아납니다. 후각과 촉각도 살아납니다. 보이지 않는 것을 보기 위해 우리 몸은 다른 감각들의 날을 섬세하게 세우게 되고, 시각에 가려 미처 알지 못했던 새로운 정보들을 발견할 수 있게 됩니다. 한번 떠올려보세요. 잊을 수 없는 촉감의 기억, 냄새의 기억, 맛의 기억은 시각적인 기억보다 훨씬 짜릿하게 떠오르곤 합니다. 더 섬세하고 원초적이며 본질에 가깝습니다. 그래서 눈을 가린다는 건 우리가 태초부터 가지고 있었으나 시각에 기대어 사느라 충분히 활용하지 못했던 곤충의 눈, 동물의 눈을 깨우는 작업이기도 합니다.

저는 오감 훈련을 위해 미리 준비한 안대를 아이들 얼굴에 씌워줍니다. 그러면 길잡이 역할을 맡은 아이 하나가 나무 악기를 탁탁 마주쳐 소리를 내며 길로 이끌기 시작합니다. 눈을 가린 아이는 나무 악기의 소리만 듣고 어둠 속을 걸어야 합니다. 비교적 편평한 곳에서 하는 놀이이지만 눈을 가린 아이의 안전을 생각해 다른 아이들도 그 아이를 에워싸고 함께 걷습니다. 길잡이는 숲속 나무 중 마음속으로 정한 어느 특정한 나무 앞으로 눈을 가린 아이를 데리고 갑니다. 그러면 눈을 가린 아이는 손을 뻗어 길잡이 아이가 선택한 나무를 더듬어보는 겁니다. 나무의 둘레를 가늠해 보고, 나무가 어디서 휘어지는지, 어디에 가지가 나 있는지, 어디쯤 옹이가 있는지 손으로 세심하게 관찰합니다. 위에서 아래로, 아래에서 위로 더듬는 손길에서 아이의 마음속에 그려지는 나무의 상을 볼 수 있습니다. 냄새도 맡아봅니다. 나무도 한 번 흔들어 봅니다. 나무 주변을 발로 더듬어도 봅니다. 그리고 다시 왔던 길을 돌아가 출발지에 섭니다. 이젠 안대를 벗고 눈으로 그 나무를 찾아갈 차례입니다.

비슷비슷한 나무들이 많아도 주의를 기울여 관찰했던 아이들은 길잡이가 선택했던 나무들을 비교적 쉽게 찾아냅니다. 아이들이 무척 흥미로워하는 놀이입니다. 눈을 가리고 만난 나무를 눈으로 찾아냈을 때, 어둠 속에서 그린 그림이 실제와 맞아떨어질 때 아이들은 환호합니다. 보지 않고도 볼 수 있다는 것을 경험으로 아는 것입니다.

나무 찾기 놀이가 끝나면 오손도손 벤치에 둘러앉아 우리는 다 함께 눈을 감습니다. 귀를 열고, 코를 열고, 온몸의 감각을 열어봅니다.

"자, 다시 아까 했던 질문 해볼게요. 봄은 어떤 소리로 오나요?"

잠시 침묵이 흐르고, 답했던 아이는 가만히 있는데 다른 아이가 불쑥 끼어듭니다.

"아, 맞다! 봄은 지성이가 '더워, 더워' 하는 소리로 와요."

지성이는 더위를 많이 타서 봄부터 속에 반팔을 입는데 그래도 만날 '더워, 더워' 하는 친구입니다.

"와우, 태희에겐 봄이 지성이의 '더워,더워' 하는 소리로 오는구나!"
그렇게 호응해 주면 여기저기 "저요, 저요" 난리가 납니다.
"봄은 제 동생이 쩝쩝 짭짭 딸기 먹는 소리로 와요."
"봄은 엄마가 자전거 타고 딸랑딸랑 장 보러 가는 소리로 와요."
"봄은 조용했던 놀이터에서 친구들이 시끄럽게 떠드는 소리로 와요."
다른 감각의 기억은 또 다른 감각의 기억을 불러옵니다. 이래서 경험은 중요합니다. 기억의 창고를 여는 열쇠가 되니까요! 우리는 그렇게 한참을 오감으로 기억된 봄을 만납니다. 그렇게 감각을 깨운 뒤 이 곳의 봄을 살펴보면 훨씬 풍성한 것들을 찾아낼 수 있습니다. 소리, 촉감, 냄새가 모두 낯설게 다가오기 때문입니다.

감각은 기억의 저장소입니다. 감각을 열면 우리 몸속에 잠재되어 있던 몸의 기억을 살릴 수 있습니다. 감각의 발견은 그렇게 몸의 기억으로 장기 저장되었다가 우리가 필요로 할 때 선명한 나의 느낌과 생각으로 되살아납니다. 봄날 아빠, 엄마와 함께 나들이했던 동물원에서 사 먹은 솜사탕의 찐득찐득한 끈적임이 봄의 촉감으로 남아있기도 하고, 딸기 농장 체험에서 바구니째 놓고 먹었던 딸기의 신선함이 봄의 향과 맛으로 기억되기도 합니다. 어쩌면 오늘 아이들에겐 눈을 가리고 보행의 모든 결정을 의지했던 탁탁탁 나무 악기의 두드리는 소리가 봄의 소리로 기억될지도 모를 일입니다.

누군가는 바람에 흔들리는 꽃을 보고 "꽃이 흔들리네."라고 말하지만, 또 다른 누군가는 "꽃잎의 살랑살랑 내 마음을 간질이네."라고 표현합니다. 똑같은 장면을 보더라도 피상적인 생각과 표현을 하고 마는 사람이 있는가 하면, 오감을 동원하여 눈에 보이지 않는 느낌, 분위기, 기운까지 포착해 내는 사람이 있습니다. 오감 관찰 훈련이 중요한 이유입니다. 오감 관찰은 세상을 낯설게 보게 하고 익숙한 것들 속에서 나만의 시선과 표현을 찾게 합니다. 이 훈련은 단순히 표현을 풍성하게 만들기 위한 것이 아니라 자기 감각을 믿고 자기 언어로 사유하는 힘을 길러줍니다. 본질 글쓰기는 바로 거기서 출발하는 겁니다. 보이는 것뿐 아니라 보이지 않는 것까지 보이게 하는 힘이 여기에서 나오기 때문입니다.

실전 TIP

오감으로 관찰하고
글쓰기

집에서 손쉽게 해볼 수 있는 것이 바로 오감 관찰 글쓰기입니다. 오감을 모두 동원해 볼 수 있는 딸기, 오렌지, 귤 같은 과일이나 오이, 고구마 같은 채소, 혹은 쌀, 깨, 콩, 옥수수 등의 씨앗을 활용하면 좋습니다. 오감을 이용해 관찰하며 자기만의 느낌을 자신의 언어로 표현하는 경험을 만들어주세요. 또 대상을 함께 관찰하며 함께 이야기를 나눠보세요. 대상을 오감으로 관찰하고 오감으로 기억하는 것이 일상적 습관이 되게 해주세요. 오감이 살아있는 글을 쓸 수 있을 뿐 아니라 삶을 훨씬 풍성하게 살아갈 수 있게 될 것입니다.

1. 관찰 대상을 준비합니다.
2. 오감을 이용해 관찰합니다. 이때 오감을 따로 메모해 놓고, 관찰한 내용을 간단한 글로 메모할 수 있도록 해주세요. [본 것(모양, 색깔, 크기, 생김새의 특징) / 들은 것(소리) / 냄새 / 맛 / 촉감(손으로 만졌을 때, 먹었을 때의 식감)]
3. 관찰 대상에 대해 이야기 나눠봅니다. 관찰 대상을 더 생각해 볼 수 있는 질문을 던집니다.
    ☺ 어떤 게 제일 인상적이야?
    ☺ 이건 어떤 경로로 우리에게 왔을까?
    ☺ (씨앗의 경우) 이걸 심으면 어떻게 생긴 꽃이 필까?
    ☺ 이 열매가 맺히기까지 어떤 노력이 있었을까?
    ☺ 이걸 보니 어떤 게 더 궁금해?
4. 메모와 이야기 나눈 내용을 바탕으로 관찰 일기 형식으로 글을 씁니다. 글을 쓰기 전에 아래와 같이 다른 또래의 글을 참조하게 하면 좋습니다. 단, 똑같이 쓰면 안 된다고 말해줍니다.
5. '~처럼', '~같이'와 같은 비유적 표현을 2~3개 써보길 권합니다.

> 예시

눈으로 보았을 때 갈색이고 살구색의 길쭉한 배꼽이 있다. 그리고 길쭉한 타원형 젤리빈 모양이다. 길이는 1.6센티미터에서 1.7센티미터이다. 잘라 보니 단면은 누리끼리한 색으로, 속은 마치 아몬드처럼 생겼다. 만져보았을 때는 매끈하고 딱딱하다. 그런데 살짝 오돌토돌하다. 선생님이 삶은 강낭콩을 주셔서 먹어보았더니, 맛있긴 한데 무슨 맛인지 잘 모르겠다. 씹으면 퍼석퍼석한 감자 맛이 난다. 씹기 전에 살짝 단맛이 난다. 그리고 짭조름하다. 단짠단짠이다. 선생님이 강낭콩을 삶을 때 설탕과 소금을 넣었다고 했다. 그래서 그런 맛이 났구나. 냄새는 약간 비린내도 나는 것 같고 단 냄새도 살짝 나고… 유통기한 지난 달걀 냄새 같다.

콩을 자세히 관찰하고 글을 써보니 재미있었다. 콩에 배꼽이 있는 줄은 몰랐는데 오늘 알게 되었다. 신기했다. 다른 콩에도 있는지 봐야겠다.

— 유현초 3학년 홍채언, 「강낭콩 관찰하기」

(5) 익숙한 것을 잘 관찰하려면

관찰 훈련은 본질 글쓰기의 핵심 훈련입니다. 관찰은 아이들이 궁금해하거나 좋아하는 대상에서 시작하는 것이 좋다고 말씀드리긴 했지만 매번 그런 대상을 찾아다닐 수는 없습니다. 일상생활에서 늘 보는 익숙한 것들을 잘 관찰하는 것도 중요합니다.

아이들에게 가장 익숙한 대상은 무엇일까요? 바로 나와 내 몸, 가족, 반려동물, 친구들처럼 매일 함께하는 존재들일 것입니다. 그런데 문제는 이런 익숙한 존재들을 잘 관찰하기가 쉽지 않다는 것입니다. 아이들은 잘 안다고 여기는 대상일수록 자세히 보지 않습니다. 익숙함이 만든 함정입니다. 하지만 그 익숙함이 바로 자기 언어를 발견하는 가장 깊은 샘물이 될 수 있다는 사실을 우리는 기억해야 합니다. 본질 글쓰기는 익숙한 것을 다시 보고, 자기 감각으로 다시 느끼며, 그 경험을 자신의 언어로 풀어낼 때 비로소 시작되기 때문입니다. 그럴 때는 익숙한 대상을 낯설게 보는 작업이 필요합니다.

저는 이 작업을 위해 손을 자세히 보고, 글로 쓰는 수업을 하곤 합니다. 우리는 종일 손으로 무언가를 하며 살아가고 그래서 손이 없다는 건 생각도 할 수 없지만, 그런 수고롭고 고마운 손을 자세히 관찰해 본 적은 드물 것입니다. 찬찬히 자기 손을 들여다보면 주름, 점, 피부색, 굴곡, 손톱의 자국 하나까지 모두 새롭게 다가옵니다. 손의 생김새만이 아니라 그 손으로 방금까지 무엇을 했는지, 무엇을 잡아왔는지, 누굴 안아 주었는지까지 생각이 뻗어나갈 수 있습니다. 이처럼 익숙한 것을 낯설게 다시 보는 관찰은 단순한 묘사를 넘어 자기 삶을 다시 바라보고 새롭게 사유하는 글쓰기로 이어질 수 있습니다.

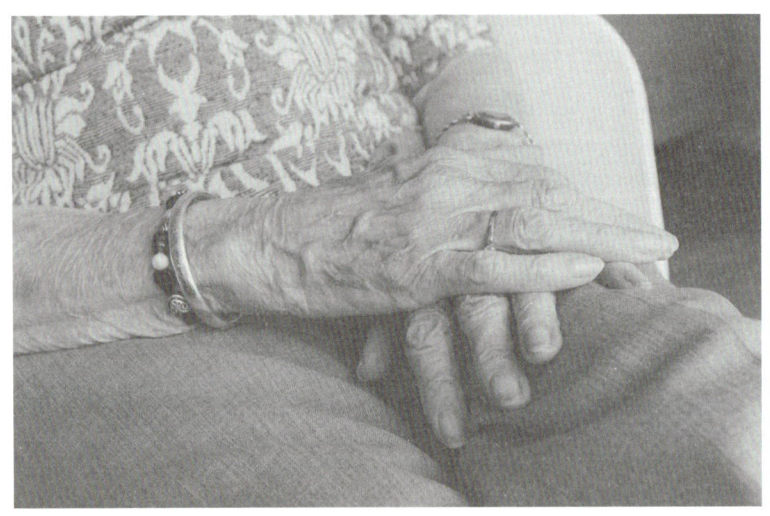

먼저 아이들과 다양한 손 사진을 살펴보며 제목 짓기를 해봅니다.

"자, 이 사진에는 어떤 제목이 어울릴까?"

"할머니의 손요."

"쭈글쭈글하고 늙은 손요."

첫 대답은 사실적인 부분에 머물러있기 마련입니다. 상상력에 드라이브를 걸 차례입니다.

"이분은 지금 무얼 하고 있는 것 같나요?"

"손을 잡고 있어요."

"왜 손을 잡고 있는 걸까요?"

"손이 심심해서요."

"손이 시리나?"

"오줌 마렵나?"

"왜 오줌 마렵다고 생각했어요?"

"오줌 마려우면 오줌이 나오지 않도록 손으로 꼭 막고 있어야 하니까요! 봐요! 거기를 누르고 있잖아요!"

"아냐! 할머니는 안 그래! 버스 기다리는 거 아녜요? 버스 정류장에서 본 것 같아요."

"맞다! 누굴 기다리나 봐?"

"누굴 기다리는 걸까요?"

"버스요."

"증손주요! 시골에 가면 증조할머니가 나 저렇게 기다리시는데…."

기다린다는 말이 많이 나와 제목을 '기다림'으로 지어봅니다. 그때부터 아이들은 바짝 긴장하기 시작합니다. 다음 사진엔 어떻게 제목을 붙여야 하는지 이제 알 것 같기 때문입니다.

아이들에게 다양한 손 사진을 보여주며 '이 손은 어떤 사람의 손일까?', '지금 무얼 하고 있는 걸까?', '몇 살쯤 되었을까?', '손에 이렇게 때가 낀 이유는 무엇일까?', '손을 잡은 사람과는 어떤 관계일까?', '이 손의 주인공은 현재 어떤 감정일까?' 같은 질문들로 아이들의 상상을 유도하다 보면 매우 다채롭고 창의적인 이야기들을 만날 수 있습니다. 다소곳이 맞잡은 손을 보고 누군가는 '게임을 너무 많이 해서 엄마한테 혼나는 손'이라고 하는 반면 '용돈을 많이 받아 순간 겸손해진 손', '피아노 대회 나가 인사하는 손'이라고 말하는 친구도 있습니다. '뭔지 몰라도 틀림없이 원하는 게 있는 손'이라 말해 다 같이 웃게 만든 친구도 있습니다. 같은 사진을 보고도 아이마다 전혀 다른 이야기를 만들어내며 각자의 경험과 상상이 깃든 표현을 펼쳐 보입니다.

관찰하는 힘이 '본질 글쓰기'의 가장 중요한 바탕인 이유

이러한 활동을 지속하다 보면 아이들의 글에는 인물의 삶과 감정을 상상해 보는 힘, 보이지 않는 것을 떠올리는 사고의 근육이 생깁니다. 단순히 '손을 봤다'고 적는 것이 아니라 그 손을 통해 누군가의 하루와 감정을 구체적인 장면과 이야기로 풀어내는 힘이 생기는 것입니다. 실제 수업에서도 처음엔 '손이 까맣다', '손이 더럽다', '손에 때가 끼었다'고 쓰던 아이들이 수업 말미에는 '저녁이 되어 피곤한 몸으로 돌아와 나를 보고 웃는 아빠의 손 같다', '힘든 하루를 보내고 집으로 돌아가는 청소부 아저씨의 손 같다'라는 문장을 써내는 변화를 보여줍니다. 이 과정을 통해 아이들이 손 하나를 매개로 대상에 대해 자기답게 생각하고 자기 언어로 표현하는 능력을 키울 수 있다는 사실을 확인했습니다. 저는 그것이 글쓰기의 본질에 한 걸음 다가가는 훈련이라고 생각합니다.

> 내 손은 조금 어두운 살구색이다. 오른쪽 손등 오른편에 작은 점이 하나 있고, 손등에 털이 많고, 손톱이 짧은 게 특징이다. 할머니 집에서 뛰다가 양손을 다쳤는데 왼쪽 손 아래쪽에만 흉터가 나있다. 내 손은

열심히 글을 쓰면 땀이 난다. 무엇이든 잡고 있어도 땀이 난다. 그리고 글씨를 많이 쓰면 아프기도 하다.

내 손이 행복할 때는 배드민턴을 칠 때이다. 배드민턴을 치고 있으면 화가 안 난다. 심지어 경기에 져도 행복하다. 배드민턴을 칠 때 행복하기도 하지만 궁금하기도 하다. 내가 이길 수 있을까 무척 궁금한데 내 손도 궁금해할 것 같다.

— 유현초 3학년 오하윤, 「궁금해하는 손」 중에서

하윤이의 글은 자신의 손에 대한 세밀한 관찰에서 시작합니다. 단순히 '내 손은 작다', '내 손은 예쁘다' 같은 표면적 묘사에 그치지 않고, 본인이 관찰한 자기 손의 특징—손의 색깔, 점, 털, 손톱의 특징—들을 하나하나 자세하게 썼습니다. 자기 자신을 낯설게 바라볼 수 있다면 늘 보던 것도 마치 처음 보는 것처럼 섬세하게 마주할 수 있습니다. 그뿐만 아니라 '내 손은 글을 쓰면 땀이 난다', '글씨를 많이 쓰면 아프기도 하다' 등등 하윤이 손만의 특징도 이야기합니다. 마지막 문단에서는 하윤이가 손을 감정이 있는 하나의 인격적 존재로 대하고 있음을 알 수 있습니다. 손이라는 대상을 매개로 상상력을 발휘하여 내면 서사를 만들고 있는 것입니다. 그래서 이 글을 읽은 우리는 하윤이의 손을 '배드민턴을 칠 때 행복해하며, 이길까 질까 궁금해하는 손'으로 기억할 수 있습니다.

아이들은 자신에 대해 잘 안다고 여기는 순간 자신의 언어로 표현하는 것을 멈추곤 합니다. 하지만 자신이 잘 알고 있는 대상을 낯설게 느끼도록 하여 다방면으로 살펴보는 훈련을 시켜주면 익숙한 대상을 새롭게 보고 자기만의 감정, 상상, 경험을 풀어내며 자기 세계를 확장해 내는 것을 확인할 수 있습니다. 남이 만들어준 이미지나 언어가 아니라 자기 감각과 언어로 세상을 바라보고 표현하는, '본질 글쓰기 바탕 가꾸기'가 시작되는 것입니다.

세상을 다르게 보는 눈, 관찰력

관찰력은 초등 본질 글쓰기의 가장 근본적인 힘입니다. 관찰은 질문에서 시작되어 또 다른 질문을 부릅니다. '왜 노나는 밥을 안 먹지?', '노나는 똥을 어떻게 싸지?', '노나가 더 크면 어떻게 되지?' 관찰과 함께 시작된 대상에 대한 이러한 질문들은 우리를 깊이 있는 관찰로 이끌어주며 세상과 사람에 대한 탐구적 자세를 키워줍니다. 앞서 언급한 다양한 방법들, 즉 궁금한 마음 들게 하기, 스토리텔링 활용하기, 특정 대상을 지속적으로 관찰하기, 오감으로 관찰하기, 익숙한 것을 낯설게 보기 등을 훈련하면 아이들은 세상의 사물과 사건을 자세히 들여다볼 줄 알게 됩니다. 그러면 아이들은 대상을 단순히 '보는' 단계에서 '이해하는' 경험을 얻게 됩니다. 단순히 겉으로 드러나는 대상의 속성뿐 아니라 그 이면에 숨겨진 이야기를 발견하는 경험도 하게 되는 것입니다. 이렇듯 관찰은 우리의 생각과 감정을 깊이 끌어내는 중요한 수단입니다.

관찰력을 키우면 아이들은 세상을 다르게 보는 눈을 얻을 수 있습니다. 그 눈을 우리는 '작가의 눈'이라 부릅니다. 작가의 눈은 꼭 책을 쓰는 작가들만이 가질 수 있는 것은 아닙니다. 나의 이야기를 가진 사람이라면 누구나 가질 수 있는 눈입니다. 여기 소개된 관찰 훈련만 잘해도 아이들은 모두 작가의 눈을 가질 수 있을 것입니다. 이제 이어지는 장에서는 이렇게 키운 관찰력에 바탕을 두고 '묘사하는 글쓰기'로 한 걸음 더 나아갈 것입니다. 눈으로 보고 마음으로 느낀 것을 살아있는 언어로 그려내는 시간입니다.

실전 TIP

익숙한 것을 낯설게 보는
글쓰기 활동

내 몸에서 시작해 가족, 내 방, 나의 물건 등으로 소재를 넓혀가면 좋습니다. 내 손뿐 아니라 발, 입, 귀 그리고 몸에 난 흉터도 좋은 글감이 될 수 있어요! 아래의 '내 손 다시 보고 글쓰기'의 순서를 활용하여 다른 부위나 다른 대상에도 적용해 보세요.

1. 손 관찰하기
☺ 자신의 손을 조용히 바라보게 합니다.
☺ 손의 색깔, 손등과 손가락의 모양과 특징, 질감, 손톱, 털, 주름 등 세부를 하나 하나 관찰하게 합니다.
☺ 본 것을 직접 노트에 그려보고, 글로도 짧게 메모해 봅니다.

2. 질문 던지기
☺ 이 손은 매일 어떤 일을 해?
☺ 이 손은 언제 가장 행복해? 언제 가장 슬플까?
☺ 이 손으로 무엇을 하고 싶어?
☺ 이 손이 가장 싫어하는 건 뭐야?

3. 감정 이입 글쓰기
☺ 내 손에게 편지 써보기
☺ 손이 내게 건네는 말 써보기
☺ 손이 하루 동안 본 것, 느낀 것 써보기
☺ 손이 주인공인 이야기 써보기

제3부

본질 글쓰기 두 번째 걸음:

묘사하기와 겪은 일 쓰기

글쓰기 바탕을 다지는 시간

글쓰기 준비가 되었다면 이제 본격적으로 글을 써보는 시간입니다. 눈으로 보고, 마음으로 느끼고, 그 경험을 자신의 언어로 표현해 보는 본격적인 글쓰기 훈련 단계입니다. 묘사하기와 겪은 일 쓰기를 통해 아이는 자신의 삶을 글로 옮기는 힘을 기르게 됩니다.

'묘사하기'는 보이지 않는 것을 보이게 하는 힘입니다. 대상을 자세히 보고 그 느낌과 인상을 글로 표현하는 훈련입니다. 묘사가 잘된 글은 읽는 이로 하여금 장면을 상상하게 만들고, 마치 그 자리에 있는 듯한 생생함을 느끼도록 합니다. 묘사력은 표현력을 기르는 가장 효과적인 방법이며 어휘력과 문장력을 키우는 데에도 큰 도움이 됩니다.

'겪은 일 쓰기'는 아이의 일상과 경험을 글로 담아내는 연습입니다. 아이들이 자신의 하루를 돌아보고 그 안에서 의미를 찾고 감정을 살펴 글로 옮기게 되는 과정입니다. 이 글쓰기를 통해 아이는 자기 삶을 주목하고 자신의 목소리를 발견하게 됩니다.

겪은 일을 구체적으로 떠올리고 묘사를 통해 생생하게 풀어내는 이 과정은 단순한 글쓰기 연습을 넘어 아이가 '자기 이야기'를 쓰는 힘을 기르게 합니다. 그리고 그 힘이 곧 아이의 글쓰기 자신감이 됩니다.

본질 글쓰기 두 번째 걸음은 아이가 글을 통해 스스로를 이해하고 표현하는 과정을 담고 있습니다. 문장력이 자라고, 표현력이 생기고, 무엇보다 '나는 쓸 수 있는 사람이야!'라는 믿음이 자라납니다. 이 믿음이 있어야 아이는 앞으로도 계속 쓸 수 있습니다. 그러면 글이 점점 더 깊어지고 힘이 생기게 됩니다.

1장

보이지 않는 것을 보이게 하는 힘, 묘사력 키우기

"그 사람 봤니? 어떻게 생겼어?" 하고 물었다가 "못생겼어", "뚱뚱해", "착하게 생겼어"라는 아이들의 단순하고 밑도 끝도 없이 주관적인 대답을 듣고 황망했던 적이 있을 겁니다. 그러면 '그렇게 답하면 어떡하냐'며 꼬치꼬치 캐묻게 되는데, 그 과정에서 아이들은 본인이 뭘 잘못했는지 몰라 상처를 받거나 자신의 생각대로 소통이 되지 않아 무작정 화를 내기도 합니다. 이런 아이들에게 필요한 것이 묘사하기입니다.

묘사란 대상을 글이나 그림으로 똑같이 그려내는 것입니다. 미술에서도 처음 회화를 배울 때 대상을 따라 그리는 연습을 합니다. 데생이라고도 부르죠. 미술 교육이 데생부터 시작하는 이유는 많은데, 먼저 관찰하는 눈을 길러주기 위해서입니다. 길이, 비율, 형태, 명암, 질감 등을 자세히 봄으로써 대상의 구조와 본질까지 꿰뚫어 보는 눈을 키우려는 것입니다. 또 눈으로 보는 대상을 손으로 그대로 옮기는 과정에서 시각적 정보를 손으로 구현해 내는 능력도 기를 수 있습니다. 세밀히 그리고, 천천히 그리고, 실수를 고치면서 인내심과 집중력까지 키우게 됩니다. 무엇보다 이 훈련을 통해 표현의 기본기를 다지며 자신만의 개성 있는 표현 방법을 모색하게 됩니다. 글도 마찬가지입니다. 데생과 같이 자세히 보고, 자세히 표현하는 훈련이 필요합니다.

본질 글쓰기에서 관찰하기와 묘사하기는 떼려야 뗄 수 없는 짝꿍입니다. 자세히 보아야 자세히 쓸 수 있기 때문입니다. 묘사란 자세히 보고, 자세히 쓰는 것입니다. 묘사가 잘된 글은 읽는 이가 직접 경험하는 듯한 몰입감을 안겨주고 글을 살아있게 합니다. 그뿐만 아니라 묘사하는 글쓰기 연습을 하다 보면 자연스럽게 언어에 대한 감각이 발달하고 표현력과 어휘력이 자랍니다. 그 과정에서 나만의 독창적인 시선이 생겨나기도 합니다. 묘사하기는 글쓰기에서 형식과 기술을 연마하는 과정이자 살아있는 글을 쓰는 동력을 키우는 과정입니다.

이 장에서는 아이들과 즐겁게 해볼 수 있는 묘사 훈련을 소개합니다. 글쓰기 근육을 키우며 글쓰기 바탕을 다지는 기초 훈련으로, 그 과정에서 문장력과 표현력도 함께 자라날 것입니다.

(1) 자세하게 쓸수록 더 선명해진다, 문장 늘리기

묘사하는 글쓰기 훈련을 위해 준비 운동으로 하는 글놀이가 있습니다. 바로 문장 늘리기입니다. 문장 늘리기 놀이에는 주로 사진을 많이 사용합니다. 먼저 사진을 보여주고 뼈대가 될 기본 문장을 아이들에게 줍니다. 사진은 되도록 단순하면서도 감정이나 행동이 뚜렷한 인물 사진이나 자연 속 동물의 모습을 포착한 사진이 좋습니다. 정물이나 풍경을 묘사하는 것은 아이들이 어려워하므로 단순한 배경의 또래 인물 사진이나 동물 사진인 것이 좋습니다. 놀이 방법은 아래와 같습니다.

문장 늘리기 묘사 놀이 방법

1. 사진을 준비합니다.
2. 뼈대가 될 기본 문장을 제시합니다.
3. 꾸미는 단어를 하나씩 추가하며 주어를 꾸밉니다.
4. 꾸미는 단어를 하나씩 추가하며 서술어를 꾸밉니다.
5. 두 문장을 하나로 합쳐 읽어봅니다.

아이들에게는 세상에서 가장 자세하고 긴 문장 만들기 놀이를 한다고 설명해 주시면 됩니다. 단번에 만드는 것보다 차근차근 한 단어씩 늘려가는 것이 재미있습니다. 아이와 마주 앉아 혹은 아이들이나 가족 모두가 둘러앉아 순서를 정한 뒤, 한 단어씩을 더해서 문장을 늘려가는 겁니다. 아무 단어나 넣으면 안 됩니다. 사진 속 대상을 정확히 설명하는 단어를 넣는 것이 관건입니다. 아래의 예시는 기린 사진을 보고 제가 지어낸 것으로 아이들과 처음 하면 절대 이 정도의 묘사가 나오지는 않으니 참조만 하시길 바랍니다.

- 기린이 있다.

- (목이 긴) 기린이 있다.

- 목이 길고 (다리가 긴) 기린이 있다.

- 목이 길고 다리가 길며 (몸통이 짧은) 기린이 있다.

- 목이 길고 다리가 길며 몸통이 짧고 (등은 뒷다리 쪽으로 경사진) 기린이 있다.

- 목이 길고 다리가 길며 몸통이 짧고 등은 뒷다리 쪽으로 경사진, (옅은 담황색 바탕에 적갈색 반점이 있는) 기린이 있다.

- 목이 길고 다리가 길며 몸통이 짧고 등은 뒷다리 쪽으로 경사진, 옅은 담황색 바탕에 적갈색 반점이 있으며, (두 눈 사이에 혹 같은 돌기가 있는) 기린이 있다.

- 목이 길고 다리가 길며 몸통이 짧고 등은 뒷다리 쪽으로 경사진, 옅은 담황색 바탕에 적갈색 반점이 있으며, 두 눈 사이에 혹 같은 돌기가 있고, 목에는 옅은 갈기가 있으며, 꼬리 끝에 털 숱이 달린 기린이 있다.

어떠신가요? '기린이 있다'는 문장에서는 어떤 기린인지 상상이 안 됐지만, 마지막 문장을 읽으면 머릿속으로 기린의 모습이 얼추 그려지는 것을 알 수 있습니다. 문장이 너무 길어 잘 읽히지 않지요. 괜찮습니다. 우선은 문장을 늘리며 사진 속 기린의 특징을 모조리 더하는 데만 신경을 씁니다. 더 이상 특징을 찾을 수 없어 누군가가 백기를 들 때까지는 계속해 봅니다. 아이들이 무척 재미있어하는 과정이기도 합니다.

자기 차례에서 그만두는 것은 있을 수 없는 일이기에 억지로 수식어를 만들어 넣기도 합니다. 크게 엉뚱하지 않으면 수용해 주세요. 꾸미는 단어의 위치나 형태를 정할 때는 어른의 도움이 필요합니다. 아이 혼자 하면 자세한 문장을 기대하기는 어렵습니다. 함께 하거나 어른이 먼저 시범을 보여주면 아이들도 곧잘 따라 합니다. 고학년의 경우, 처음 시범만 잘 보여주면 다음부터는 알아서 합니다.

여기서 끝이 아닙니다. 두 번째는 '기린이 있다'라는 원래의 문장을 다시 써놓고 서술어인 '있다'를 꾸미는 단어를 늘려가며 긴 문장을 만들어 보겠습니다. 주어를 꾸미는 문장에서 기린 외모의 특성과 생김새에 주목했다면 서술어를 꾸미는 문장에서는 기린의 행동이나 상태를 잘 관찰해야 합니다.

- 기린이 있다.
- 기린이 (초원에 서) 있다.
- 기린이 초원에 (멀리) 서있다.
- 기린이 햇살이 비치는 초원에 멀리 (조용히) 서있다. (중략)
- 기린이 햇살이 비치는 초원에 멀리 조용히 서서 천천히 주변을 둘러보며 입으로 나뭇잎을 뜯고 있다. (최종 문장)

그런 다음, 두 문장을 연결해 봅니다. 문장이 너무 길어 읽기가 수월하지 않을 것입니다. 그럴 때는 문장을 모두 끊어 단문으로 만들고 정리하는 과정을 보여줍니다. 이 과정을 함께해도 좋습니다. 그리고 나서 아이들과 직접 읽어봅니다. 되도록 하나의 특징이 하나의 문장이 되어야 읽기가 좋다는 걸 아이들에게 보여주는 것입니다. 문장을 정리하는 법은 아래의 팁을 참조하시면 됩니다.

늘린 문장 정리하는 법

1. 한 문장에 하나의 특징이 담기도록 문장을 자릅니다. 예를 들어 머리카락에 대한 묘사, 눈에 대한 묘사, 코에 대한 묘사가 한 문장이 되도록 하되 이 중에서도 수식어가 많으면 더 짧은 문장으로 만들어도 됩니다.
2. 사진을 개괄적으로 설명하는 문장을 도입부에 제시해 글의 전체 내용을 예상할 수 있게 해주세요. 그다음 세부적으로 묘사한 문장들을 배치하면 좋습니다.
3. 처음 부분에 시간적, 공간적 배경에 대한 설명을 추가하거나 본문 중 내용을 발췌해 먼저 배치합니다.
4. 세부적 문장은 방향을 정해 배치합니다. 위에서 아래로, 아래에서 위로, 왼쪽에서 오른쪽으로, 오른쪽에서 왼쪽으로, 전체에서 중심부로, 중심부에서 전체로 말입니다. 인물의 경우에는 머리-이마-눈썹-눈-코-볼-입-턱 순으로, 카메라가 위에서 아래로 천천히 얼굴을 훑는 느낌으로 배열하는 것입니다. 그러면 읽는 사람이 순서대로 차근차근 이미지를 상상해 낼 수 있어 좋습니다.
5. 마지막에는 이렇게 묘사해 본 소감을 아이에게 더해보게 합니다.

위의 방식으로 정리한 묘사 글입니다.

오후 햇살이 따뜻하게 비치는 초원의 한가운데에 기린이 한 마리 서 있다. 기린은 키가 크고 조용해 보인다. 몸 전체가 옅은 담황색 바탕에 적갈색 반점으로 뒤덮여 있다. 머리 위에는 작은 뿔 두 개가 솟아있다. 두 눈 사이에는 혹처럼 보이는 돌기가 있다. 목은 길고 부드럽게 휘어 있다. 갈기가 얕게 목을 따라 나있다. 등은 뒷다리 쪽으로 경사지며 낮아진다. 다리는 가늘고 길며 곧게 뻗어있다. 꼬리 끝에는 짧은 털 술이 달려있다.

기린은 멀리 조용히 서있다. 천천히 주변을 둘러본다. 입으로 나뭇잎을 뜯어 먹고 있다. 바람이 불 때마다 귀가 살짝 흔들린다. 이렇게 자세히 묘사해 보니 기린의 생김새와 행동이 또렷하게 떠오른다. 사진을 오래 들여다보며 놓치기 쉬운 부분까지 찾아내는 재미도 있었다. 처음에는 단순히 '기린이 있다'고만 생각했는데, 이렇게 세세하게 살펴보니 기린이 훨씬 더 특별하게 느껴진다.

단문으로 정리해 내는 일이 번거로워 그렇지, 문장이 길면 길수록 더 자세한 묘사가 된다는 것을 알 수 있습니다. 세상에서 제일 긴 문장을 만들려면 아주 작은 것까지 놓치지 않고 자세히 보고, 자세히 써야 한다는 사실도 알 수 있고요. 한 번 시범을 보여주면 다음부터 아이들은 자기들끼리 신이 나서 문장을 늘립니다. 문장 늘리기는 대상을 얼마나 정확하게 글로 그려낼 수 있는지 보여주기에 적합한 활동입니다. 관찰력과 묘사력을 기르고 보이는 사실을 자세하게 표현하는 능력과 단어를 배합하여 문장을 구사하는 능력도 키워줍니다.

이 놀이를 한 번 하고 나면 아이들 사이에서 작은 변화가 생깁니다.

"나 어제 엄청 예쁜 강아지를 봤어!"

수업 중에 누군가 이렇게 이야기하면,

"그렇게 말하면 어떻게 해! 자세히 말해줘야 우리가 알지!"

누군가의 따끔한 일침이 따릅니다. 자신이 본 것을 다른 사람도 떠올리게 하려면 자세하고 구체적으로 알려줘야 한다는 것을 깨닫게 된 것입니다. 아이들은 어릴수록 자기중심적인 사고를 합니다. 그래서 자기가 말한 것을 상대도 알고 있을 거라고 굳게 믿는 경우가 많습니다. 자기 느낌만 대충 말해놓고 왜 말귀를 못 알아듣느냐며 되레 답답해하기도 합니다. 그런 친구들에게 필요한 것이 묘사하는 글쓰기입니다.

대상을 자세히 보고 그 특징을 자세하게 쓰는 훈련은 자신이 본 세계를 또렷하게 그려내는 힘을 길러줄 뿐 아니라 아이들이 자기중심적 사고에서 벗어나 타인과 제대로 소통하는 능력을 키워줍니다. 타인에게 내가 본 것과 생각이나 느낌을 잘 전달하기 위해서는 정확하고 자세하게 표현하는 능력이 필요하기 때문입니다. 그것이 원활한 소통의 밑재료임을 알게 되는 것입니다. 본질 글쓰기가 글쓰기를 넘어 아이를 키우는 일이 되는 이유입니다.

실전 TIP

문장을 늘리는 또 다른 방법

이번에는 꾸미는 단어를 하나씩 추가하는 것이 아니라 문장의 개수를 늘려가는 방식으로 문장을 묘사해 보겠습니다. 처음에는 괄호 안의 가이드 질문을 따라 해 보고, 다음부터는 아이가 알아서 할 수 있도록 해주세요. 갓난아기가 우는 사진을 함께 보고 있다고 생각해 보세요.

1. 사진 보고 한 문장으로 묘사하기
'이 사진은 ○○이 ○○○는 사진이다'의 형식으로 간략하게 문장을 만들어봅니다.

2. 아기에 대해 3~5문장으로 묘사하기
아기는 몇 살쯤 되어 보이는지 추측한 뒤 머리 스타일이나 얼굴의 눈, 코, 입, 턱은 어떻게 보이는지 하나하나 그 특징을 묘사해 봅니다. 어떤 옷을 입고 있는지도 묘사해 봅니다.

3. 아기가 어떻게 울고 있는지 2~3문장으로 묘사하기
표정은 어떤지, 어떤 특징이 있는지, 그래서 어떻게 보이는지 등의 특징을 보이는 대로 묘사합니다.

4. 울고 있는 아기에 대해 1~2문장으로 추측하기
마지막엔 아기가 왜 울고 있는 것 같은지, 아기를 보는 부모의 마음은 어떨지 덧붙여 봅니다.

(2) 눈을 감아도 그림이 그려지는 글쓰기, 얼굴 묘사

선생님 얼굴은 계란형,

머리카락은 길고 갈색이다.

이마는 미끌미끌,

눈썹은 평편하고 길다.

눈 흰자위에 있는 눈동자는 태양처럼 빛난다.

코는 오똑하게 서있다.

입은 핑크색이고,

빛나면서 매끈매끈하다.

턱은 계란의 아랫부분 같다.

목에는 다이아몬드처럼 빛나는 목걸이를 했다.

옷은 검은색 티셔츠에 회색 코트를 입고 있다.

선생님 얼굴을 글로 묘사해 보니 신기하다.

눈을 감아도 그림이 그려진다.

— 유현초 2학년 윤태희, 「선생님 얼굴」

이 글은 태희가 2학년 때 제 얼굴을 묘사한 글입니다. 태희는 글의 마지막 부분에서 이렇게 이야기하네요. "선생님 얼굴을 글로 묘사해 보니 신기하다. 눈을 감아도 그림이 그려진다"라고 말입니다. 눈을 감아도 그림이 그려지게 쓰는 것. 맞습니다. 그것이 바로 묘사입니다.

'눈에 보이듯 써야 한다!' 대학에서 글쓰기를 배울 때 저의 선생님들은 관찰과 묘사의 중요성을 수없이 강조하셨습니다. 문장력이야말로 글쓰기의 기본인데, 그 바탕은 거기에서 나온다는 것이었습니다. 저는 과거 해오름평생교육원에서 관찰 및 묘사를 위한 기초 훈련과 아이들의 눈높이에 맞는 활동을 연계시킨 방법론을 만나 반가웠던 기억이 있습니다. 이 책에 실린 훈련법 중에는 그때 배웠거나 영감을 얻어 발전시킨 것들도 꽤 있습니다. 중요한 것은 반복입니다. 글쓰기 훈련의 필요성을 절박하게 느끼지 않는 아이들에게 그 방법론을 꾸준히 적용하려면 우선 아이들에게 좀 재미있어야겠지요. 이 책에서는 아이들이 제일 좋아했던 방법들만 소개했습니다.

문장 늘리기 훈련이 시들해지면 얼굴 묘사하기로 넘어갑니다. 아이들이 가장 좋아하는 묘사 활동 중 하나가 '얼굴 묘사하기'입니다. 선생님, 부모님, 친구 등 가까운 인물의 얼굴부터 묘사하게 하면 좋습니다. 익숙한 사람의 얼굴을 자세히 들여다보고 글로 그리는 것은 단순한 글쓰기 이상의 경험을 선사하기도 합니다. 평소 그냥 지나쳤던 눈썹의 모양, 입술의 모양, 얼굴의 점까지 세심하게 인지하면서 아이들의 시선이 달라지는 걸 느낄 수 있습니다. 상대를 더 잘 알게 되었다는 기쁨과 자신감이 엿보이기도 합니다. 이 경험은 익숙한 대상을 낯설게 바라보게 하며 관찰력과 묘사력을 키워주는 동시에 눈을 감아도 그려지는 글쓰기로 이어지게 합니다. 아이들이 얼굴 묘사하기를 하고 난 뒤 자신 있어 하는 이유는 누군가의 모습을 자신의 언어로 재현한 데서 오는 뿌듯함인 것도 같습니다.

이뿐 아니라 얼굴을 바라보며 글을 쓰는 과정은 단순한 묘사를 넘어 타인을 깊이 이해하는 훈련이 되기도 합니다. 묘사는 결국 사람을 더 잘 보는 연습입니다. 얼굴 묘사하기는 아이들에게 관찰의 눈과 표현의 손, 그리고 공감의 마음을 동시에 길러주는 글쓰기라 저 역시 좋아하는 수업이기도 합니다. 가만가만 아이의 따뜻하고 애정 어린 시선을 느끼고 싶다면 얼굴을 한번 내어주시길 권합니다. 자신이 사랑하는 엄마, 선생님, 친구의 얼굴을 묘사하면서 신이 난 아이들의 모습을 볼 수 있습니다.

얼굴 묘사하기 수업을 할 때는 먼저 유명한 자화상으로 모의 훈련을 해보면 도움이 됩니다. 윤두서의 자화상이나 고흐 혹은 프리다 칼로의 자화상을 함께 보면서 다 같이 말로 묘사를 먼저 해보는 겁니다. 인물이든 정물이든 풍경이든 멈추어있는 것을 묘사할 때는 앞 장에서 말씀드린 것처럼 순서와 방향을 정해 묘사하는 것이 좋습니다. 얼굴 묘사를 할 때는 먼저 얼굴형이나 얼굴 전체에 대해 묘사한 뒤 머리에서 턱으로 혹은 턱에서 머리로 차근차근 묘사해야 합니다. 머리 스타일은 어떤지, 이마는 어떤지, 눈썹은 어떤지, 눈과 눈 밑, 코, 볼, 인중, 입술, 턱의 특징을 한두 가지씩 돌아가며 먼저 말해본 뒤 글로 쓰면 훨씬 자세하게 쓸 수 있습니다. (하정숙,「초등 전학년 글쓰기 16차시 계획: 문장력을 기르는 글쓰기 프로그램」,『배워서 남주자』통권 146호, 22~26쪽, 해오름, 2018 참조)

묘사 실력을 키우는 비유 활용하기

이때 아이들에게 비유에 대해 알려주고 글쓰기에 적용하게 유도하면 글이 훨씬 감칠맛 나고 재미있어집니다. '마치 ~처럼', '~와 같이' 같은 조사를 넣어 빗대어 표현하는 직유법을 활용해 보게 합니다. 일종의 글쓰기 미션처럼 주면 귀찮아하지 않고 곧잘 응용합니다. "머리카락이 수세미처럼 엉켜있다", "눈썹이 마치 하늘을 날고 있는 갈매기 같다", "귀가 당나귀 귀처럼 길고 치솟아 있다" 등의 비유는 읽는 이로 하여금 심상을 불러일으키고, 생동감을 느끼게 합니다. 묘사하고자 하는 대상이 훨씬 선명해지는 효과가 있습니다. 상투적이고 전형적인 비유를 쓴 아이보다는 독창적이고 개성적인 비유를 쓴 아이에게 조금 더 지지를 보냅니다. 그리고 비유를 지나치게 남발하지 않도록 개수를 2~3개 정도 제한해 두는 것이 좋습니다.

> 선생님 얼굴형은 둥글넙쩍하고 광대뼈가 볼록하게 튀어나와 있다. 머리카락은 왁스 바른 것처럼 거칠고 엉켜 있다. 이마는 좁고 M자 이마이다. 눈썹은 송충이처럼 굵고 진하다. 선생님의 눈은 작고 동그랗다. 눈 위에는 안경이 있다. 사각형이다. 코는 넓고 들창코이다. 그리고 벌렁거린다. 인중은 짧고 그 위에 거칠게 수염이 나 있다. 입술은 두 개의 산이 있고 두껍다. 볼 전체에는 수염이 뾰족하고 거칠게 나 있다. 들판에 풀이 나 있는 것 같다.
>
> ─『선생님 과자』(장명용 글, 김유대 그림, 창비, 2007) 중에서

얼굴 묘사하기 활동을 할 때 비유에 대한 예시로 보여주는 글입니다. "머리카락은 왁스를 바른 것처럼" 엉켜있고, "눈썹은 송충이처럼 굵고 진하"다는 표현을 읽을 때 아이들 눈에는 금세 장난기가 어립니다. 또 "수염이 들판에 풀이 나 있는 것 같다"는 표현도 참 인상적이지요. 글을 먼저 읽고 사진을 보여주면 아이들은 정말 그렇다며 박수칩니다. 이렇게 아이들에게 새로운 글쓰기 방법을 알려주거나 새로운 형식의 글쓰기를 할 때는 예시를 보여주는 것이 좋습니다. 설명만 듣고 쓰려면 막막하지만, 예시로 쓴 글을 읽고 나면 자신도 할 수 있겠다는 자신감이 생기기 때문입니다. 보통은 잘 쓴 또래 친구들의 글을 보여줍니다. 아이들은 친구들의 글로 가장 많이 성장하기 때문입니다. 잘한 것은 닮고 싶고, 베끼고 싶고, 훔치고 싶고, 끝내 뛰어넘고 싶어지죠. 글쓰기에도 그 마음이 필요합니다.

본질 글쓰기 두번째 걸음에서 가장 큰 목표는 글 쓰는 재미와 함께 아이들에게 '나도 할 수 있다'는 자신감을 심어주는 것입니다. 이미 완성된 다른 아이의 글에서 배운 것, 닮고 싶은 것과 내가 표현하고 싶은 것 사이에서 나다움을 찾으며 글을 쓰다 보면 잘 쓰고 못 쓰고를 떠나 '해냈다'는 성취감을 얻습니다. 그 성취감이 곧 글쓰기 자신감으로 이어집니다. 주어진 조건에 맞게 글을 써냈다면, 또 주어진 분량과 주제에 맞게 써냈다면 그 글은 무조건 잘 쓴 겁니다! 충분히 칭찬받을 자격이 있습니다. 이렇게 놀이처럼 묘사하는 훈련을 하며 아이들은 문장력과 함께 글쓰기 자신감을 차곡차곡 쌓아나갈 수 있습니다.

실전 TIP

내 얼굴 묘사해 보기

내 얼굴 묘사하기도 아이들이 좋아하는 묘사 글쓰기 중 하나입니다. 초등 중·고학년들은 자기 얼굴을 묘사하며 나름의 새로운 통찰을 얻기도 합니다. "내 코는 높은 편이에요? 낮은 편이에요?", "내 눈은 큰 편이에요, 작은 편이에요?" 하고 아이들이 물을 것입니다. 아직 자기 기준이 안 생겨서 그렇습니다. 그럴 때 잘 대답해 주면 자기 얼굴에 대한 자신감도 얻을 수 있습니다.

1. 손거울이나 얼굴이 정면으로 잘 나온 자신의 사진 한 장을 준비합니다.

2. 거울이나 사진을 통해 자신의 얼굴을 자세히 관찰합니다.

3. 자세히 관찰한 것을 종이에 그리며 평소 자신이 생각한 얼굴과 같은지, 특이하거나 새롭게 알게 된 것은 없는지 살펴봅니다.

4. 글로 자신의 얼굴을 묘사해 봅니다. 먼저 전체적인 얼굴형이나 인상, 특징을 쓴 뒤 머리에서부터 차근차근 아래로 내려오면서 써봅니다. 인상적인 부분은 좀 더 자세히 씁니다.

5. 비유를 3가지 정도 활용해 묘사합니다.

(3) 설명하지 않고 보여주는 글쓰기, 행동 묘사

『묘사의 힘』(샌드라 거스, 월북, 2021)에서는 어떤 내용을 그냥 말하듯 쓰는 것과 묘사를 통해 보여주는 것의 차이를 이렇게 비유하고 있습니다. "말하기는 어떤 사고가 일어난 다음 날, 그 사고에 대한 기사를 읽는 일과 같고, 보여주기는 사고가 일어나는 순간 그 사고를 목격하고 날카로운 금속 마찰음과 다친 사람들의 비명을 직접 듣는 일과 같다."라고 말입니다. 그렇습니다. 묘사의 힘은 강력합니다. 묘사는 우리를 칠흑 같은 밤 "짐승 같은 달의 숨소리가 손에 잡힐 듯" 고요한 메밀밭에 서있게도 하고, 소나기가 내리는 어느 날 "비에 젖은 소년의 몸 내음새가 코에 확 끼얹어지"며 가까이 다가선 소년의 등 때문에 꽃다발이 뭉그러져도 가슴이 콩닥콩닥 설레고 마는 첫사랑의 경험을 하게도 합니다.

소설이나 에세이류의 글을 쓰는 이들은 묘사를 통한 'Showing'(보여주기)의 힘이 얼마나 강력한지 잘 압니다. 하지만 아이들에게 묘사의 중요성을 설명하기란 쉽지 않습니다. 동기부여 자체가 힘드니까요. 그래도 걱정할 건 없습니다. 자세히 보는 훈련, 자세히 쓰기 훈련이 되면 묘사가 저절로 되기 때문입니다. 아이들은 본 대로 쓰고, 행동한 대로 씁니다. 굳이 행동이나 사건을 해석하여 자기 식대로 말하려 하지 않습니다. 행동의 의미를 육감적으로 알고 쓰는 아이들도 있긴 하지만 대부분은 그냥 있는 그대로 씁니다. 그런데 우리의 행동은 그 자체로 많은 의미를 내포하고 있기 때문에 아이들이 솔직하게 쓴 글이 생동감 넘치고 감동적으로 느껴지는 것입니다.

모든 행동에는 이유가 있다

> 마지막 투호를 던졌다. 나는 꼼수로 시원이를 이겼다. 비석치기는 시원이가 이겼다. 닭싸움을 시작했다.
> "시작!"
> 선생님이 말씀하셨다. 시원이의 기세에 나는 조용히 다리를 내렸다.
>
> ― 이음초 4학년 김현항, 「전통 놀이 하던 날」 중에서

4학년이 되면서 현항이와 시원이는 사사건건 대결 구도입니다. 시원이는 발달이 빨라 키가 크고 운동을 잘합니다. 나이 차가 많이 나는 삼 형제 중 둘째인 데다가 맞벌이하는 부모님 밑에서 늘 자기 일을 스스로 챙기는 환경에서 자라 또래들보다 어른스럽습니다. 글쓰기 수업도 오래 받아 여유가 있습니다. 그에 비해 현항이는 키가 작고 몸집이 왜소합니다. 또 몸싸움에서 밀리는 걸 무엇보다 싫어합니다. 다행히 날래고 운동 신경이 좋아 웬만한 신체 활동에서 밀리지 않습니다. 모범생인 누나가 있어 그런지 공부며 책 읽기, 글쓰기 모두 잘하고 싶은 마음이 매우 큽니다. 글쓰기 수업은 시원이보다 늦게 시작했습니다. 그래서인지 수업 중에 하는 모든 활동에서 현항이는 시원이를 이기고 싶어 합니다.

 매사 악착같이 기를 쓰고 하니 사실상 여러 활동에서 현항이가 이기는 경우가 많습니다. 다른 데서 늘 이기는 시원이라 현항이한테는 밀려도 보통 허허 웃고 넘어갑니다. 하지만 이런 일이 쌓이고 쌓이면 시원

이도 가만히 있지 않습니다. 상대가 꼼수를 써서라도 이기려고 할 때는 더 그렇습니다. 그럴 때는 시원이의 온몸에서 푸른빛의 에네르기파가 뿜어져 나오는 게 느껴집니다.

'아, 여기서 더 하면 안 되겠구나!'

아마도 현항이는 시원이의 그런 기세를 읽었나 봅니다. 조용히 다리를 내리고 스스로 패배를 청합니다. 현항이의 글에 보이는 그 마음이 참 솔직하고 사랑스럽습니다. 둘이 여태껏 잘 지내는 방식입니다.

닭싸움을 마치고 씨름을 했다. 씨름을 하는데 신현승이 내 바지를 내리려고 했다. 심지어 내 거기를 차버렸다. 그럼에도 불구하고 씨름도 내가 이기고 말았다.

모든 민속놀이 체험을 마치고 산으로 내려오다가 윌슨이 사라진 걸 깨달았다. 내가 소리쳤다. 윌슨은 내가 고무 테이프로 만든 인형이다.

"안 돼! 내 윌슨이 사라졌어!"

그러자 신현승이 말했다.

"여기 있잖아, 바보!"

가만히 생각해 보니, 신현승은 오늘 시작할 때부터 끝날 때까지 나한테 '바보, 멍청이'라고 말하고 있었다. 그래서 도토리를 주워 신현승에게 던졌다. 신현승은 나뭇가지 창을 내게 던졌다.

'다음에 봐! 가만히 안 둘 거야!'

마음속으로 생각했다.

― 유현초 4학년 김명진, 「기다리고 기다리던 야외 수업」 중에서

현승이와 명진이는 절친 사이입니다. 권투 학원도 같이 다니고 어머니들끼리도 서로 신뢰가 두터우며 무엇보다 둘의 티키타카가 매우 좋습니다. 그런데도 명진이는 늘 억울한 마음이 있습니다. 현승이가 말도 더 잘하고, 반응이 빠르고, 상황 대처 능력이 탁월하기 때문입니다. 자기는 늘 무엇이든 죽을 둥 살 둥 열심히 해서 얻는 편인데 현승이를 보면 뭔가 당하는 기분이고, 손해 본 기분이 들곤 하나 봅니다. 남자 친구들인지라 그런 마음은 늘 티격태격하는 몸싸움으로 이어집니다. 덕분에 저는 가끔 복식으로 굵은 아저씨 목소리를 내고는 합니다. 이날도 명진이는 현승이 때문에 약이 바짝 올라 다투다 결국 제게 주의를 받고 말았습니다.

저는 아이들에게 행동 묘사하기를 할 때 상황을 설명하지 말고 자신이 한 행동을 하나하나 쪼개어 구체적으로 쓰라고 합니다. 현항이가 '시원이와의 대결을 그만두었다'라고 쓰지 않고 '나는 다리를 내렸다'고 쓴 이유입니다. 현승이와 명진이가 '둘이 싸웠다'고 말하지 않고, '현승이가 창을 던지고 나도 던졌다'고 쓴 이유입니다. 그리고 대사와 생각을 살려 쓰는 것도 강조합니다. 현장감 있고 생생한 장면을 쓰려면 대사와 생각을 각각의 따옴표 속에 잘 살려야 합니다. 그 상황에서 한 모든 말을 다 쓰는 게 아니라, 그 상황과 사건의 흐름 속에서 중요하다 싶은 말과 생각만 쓰라고 말합니다. 또 내가 이런 행동을 했을 때 상대방의 반응이 어떠했는지 놓치지 말고 관찰했다가 쓰라고 합니다. 상대방의 말과 행동에 나는 어떻게 반응했는지도 되돌아보고 타인의 눈으로 보면 어땠을지 생각하며 써보라고 합니다. 모든 행동에는 다 이유가 있기 때문입니다. 그 이유를 생각해 볼 시간을 갖게 하는 것은 행동 묘사하기의 의미를 이론으로 가르치는 것보다 훨씬 많은 의미가 있습니다. 갈등이란 것은 이 구체적인 반응과 행동에서 시작되고 키워지는 것이기 때문입니다.

갈등 상황에서의 글쓰기를 통해 나와 타인을 구체적으로 들여다보는 경험은 아이들이 자신이 어떤 상황에서 어떻게 반응했는지 객관적으로 바라볼 수 있게 해줍니다. 이런 글쓰기 경험은 아이들이 단순한 회상이나 감정 표현을 넘어 자신의 모습을 성찰하고 한 뼘 더 성장하는 발판이 될 수 있습니다. 자신의 삶을 건강하게 바라보고 풀어내는 힘을 줄 수도 있고 말입니다. 글쓰기의 본질적인 힘이기도 하지요!

보이지 않는 감정을 보이게 하는 힘, 행동 묘사

이 수업에서 저는 감정을 행동으로 묘사하는 것을 많이 보여줍니다. 희로애락의 감정이 우리를 찾아왔을 때 우리의 몸은 그에 반응합니다. 또 감정은 행동을 유도합니다. 감정은 눈에 보이지 않지만 행동은 구체적으로 눈에 보입니다. 그래서 누군가의 감정 상태를 알려면 그 사람의 행동이나 표정을 찬찬히 관찰하는 것이 더 유용할 때가 많습니다. 이때는 글을 쓰기 전에 말로 예를 들어 주면 좋습니다. 가령 선생님이 화가 났을 때 생기는 몸의 반응, 화가 나거나 기뻐서 하는 행동들, 그리고 주변의 반응을 말로 줄줄 읊어주는 것입니다. 이것은 '선생님이 화가 났다'는 문장을 어떻게 더 생생하고 재미있게 묘사할 수 있는지 보여주는 예가 됩니다.

"자, 봐! 준기가 오늘도 '싫어요'라고 말하자 선생님은 얼굴이 벌게졌다. 콧구멍이 넓어지고 숨소리가 거칠어졌다. 눈에서는 레이저 광선이 나왔다. 모든 것을 불태워버릴 듯한 눈빛이었다. 그런 채로 쿵쾅쿵쾅 티라노사우루스의 걸음으로 준기에게 다가와 준기의 어깨를 잡고는…. 뭐라고 했게?"

"준기 오빠, 한 번만 해줘잉. 애교를 떨었다."

"겟 아웃! 나가아아아! 고함을 치셨다."

"자, 이긴 사람이 술래! 하나, 둘, 셋 가위바위보를 하셨다."

아이들이 깔깔깔 뒤집어집니다. 이때 과장과 유머는 필수입니다. 이걸 본 아이들은 금세 따라 하고 싶어 합니다. 다음 편으로, 주로 각 집의 엄마들이 소환됩니다. 저는 이 수업을 하고 나면 학부모들이 평소 어떻게 화를 내시는지 환히 알게 됩니다. 수업이지만 놀이 같은 활동을 통해, 아이들은 감정을 단어 그대로 말하지 않고 행동 묘사로 보여주었을 때 훨씬 더 재미있고 생생하게 다가온다는 것을 경험합니다.

"쾅!"

도윤이가 책상을 내리쳤다. 갑자기 분위기가 싸해졌다. 도윤이는 한숨을 깊게 내쉬었다. 목을 좌우로 한 번씩 꺾기도 했다. 콧구멍이 넓어졌다 좁혀졌다 했다. 표정은 진지했다. 도윤이가 소리 나게 의자를 밀고 일어나더니 방으로 들어가 버렸다. 선생님의 얼굴이 귤처럼 울긋불긋해졌다. 눈썹이 일자가 되었다. 우리는 궁금한 표정으로 도윤이가 들어간 방을 쳐다보고 있었다. 그때였다. 레오가 오줌을 싸며 부들부들 떨었다. 그러더니 마치 자율주행자동차처럼 화장실로 스스로 걸어 들어갔다.

수업이 얼음장처럼 차가워졌다.

— 유현초 5학년 김명진, 「행동 묘사하기 수업 시간에 있었던 일」

제 아들이 함께하는 글쓰기 수업 시간에 친구인 명진이가 쓴 행동 묘사 글입니다. 제 아들은 당시 사춘기에 접어들어 감정의 기복이 심하고, 때로 부정적인 감정이 거친 행동으로 이어지기도 했습니다. 무엇보다 아들은 선생님 아들이라서 억울한 일이 많습니다. 그날도 여느 때처럼 제 편은 들어주지 않고 중재하기에만 여념이 없는 엄마가 못마땅했던 아들은 거칠게 행동하다 결국 교실을 이탈하고 말았습니다. 묘사하기 수업은 신나게 했지만 막상 쓰려니 떠오르는 게 없던 명진이는 "이때다!" 하고 눈앞에 펼쳐지는 행동들을 하나하나 노트에 적어내려 갔습니다. 행동과 표정 묘사가 명진이의 빠른 손놀림 아래 펼쳐지고 있었습니다.

수업 시간에 배운 대로 '선생님이 화났다'는 말 대신 '선생님의 얼굴이 귤처럼 울긋불긋해졌다. 눈썹이 일자가 되었다'고 표현했습니다. 그런데 그때 하필 반려견 레오가 저와 아들의 서슬에 놀라 오줌을 싸고 말았습니다. 원래도 레오는 어릴 때부터 제가 아들을 혼내면 오줌을 싸는 버릇이 있습니다. 그러더니 스스로 벌을 받으러 화장실로 걸어 들어간 것입니다. 명진이의 글처럼 아이들은 '이게 웬 떡이냐'며 글을 쓰기 바빴지만 당시 수업 분위기는 얼음장처럼 차갑기만 했습니다. 아들의 희생으로 명수업이 탄생했습니다!

행동 묘사하기를 통해 아이들은 감정을 단순한 감정어로 표현하는 것을 넘어서, 몸의 반응과 행동을 글로 풀어내는 훈련을 하게 됩니다. '화났다', '슬펐다', '짜증 났다'는 말로는 다 담아낼 수 없는 감정의 결을 눈빛, 숨소리, 손짓, 몸짓 등 행동의 언어로 구체화하면서 아이들은 자신의 감정을 더 깊이 들여다보게 됩니다. 그 과정은 자기 성찰과 감정 조절 연습이 되기도 하지요. 더불어 이런 글쓰기 훈련은 표현의 차원을 넘은 관찰과 재현의 능력도 키웁니다. 다른 사람의 감정 표현을 주의 깊게 살피면서 감정이 어떤 행동으로 나타나는지, 외부 세계를 예민하게 인식하는 감각을 기릅니다. 행동 하나하나를 놓치지 않고 붙잡아 글로 옮기는 이 작업은 아이들에게 '장면을 재현한다'는 것의 의미를 알게 해주고, 그 안에서 사건의 핵심을 포착하는 능력도 함께 키워주는 것입니다.

또한 행동 묘사는 아이들에게 글을 재미있게 쓰는 방법이자 자연스럽게 감정의 응어리를 푸는 통로가 되기도 합니다. 그날 수업처럼 교실 안에 갈등이 흐르던 상황에서도, 아이들은 상황을 피하거나 무디게 적지 않고 있는 그대로 관찰하고 표현함으로써 오히려 사건의 맥락을 이해하고 거리 두기를 할 수 있게 됩니다. 감정을 다루는 법, 갈등을 마주하는 법을 글쓰기를 통해 자연스럽게 배우는 것입니다. 결국 행동을 묘사하는 글쓰기는 잘 활용하면 아이가 자기 삶을 들여다보고 감정과 갈등을 정리하며 한 뼘 자라나게 하는 성장의 시간이 될 수 있습니다. 말

대신 글로, 판단 대신 관찰로 풀어내는 글쓰기. 이것은 바로 본질 글쓰기가 아이들에게 줄 수 있는 선물이기도 합니다.

실전 TIP

집에서 해볼 수 있는
행동 묘사하기

본문에서 말한 행동 묘사 글쓰기를 일기 대신 해보세요. 생활 글쓰기의 소중한 기초가 됩니다.

1. 어떤 장면 묘사할지 고르기
☺ 아침 10분, 등굣길 10분, 학교 쉬는 시간 10분, 잠들기 전 10분 등 활동적인 행동이 많았던 시간, 혹은 갈등이나 재미있는 이야깃거리가 있었던 시간을 고릅니다.

2. 그 순간 장면 떠올리기
☺ 아이가 눈을 감고 묘사할 순간에 있었던 일을 가만히 떠올리게 해주세요. 기억을 도와줄 굵직한 사건들을 간단하게 메모하고 시작해도 좋습니다.

3. 배경 먼저 쓰기
☺ 때와 장소, 등장인물을 먼저 쓸 수 있게 합니다.

4. 행동 묘사하기
☺ 있었던 일 중 주요 등장인물의 행동을 일어난 순서대로 짧게 쪼개서 쓰게 합니다.
☺ 대사는 큰따옴표, 생각은 작은따옴표에 살려 씁니다.

5. 다 쓴 글 읽으며 기억 더하기

⑷ 흐르는 강물처럼 감정을 흘려보내는 연습, 감정 묘사

> 걱정이다 걱정 걱정이다 걱정
>
> 나는 글을 잘 못 써서 걱정이다
>
> 쓰려 하면 생각 1도 안 난다
>
> 맨날 맨날
>
> 아무런 생각 1도 안 난다
>
> — 새빛초 3학년 박규원

3학년 규원이가 감정 묘사 수업에서 마음 열기 활동으로 부른 노래입니다. 백창우 작곡가의 동요 '걱정이다 걱정'을 개사한 이 노래에는 글을 쓰려면 아무 생각이 나지 않는다는 고민이 담겨 있습니다. 규원이처럼 '글을 못 써서 걱정'이라는 아이들이 많이 있습니다. 주로 그런 아이들이 저를 찾아옵니다. 그 아이들과 수업을 해보면 아이가 가진 언어 능력, 국어 실력, 작문에 대한 재능 여부보다는 다른 내면의 문제가 있는 경우가 더 많았습니다.

규원이는 수업을 성실히 따라오면서도 글쓰기 시간만 되면 기운이 쭉 빠지는 모습이었습니다. 마치 시든 배춧잎처럼 축 늘어진 채 앉아 글쓰기를 힘들어했죠. 초기 상담 시 어머니가 우려했던 문해력이나 독서량의 문제만은 아닌 걸로 보였습니다. 규원이는 남들보다 글쓰기 장벽이 높았고, 무엇보다도 자기 감정을 드러내는 데에 익숙하지 않았습니다. 감정조차 이름 붙여 말하기 어려운 상황에서 글을 쓰는 일은 고

된 노동이었을 것입니다.

그때 떠오른 것이 바로 '나만의 감정 사전 만들기'였습니다. 코로나19로 모두가 지쳐있던 시기였습니다. 아이들이 자신의 감정을 인식하고 표현하도록 돕는 방안으로 감정 단어 공부 형식을 빌려 감정 일기 쓰기를 제안했습니다. 매일 감정 어휘 목록에서 자신이 느낀 감정을 골라 단어의 사전적 의미를 쓰고, 그 감정을 느낀 이유와 신체적 반응, 그리고 머릿속에 떠오른 생각이나 다짐을 세 문장으로 적는 간단한 구조였죠. 규원이만 따로 시킨 것이 아니라 함께 글공부하는 친구들 모두에게 내준 숙제라 규원이는 처음에는 조금 귀찮아했지만 큰 거부감 없이 숙제를 해 왔습니다. 감정 일기를 보고서야 저는 규원이가 가진 문제의 실체를 조금 더 선명하게 깨달을 수 있었습니다.

신나다

뜻: 재미있고 즐거워서 기분이 좋아진다

나는 오늘 클라이밍을 해서 신났다. 물집이 터진 자리가 아팠지만 멈추지 않고 계속했다. 내일 또 하고 싶다.

설레다

뜻: 마음이 들떠서 두근거리다

오늘 혼자 집에 있어서 설렜다. 복도에서 농구하고, 좋아하는 포도를 잔뜩 먹었다. 가족들이 자주 나갔으면 좋겠다.

규원이의 글을 보면 겉보기엔 긍정적인 감정으로 하루가 채워지는 것 같았지만, 상황을 읽어보니 전혀 그렇지 않다는 것을 알 수 있었습니다. '물집이 터지고도 계속 클라이밍을 했다'는 건 신남보다는 인내 혹은 강박에 가까울 수 있고, '가족이 모두 나가 혼자 남은 집'에서 느낀 설렘은 어쩌면 외로움이나 해방감의 또 다른 표현일 수 있습니다. 저는 이 간극이 마음에 걸렸습니다. 그리고 어머니와의 상담을 통해 규원이가 입양된 아이라는 사실을 알게 되었습니다. 집안은 다복하고 성공적인 분위기였지만, 규원이는 늘 '그 집의 일원으로서 어울리는 아이가 되어야 한다'는 압박감을 내면에 품고 있었던 것입니다. 감정을 솔직히 표현하는 일이 규원이에게는 두렵고 익숙하지 않은 일이었습니다. 그래서 글쓰기도 어려웠던 것이지요.

　규원이가 선택한 단어와 상황 사이의 간극은 글쓰기에서 진실한 감정을 아는 것이 얼마나 중요한가를 보여줍니다. 감정을 인지하지 못하면 자신이 처한 상황을 언어로 표현하는 것도 불가능해집니다. 이것이 바로 규원이가 글쓰기를 힘들어했던 본질적인 이유였던 것입니다. 이는 크고 작은 문제를 가진 보통의 아이들에게도 마찬가지입니다. 제가 글쓰기 수업을 하며 아이들의 학년이 올라갈 때마다 형태를 바꿔가며 감정 수업을 하는 이유도 바로 그 때문입니다.

감정의 정확한 이름을 불러주는 일이 곧 내 삶을 세우는 힘!
감정은 글쓰기의 출발점입니다. 글은 기술이기 전에 표현이고, 표현은 감정에서 나옵니다. 감정을 정확히 인식하지 못하면 삶의 경험도 언어로 정리되지 않습니다. '신나다', '설레다'라는 단어 뒤에 숨어있는 진짜 감정을 붙잡아야 비로소 진실한 글이 됩니다. 그렇기 때문에 아이들에게 필요한 것은 감정에 '정확한 이름을 붙이는 일'입니다. 아이들은 감정을 뭉쳐서 말하는 데 익숙합니다. 모든 부정적 감정을 '짜증'으로, 모든 평가를 '좋아요', '싫어요' 같은 이분법으로 처리하는 식입니다. 이런 표현 습관을 가진 아이는 자기 감정에 둔감한 어른으로 자랄 위험성이 있습니다.

예를 들어 '밉다'라는 감정에도 '얄밉다', '경멸하다', '혐오하다', '증오하다' 같은 다양한 어휘가 존재합니다. 모두 미운 마음을 나타내는 단어이지만, 단어마다 섬세한 의미의 차이가 있습니다. 얄밉다는 상대방의 말과 행동이 약아빠지거나 간사해서 생긴 가벼운 미움입니다. 경멸은 매우 싫어하고 미워하는 감정입니다. 여기엔 상대를 무시하고 낮추어 보는 태도가 포함되어 있습니다. 혐오와 증오는 경멸과 마찬가지로 강도 높은 미움에 속하는데, 혐오는 무리에서 대상을 배제하고 따돌리고 싶어 하는 마음과 상대를 낮잡아 보고 멸시하는 마음을 포함합니다. 증오는 분노가 결합된 강한 미움으로 공격성과 해치고 싶은 마음이 포함된 감정입니다. 이처럼 감정을 미세하게 나누고 정확히 표현하는 연습은 아이의 감정 인지력, 어휘력, 사고력을 동시에 기르는 장이 됩니다.

> 지난 주말, 나는 엄마와 함께 할아버지 바지를 사러 마트에 갔다. 할아버지 바지를 산 후 구경하고 있었다. 그런데 어떤 언니가 갑자기 날 밀

쳐버리고 나한테 쌍욕을 했다. 나는 억울하고 짜증이 났다. 돌아와 아빠한테 말했다. 어떤 언니가 밀치고 나한테 쌍욕을 했다고 이야기를 했다. 아빠가 나한테 "똑같이 쌍욕을 해주지!"라고 했다. 그래서 내가 아빠한테 말했다.

"쌍욕을 하면 나도 나쁜 사람이 되잖아!"

아빠가 "그렇긴 하네."라고 말했다.

짜증 났다. 그 언니가 욕해서. 아빠한테 이르고 싶었다. 나도 실은 아빠 말처럼 똑같이 밀치고 쌍욕을 하고 싶었다. 다행히도 나는 내 방에서 쌍욕을 했다.

— 유현초 4학년 오하윤, 「생각만 해도 짜증 나는 할아버지 바지 사건」

하윤이의 글을 찬찬히 들여다보면, 그날 겪은 사건과 감정의 흐름이 그대로 생생하게 전해집니다. 억울하고 짜증 난 마음, 아빠에게 말하며 느낀 감정의 반전, 마음속에서 올라오는 분노를 어떻게든 누르려 애쓴 흔적까지. 모든 감정이 날 것 그대로 솔직하게 쓰였기에 독자는 그 마음을 온전히 공감하며 따라갈 수 있습니다. 하윤이는 그 상황 속에서 느낀 여러 감정을 구체적인 사건과 함께 잘 풀어냈고, 마지막엔 "다행히도 나는 내 방에서 쌍욕을 했다"라는 솔직한 고백까지 덧붙였습니다. 감정을 표현하는 데 있어서 참기만 하거나 억누르지 않고 안전한 방식으로 배출한 셈입니다.

"하윤아, 이렇게 글로 써보니 어때?"

글을 써본 뒤에 저는 아이들에게 꼭 소감을 묻습니다.

"음… 좀 후련해요. 아빠가 편들어 줬을 때도 좋았고, 내 방에서 욕했을 때도 좀 후련하긴 했는데 쓰고 나니까… 그냥 좀 별일 아닌 것처럼 느껴져요. 글 쓰려고 떠올렸을 때는 또 그때처럼 짜증 났거든요? 그런데 쓰다 보니 짜증이 좀 가라앉고, 제가 좀 괜찮은 사람처럼 느껴졌어요."

감정 묘사하기 수업을 하면서 아이들에게 공통적으로 듣는 후기가 바로 "쓰다 보니 괜찮아졌다!"는 말입니다. 이처럼 '부정적인 감정을 묘사하는 글쓰기'는 그 자체로 감정을 있는 그대로 마주한 뒤 흘려보내는 행위입니다. 억울함, 분노, 짜증, 슬픔 같은 부정적인 감정들도 글 안에서는 누구의 눈치를 보지 않고, 꾸밈없이, 그대로 머물 수 있습니다. 그렇게 감정을 마주하고, 꺼내놓고, 이름 붙이고, 문장으로 표현해 내면 이상하게도 마음이 가라앉고 감정이 정돈되는 경험을 하게 됩니다.

그럴 때 저는 아이들에게 이렇게 말해주곤 합니다.

"감정은 하늘의 구름과 같아. 먹구름이 몰려와도 언젠가는 걷히고, 무지개도 뜨고, 다시 해가 나기도 해. 그러니 감정이 왔을 때는 그냥 '왔구나' 하고 알아차리고, '이제 가겠구나' 하며 흘려보내는 연습을 하자고."

감정은 결코 고정된 것이 아닙니다. 잠깐 스쳐 가는 것일 수 있고, 깊이 자리 잡았다가 어느 순간 사라지기도 합니다. 그 감정이 설사 부정적이더라도 나쁜 것은 아닙니다. 감정은 감정일 뿐 좋고 나쁜 것이 없으니까요! 다만 그 감정을 어떻게 다루고 표현하느냐가 중요할 뿐이죠. 분노, 짜증, 억울함, 슬픔… 이런 감정들은 우리가 무언가를 바라고, 기대하고, 소중히 여기기 때문에 생겨나는 것이기에 그 자체로도 충분히 존중받을 가치가 있습니다. 단지 그것을 꾹꾹 눌러 담기보다는 있는 그대로 마주 보고, 인정하고, 안전하게 흘려보낼 방법이 필요합니다. 그중 하나가 바로 글쓰기입니다.

부정적인 감정을 감추려고만 하면 그 감정은 결국 쌓이고 쌓여 문제가 되곤 합니다. '나는 화가 나도 표현하지 않으면 괜찮아'라는 생각으로 감정을 외면하거나 억눌러 버리면 그 감정은 흘러가지 못하고 내 안에 남아 내 삶을 짓누르는 무거운 짐이 될 수 있습니다. 부정적인 감정을 나쁜 것, 통제해야 할 것처럼 여기기 때문에 생기는 문제입니다.

이럴 때 떠올려야 할 사실이 있습니다. 감정은 신호라는 사실입니다. 내 마음속에서 무슨 일이 일어나고 있다는 것을 알려주는 소중한 신호입니다. 감정을 억지로 눌러두면 오히려 더 큰 힘으로 터져 나오기도 합니다. 하지만 아이들이 글쓰기를 통해 자신의 감정을 기록하고 묘사하며 바라보는 연습을 하게 되면, 그 감정은 이내 흘러가고 만다는 걸 선명하게 경험할 수 있습니다. 그리고 그 자리에 이해와 성찰이 자리하게 됩니다. 성숙하게 감정을 다루는 법을 배우기도 합니다.

아이들을 단단하고 자유로운 존재로 키우는 감정 글쓰기

결국 감정 묘사 글쓰기는 '내 마음과 친구 되는 법'을 배우는 과정입니다. 감정을 잘 알아차리고 그곳에 머물며 그대로 흘려보낼 수 있는 습관을 기르면 아이들은 조금 더 단단하고 자유로운 존재가 됩니다. 글쓰기야말로 이를 가능하게 하는 가장 조용하고 강력한 방법입니다.

앞의 장에서 말씀드렸다시피 저는 아이들이 속상할 때, 감당하기 힘들 만큼 슬플 때, 자기가 주체할 수 없을 만큼 짜증이 밀려올 때 생각나는 것이 글쓰기였으면 좋겠습니다. 사춘기가 다가오면 어느 아이나 성장통처럼 감정의 폭풍 시기를 지나게 됩니다. 그때 가장 안전하게 감정을 표출하는 장으로 글쓰기를 택할 수 있다면 좋겠습니다. 그러기 위해서는 글쓰기로 감정을 해소해 본 경험이 필요합니다. 그래서 좋았던 기억을 미리 많이 쌓아둘 필요가 있습니다.

초등 중·고학년 시기에 이런 글쓰기 저축을 많이 해두면 좋겠습니다. 어떤 공부나 아이를 위한 조기 재테크보다 값비싼 투자가 될 수 있습니다.

실전 TIP

감정 글쓰기,
이렇게 써보세요

- **나만의 감정 사전 만들기**
1. 다음 장에 실린 「초등학생을 위한 감정 어휘 목록」에서 오늘의 감정을 고릅니다. 감정 단어의 뜻을 사전에서 찾아본 뒤, 감정 단어와 단어의 뜻을 옮겨 씁니다.
2. 그 감정이 일어난 이유를 상황과 함께 씁니다.
3. 그 감정이 일어났을 때 내 신체와 반응과 내가 한 행동을 씁니다.
4. 그때 한 생각이나 다짐을 씁니다.

- **최근 가장 속상하고 슬펐던 날의 일기**
1. 가장 최근 속상하고 슬펐던 날을 떠올려봅니다.
2. 그 사건이 일어난 상황을 묘사합니다. (언제, 어디서, 누구와, 무엇을, 어떻게, 왜)
3. 그 상황에서 어떤 감정이 들었고, 내 신체는 어떻게 반응했으며, 나는 어떻게 행동했는지 씁니다.
4. 그때의 나를 이해해 보고 소감을 씁니다. (그때 어떻게 하고 싶었는지, 지금 생각해 보니 어떤지)

실전 TIP

초등학생을 위한 감정 어휘 목록

기쁨/행복	신나다, 즐겁다, 기쁘다, 행복하다, 만족스럽다, 뿌듯하다, 설레다, 유쾌하다, 기대되다, 사랑스럽다, 웃기다, 활기차다, 좋아하다, 감사하다, 밝다, 흐뭇하다, 소중하다, 희망차다, 벅차다, 자신감이 생기다, 웃음 짓다, 흥겹다, 반하다, 의기양양하다, 흡족하다, 우쭐하다, 평안하다, 안정을 찾다, 긍정적이다, 들뜨다, 두근거리다, 보람차다
슬픔/우울	슬프다, 울적하다, 외롭다, 우울하다, 서운하다, 섭섭하다, 답답하다, 그리워하다, 속상하다, 무겁다, 힘들다, 걱정스럽다, 울다, 절망적이다, 한스럽다, 쓸쓸하다, 기운 없다, 좌절하다, 아파하다, 의기소침하다, 실망하다, 낙담하다, 침울하다, 절박하다, 애석하다, 유감스럽다, 안타깝다, 애달프다, 애처롭다, 서글프다, 부정적이다, 사기가 꺾이다, 착잡하다
화남/짜증	화나다, 짜증 나다, 마땅찮다, 분하다, 성내다, 괴롭다, 답답하다, 분개하다, 울컥하다, 격하다, 폭발하다, 열받다, 골치 아프다, 울분을 느끼다, 역정 내다, 격분하다, 퉁명하다, 격노하다, 억울하다, 신경 쓰이다, 신경질 나다, 노엽다
질투	질투하다, 약 오르다, 샘내다, 부럽다, 시기하다, 시샘하다, 선망하다, 배 아파하다, 열등감을 느끼다
부끄러움	무안하다, 죄책감을 느끼다, 민망하다, 부끄럽다, 창피하다, 수줍다, 수치스럽다, 쑥스럽다, 주눅 들다, 자책하다, 망신스럽다, 멋쩍다, 뻘쭘하다, 낯 뜨겁다, 얼굴이 빨개지다, 당황하다, 몸 둘 바를 모르다
혐오/경멸	싫어하다, 혐오스럽다, 역겹다, 경멸스럽다, 질리다, 미워하다, 냉소적이다, 냉정하다, 매정하다, 차갑다, 정떨어지다, 무관심하다, 징그럽다, 심드렁하다, 증오하다, 무시하다, 멸시하다, 지겹다, 업신여기다, 외면하다, 얕보다, 비웃다, 깔보다, 꺼리다, 눈꼴사납다, 추하다, 꼴 보기 싫다, 비위가 상하다, 모욕적이다

두려움/ 무서움	무섭다, 두렵다, 불안하다, 걱정스럽다, 긴장되다, 겁이 나다, 찜찜하다, 위험하다, 불확실하다, 떨리다, 겁먹다, 초조하다, 공포스럽다, 위태롭다, 불안정하다, 짓눌리다, 주저하다, 내키지 않는다, 염려하다, 소름 끼치다, 오싹하다, 섬뜩하다, 안절부절못하다, 위축되다, 움츠러들다, 식은 땀이 나다, 송구하다
놀람/ 경이로움	놀라다, 깜짝 놀라다, 신기하다, 감탄하다, 경이롭다, 흥분되다, 황홀하다, 기대하다, 부러워하다, 궁금하다, 신비롭다, 느낌이 새롭다, 압도당하다, 충격적이다, 감탄이 나오다, 열광하다, 어이없다, 뜻밖이다, 경악하다, 경탄하다, 전율하다, 벅차오르다, 감격하다, 말문이 막히다, 기가 차다, 환상적이다, 기상천외하다, 경외하다, 신선하다, 눈부시다, 사로잡히다, 끌리다
감동/연민	감동하다, 희망적이다, 미안하다, 감사하다, 연민을 느끼다, 배려하다, 친근하다, 기대하다, 참을성 있다, 용감하다, 자랑스럽다, 다정하다, 친절하다, 배려심 많다, 고맙다, 따뜻하다, 포근하다, 격려하다, 뭉클하다, 정겹다, 온화하다, 찡하다, 측은하다, 가여워하다, 짠하다, 안쓰럽다, 북받치다, 애틋하다, 애잔하다, 헌신하다
후회	아쉽다, 후회하다, 허무하다, 체념하다, 허탈하다, 반성하다, 뉘우치다, 한탄하다, 자책하다

참조 「초등학생 감정교육 가이드라인」(한국심리학회, 2021), 『궁금해요, 모모쌤의 독서 테라피』(엄혜선, 애드앤미디어, 2019), 『인간의 75가지 감정 표현법』(안젤라 애커만, 베카 푸글리시, 인피니티북스, 2014)

실전 TIP

기타 오감을 깨우는 묘사 글쓰기

유아기와는 달리 학년이 올라갈수록 아이들은 시각에 더욱 의존하며 살아가게 됩니다. 그래서 다른 감각이 주는 정보를 시각적 정보만큼 잘 활용하려면 오감을 고루 사용하는 습관을 기르는 것이 필요합니다. 일상에서 오감을 활용해 관찰하고 이를 글쓰기의 재료로 쓰는 습관을 만들어주세요.

- **나는 무엇일까요? (감각 주머니 촉각 놀이)**

준비물: 천으로 된 주머니, 다양한 질감의 물건들(깃털, 사포, 말랑이, 스펀지 등)

놀이방법

1. 다양한 질감의 물건을 번갈아 가며 주머니에 넣고 아이가 손만 넣어 만져보게 합니다.
2. 그 촉감을 최대한 자세하게 말로 묘사해 봅니다. (포스트잇에 아이의 말을 간략하게 메모해 두는 것도 좋습니다.)
3. '내가 만진 건 무엇일까?'라는 제목으로 주머니 속 물건을 묘사하는 글을 씁니다. 포스트잇에 쓴 메모를 참조해도 좋습니다.
4. 아이가 예상하는 물건의 이름은 마지막에 씁니다. 촉감을 묘사한 글을 스무고개 형식의 퀴즈로 만들어 다른 사람과 주머니 속 물건을 맞히는 놀이를 해도 좋습니다.

- **소리 탐험 (청각 놀이)**

준비물: 눈가리개, 조용한 자연 공간(공원처럼 다양한 소리가 존재하는 야외)

놀이방법

1. 2~3분간 눈을 감고 앉아 들리는 소리를 말로 표현해 봅니다.
2. 들리는 소리와 비슷한 의성어도 찾아봅니다.
3. 자신이 찾아낸 소리를 하나하나 묘사해 보고 그 과정에서 새롭게 알게 된 점을 써봅니다.

예시

첫 번째로는 우산의 빗소리를 들었다. 우산에 빗방울이 떨어지는 소리인데, 뭔가 폭죽이 터지는 소리 같다.
"토독 토토토 퐈바바바바바 타 바 바밧…"
이런 소리가 끝도 없이 반복되었다. 뭔가 듣기 좋았다. 시끄러운데 시끄럽지 않은 느낌이다.
두 번째는 터널의 빗소리를 들었다. 터널을 통과하던 차 바퀴가 물보라를 일으켰다.
"콰바바바바바…"
요란스럽지는 않았다. 차 바퀴에 물보라가 터지는 걸 보면서 멍때리는 기분이 끝내줬다.
세 번째는 산의 빗소리를 들었다. 산에 올라 듣는 빗소리는 차가 많은 곳보다 훨씬 크고 또렷하게 들렸다. 이 소리는 정말 말로 설명하기 힘들어서 나는 영상을 찍어두었다. 모두가 흔히 말하는 "쏴아아아" 하는 소리지만 내겐 참 듣기 좋은 소리였다.
마지막으로 들은 건 흐르는 물소리이다. 보통 "쪼르르르" 하는 소리를 연상하겠지만 내가 들은 소리는 "콸콸콸콸"에 가까웠다. 물이 끝도 없이 쏟아지는 소리이다. 완전 폭포 같다. 흐르는 물소리를 끝으로 소리 탐험이 끝났다. 난 빗소리가 이렇게 곳곳마다 다른 줄 몰랐다. 비에 다 젖고 말았지만 멋진 모험이었다.

— 유현초 5학년 이예빈, 「소리 탐험」 중에서

- **내가 추천하는(혹은 비추천하는) 계절 음식 (미각 놀이)**

준비물: 종이와 필기구

놀이방법

1. 봄, 여름, 가을, 겨울 중 한 계절을 택하고 그 계절에 먹는 음식을 최대한 많이 써봅니다.
2. 그중 한 가지 음식을 택해 그 음식의 맛을 묘사해 봅니다.
3. 음식은 본인이 '가장 좋아하는 음식' 혹은 '가장 싫어하는 음식'을 택하면 좋습니다. 그 음식을 택한 이유도 적어봅니다.
4. 음식의 맛과 계절이 가지는 공통점을 찾아보고 연결해 보아도 좋습니다. (선택 사항)
5. 음식에 관련된 경험이 있다면 함께 적어봅니다. (선택 사항)
6. 음식의 맛을 감각적인 언어로 묘사해 봅니다. 예를 들어 '입안에 폭죽이 터지는 신맛', '혀에 앉아 자꾸 웃게 만드는 맛' 등 남들보다 창의적이면서도 공감을 얻을 수 있는 나만의 개성적인 표현을 써봅니다.

- **향기 도감 만들기 (후각 놀이)**

준비물: 허브 잎, 꽃잎, 나뭇잎, 흙, 오렌지 껍질 등 향기 나는 자연물

놀이방법

1. 자연물의 냄새를 맡아봅니다.
2. 어떤 냄새였는지 묘사해 봅니다. 냄새를 맡았을 때 내 몸의 반응도 함께 적어봅니다.
3. 머릿속으로 비슷한 냄새를 떠올려보고 왜 그 냄새와 비슷하다고 생각했는지 써봅니다.

- **공간 묘사하기 (시각 놀이)**

준비물: 자신이 가장 좋아하는 공간 사진

[놀이방법]

1. 자신이 가장 좋아하는 공간을 전체가 잘 드러나도록 찍은 뒤 출력합니다.
2. 자신이 좋아하는 공간이 어디인지 간단하게 소개합니다.
3. 그 사진을 놓고 공간을 하나하나 뜯어보며 묘사합니다. 이때 왼쪽에서 오른쪽, 오른쪽에서 왼쪽, 입구에서 안쪽 등 방향을 정해 묘사해 보면 좋습니다.
4. 공간을 좋아하는 이유가 드러나는 부분은 다른 곳보다 더 자세하게 적습니다.

[예시]

내가 가장 좋아하는 곳은 내 방이다. 내 방에는 문을 열면 까만 피아노가 있다. 나는 내 방에 들어가면 대부분 피아노를 친다. 피아노를 칠 때 한 시간이 넘게 칠 때도 있다. 가끔씩 피아노를 칠 때 피아노 위에 있는 까만색이 동그랗게 부풀어 오를 때가 있는데 그때마다 나는 그 까만색이 터질까 봐 엄마를 부르러 가곤 한다.

그리고 피아노 옆에는 책상이 있다. 항상 책상 맨 꼭대기에는 커다란 북극곰 인형이 있는데, 가끔 내가 공부할 때 그 인형이 내 책 위에 떨어지곤 한다. 그 바람에 내가 책에 낙서를 하게 될까 봐 겁이 난다.

내 책상 서랍에는 학용품, 악기, 책들이 들어있다. 창문에는 내가 미술 학원에서 그린 그림이 걸려있다. 지금 봐도 그 그림은 잘 그린 것 같다.

사진에는 안 나와 있지만 침대 뒤편에는 옷장이 있다. 옷장에는 내가 좋아하는 옷들이 엄청나게 많아서 좋다. 침대는 그렇게 크진 않지만 나 혼자서 충분히 누울 수 있다. 내 방 침대 위쪽에는 텐트가 쳐져있는데 이 텐트는 따뜻해지라고 씌워놓은 것이다. 이불은 덮으면 정말 따뜻하고 부드러워서 내가 겨울에는 제일 좋아하는 게 이불 속이다. 침대 밑에는 서랍이 있는데 거기엔 내가 좋아하던 팽이, 그림, 미술 도구, 그리고 포켓몬 카드가 있다.

내 방에는 내가 좋아하는 것들이 많아서 참 좋다. 이번에 글로 나의 방을 묘사해 보니 내 방이 더 좋아진 것 같다.

— 유현초 4학년 최서원, 「내가 가장 좋아하는 곳」

2장

글쓰기 바탕을 완성하는 겪은 일 쓰기

초등 글쓰기의 중심은 '겪은 일 쓰기'입니다. '겪은 일 쓰기'는 저학년부터 자연스럽게 익혀야 할 가장 핵심적인 글쓰기이며 초등 글쓰기의 주요 갈래인 생활문의 바탕이 되는 글쓰기입니다. 앞 장에서 다루었던 관찰력·묘사력 훈련과 더불어 본질 글쓰기의 바탕을 완성하는 글쓰기라고 할 수 있습니다. 이 과정을 거치며 아이들은 뛰어난 문장력, 표현력을 갖추게 됩니다.

 겪은 일 쓰기를 할 때 가장 중요한 것은 '구체적으로 쓰는 것', 그리고 '생생하게 쓰는 것'입니다. 눈앞에 벌어진 일, 내가 느끼고 본 것, 듣고 만졌던 것들을 하나하나 떠올리고 구체적으로 적는 것이 바로 글을 살아 숨 쉬게 하는 비결입니다. 아이들은 보통 지나가 버린 순간들을 자세히 떠올리기 힘들어합니다. 하지만 놀이와 체험을 통해 잘 기억하는 법을 배우면 자신의 경험을 역동적으로 표현할 수 있습니다.

이 장에서는 바로 그 생생한 경험을 쓰는 데 도움이 되는 여러 가지 구체적인 사례와 활동들을 보여줍니다. '얼음 녹이기 게임', '마시멜로 탑 쌓기', '요리 글쓰기' 같은 놀이 중심의 활동들이 어떻게 자연스럽게 '경험 기록하기'와 연결되는지 살펴보며 우리가 일상에서 경험한 일들을 '그때 느낌 그대로' 옮겨 쓰는 연습을 할 수 있습니다. 자신이 겪은 일을 구체적으로 생생하게 담아낼 수 있어야 진짜 글쓰기를 할 수 있습니다. 이 힘을 기른 아이들은 앞으로 어떤 글도 자신 있게 써낼 수 있게 됩니다. 본질 글쓰기의 바탕이 마련되는 것입니다.

아이들의 경험이 단순한 추억에서 끝나지 않고 한 편의 글이 되어 독자에게 생생한 경험을 전해줄 수 있게 해주세요. 이 과정을 통해 아이들은 자신의 일상이 얼마나 소중하고 작은 순간들이 얼마나 깊은 의미를 담고 있는지 깨닫게 될 것입니다.

(1) 지금 하는 생각이 곧 글이 되는 훈련부터

두세 달에 한 번씩은 꼭 자유 글쓰기를 합니다. 쓰고 싶은 것을 쓰되 내 마음을 가장 많이 차지하고 있는 일이나 사건을 쓰라고 합니다. 그러면 "시로 써도 돼요?"라고 묻는 아이들도 있습니다. 빨리 쓰고 놀고 싶어서 그렇습니다. 준희도 그날 그렇게 물었습니다.

"어떤 걸 쓰고 싶은데?"

준희에게 제가 물었습니다.

"몰라요. 그런 건 없어요."

다시 물어봅니다.

"지금 무슨 생각이 가장 많이 나?"

"동생의 깁스가 부러워요."

"왜?"

"학원 안 가도 되니까요!"

준희가 답합니다.

"그럼 그걸 글로 써."

이렇게 얘기했더니

"진짜 그래도 돼요?"

하고 묻습니다.

"당연히 되지, 되고말고. 그런데 학원은 왜 가기 싫어?"

"우희는 집에 있거든요! 발목 다쳐서 깁스를 해서요. 나만 가려니 억울해요."

"그래? 그럼 그걸 글로 써."

이렇게 탄생한 글이 아래의 글입니다.

깁스

원준희 (심곡초, 4학년)

동생이 발목을 다쳤다.

그래서 깁스를 했다.

축구 학원을 못 가고

学校도 못 갔다.

동생이 부럽다.

아, 나도 학원 가기 싫은데

이렇듯 어린이들이 떠올린 생각을 군더더기 없이 자연스럽게 글로 옮기는 연습은 글쓰기의 본질과도 깊이 연결되어 있습니다. 자신의 진솔한 모습과 마음을 그대로 드러내는 일이 곧 글쓰기라는 것을 아이들에게 알려줄 수 있기 때문입니다. 이런 경험을 한 아이들은 '나의 생각이 바로 내 이야기다'라는 자신감을 갖게 됩니다. 그냥 지금 생각하는 것을 말하듯이 썼는데 살아있는 글이라며 칭찬까지 들으니 절로 뿌듯하겠지요. 그런 경험은 아이들이 이후에도 자기 내면의 목소리를 차분하게 풀어낼 수 있게 해줍니다.

그러므로 떠오른 생각을 그대로 쓸 수 있도록 도와주는 것이 바로 훌륭한 글쓰기 교육이라 할 수 있겠습니다. 글감 찾아다 주랴, 글쓰기 기법 공부해 알려주랴, 작금의 우리는 너무 많은 애를 쓰고 있습니다. 아이가 오래도록 글을 쓰게 하고 싶으면 아이가 자신의 일상과 경험 위에서 글감을 찾는 일부터 스스로 할 수 있도록 도와주는 것이 필요합니다.

"지금 무슨 생각해?"

"아무 생각도 안 나요."

"왜 아무 생각이 안 나?"

"선생님이 글을 쓰라고 해서 그런가 봐요."

"글 쓰라고 하면 아무 생각이 안 나는 이유는 뭘까?"

"글쎄요, 뇌가 놀랐나?"

"그래, 그럼 지금 우리 상황을 그대로 한번 써봐. 네 입장에서. 있었던 일과 떠오른 생각을 모두!"

그래도 주춤거리며 못 하겠다는 아이가 있으면 저는 시범을 보여줍니다.

"자, 지금부터 내가 네가 되어볼게."

선생님이 글을 쓰라고 한다.
나는 아무 생각도 안 나는데.
선생님이 왜 생각이 안 나냐고 묻는다.
글을 쓰라고 해서 더 아무 생각도 안 나는 건데….

아무래도
뇌가 놀랐나 보다

글 쓰자고 하면 생각이 안 난다고 응수하는 준현이와의 수업 시간 중에 제가 모의로 쓴 글입니다. 아무 생각이 안 난다, 못 쓰겠다고 하는 아이들에게는 이런 것도 글이 된다는 것을 직접 보여주는 게 좋습니다. '거창한 경험이 없어도 글은 나온다, 어떤 경험도 글이 될 수 있다'는 걸 알려주는 것입니다. 글을 쓰려고 했더니 생각이 안 나는 경험도 경험입니다. 준현이는 아무런 생각이 들지 않는 상황에서도 '뇌가 놀랐나?' 하는 표현을 떠올렸습니다. 그렇게 주고받은 말을 그대로 글로 옮겼더니 본인이 읽기에도 재미있는 글 한 편이 뚝딱 탄생했습니다. 이런 경험은 글쓰기 장벽을 가진 아이들에게는 글에 대한 두려움을 사라지게 해줄 뿐 아니라 우리의 모든 순간이 다 좋은 글이 될 수 있다는 것을 깨닫게 해줍니다. 또한 내 안을 스쳐 가는 느낌과 생각을 포착한다는 것이 어떤 것인지 알게 됩니다.

 이러한 경험은 글쓰기에 대한 두려움을 자연스럽게 낮춰줄 뿐 아니라 아이들이 자신을 더 잘 이해하는 계기를 만들어줍니다. 그리고 이런 훈련이 반복될수록 아이들이 마음속 이야기를 세심하게 포착하는 힘이 강화되고, 결국 어떤 글도 자신 있게 써낼 수 있는 기초 체력을 다지게 됩니다. 글쓰기의 본질은 결국 자기 내면의 생생한 목소리를 발견하고 자유롭게 표현하는 것임을 저절로 깨닫는 것입니다.

실전 TIP

글쓰기 앞에서
아무 생각이 안 나는 아이들을 위한 처방전

1. 글쓰기 전 즉각적으로 떠오르는 생각 기록하기: '아무 글 대잔치'하기

글쓰기 전에 '지금 즉각적으로 떠오르는 생각'을 적는 시간을 정하세요. 예를 들어, '3분 동안 우리 머릿속에 떠오른 모든 생각을 누가 누가 많이 적나' 같은 내기 미션입니다. 불안이나 강박이 높은 아이의 경우는 내기를 하지 말고 그냥 시간을 넉넉히 주도록 하세요. 단어, 짧은 문장, 그림 등 어떤 형식도 상관없습니다. 중요한 것은 '생각이 떠오르면 끊임없이 적는 것'입니다.

2. 모의 글쓰기 시범 '마주 글쓰기' 활용하기

본문에서처럼 아이와 주고받은 말이 글이 되는 경험을 만들어주세요. '생각이 안 난다'거나 '뭘 쓸지 모르겠다'고 할 때 그것 자체로도 글이 되는 예시를 보여줘도 됩니다. 글쓰기 저항이 있는 아이는 다음에도 그럴 수 있으므로 부모님이 먼저 간단히 떠오른 생각을 말하듯 적는 시범을 보여주는 것도 좋습니다. '이거 하나만 써도 글이 시작된다'는 점을 알려주면 아이들도 차츰 '나도 내 생각을 적어낼 수 있구나' 하는 자신감을 가지게 됩니다.

3. 아이의 말을 그대로 옮기는 '말하듯 쓰기' 강조하기

아이들이 떠올린 생각을 글로 옮기고 싶을 때는 '이걸 그대로 말하는 것처럼 써보자'라는 표현으로 격려하세요. '머릿속에서 떠오르는 생각들을 거침없이 말하듯 옮기면 글이 훨씬 더 생생하고 자연스럽게 변한다'는 점을 자주 알려주세요. 떠오른 생각을 말로 내뱉고 그대로 쓰는 것을 반복하여 습관으로 만드는 게 좋습니다.

(2) 내 경험이 담긴 동시 쓰기

아이들의 글을 읽는 것이 제 직업입니다. 아이들의 글을 읽는다는 건 마치 아이들의 마음을 읽는 일 같습니다. 글 속에 담긴 아이의 고민, 소망, 걱정, 한숨, 기쁨을 읽는 일이기 때문입니다. 아이들의 마음속에서 일어나는 역동이 잘 담긴 글은 잘 쓰고 못 쓰고를 떠나 읽는 이의 마음을 일렁이게 합니다. 고요한 물속에 돌멩이 하나를 퐁당 던져 넣었을 때 작은 파문이 일어나는 것처럼 읽는 이의 마음에 파문을 일으키는 글이 좋은 글이라고 생각합니다. 그런 글들은 꼭 글을 쓴 아이를 닮았습니다. 글만 읽고도 글 쓴 아이가 어떤 아이인지 그려지는 글이 좋습니다.

그런 의미에서 잘 쓴 글은 화려한 표현이나 세련된 기교가 담긴 글이 아니라 오히려 아이가 겪은 그 순간의 진짜 감정과 생각이 자기만의 언어로 충실히 담긴 글이라 볼 수 있습니다. 이런 글은 읽는 이로 하여금 궁금증을 품게 하고 공감을 불러일으켜 글쓴이와의 정서적 연결을 돕습니다. 아이가 자신의 경험을 솔직하게 담아낸 글은 정형화된 형식에 맞지 않더라도 읽는 이에게는 자신이 공감한 이야기, 자신의 마음을 움직인 이야기로써 의미와 힘을 가집니다. 결국 참된 글은 글쓴이의 경험이 고스란히 드러나는 글, 또 그 경험에서부터 나온 솔직한 감정이 자연스럽게 묻어나는 글일 것입니다.

그렇게 아이들의 마음이 담긴 글, 아이가 보이는 글을 쓰게 하려면 먼저 아이들의 말을 귀 기울여 들어주는 것이 필요합니다. 제 수업에 오는 아이들은 조잘조잘 자기 이야기를 잘합니다. 일주일 동안 학교와 집에서 있었던 일이나 제게 오는 사이에 생긴 일, 최근 자기를 괴롭혔던 일이나 좋은 일, 자랑하고 싶은 일 들을 수업 전에 혹은 수업 중간중간에 떠오르는 대로 이야기하기를 좋아하지요. 그럴 때는 하던 일을 멈추고 잘 들어주는 게 필요합니다.

네가 쓴 글에서 행과 연을 만들면 시가 된단다

5학년 하윤이는 개구쟁이 남동생이 두 명 있습니다. 한 명은 열 살, 한 명은 이제 여덟 살입니다. 한 명은 저도 잘 아는데 막내는 잘 모릅니다. 그런데 저는 두 동생을 다 아는 것만 같습니다. 하윤이가 조잘조잘 동생에 대해 많이 이야기해 주었기 때문입니다. 두 동생이 아주 어렸을 때 하윤이는 자기 공간과 시간이 생기지 않아 늘 울상이었습니다. 그런데 이제 둘 다 초등학생이 되고 보니 서로 죽이 잘 맞나 봅니다. 가장 큰 누나인 하윤이만 소외되는 분위기입니다. 하윤이는 괜찮다고 하면서도 그게 자꾸 마음이 쓰입니다. 자기만 빼고 하는 이야기라 자신과 관련된 부정적인 말을 하는 건 아닐까 두렵고, 그냥 무시하려고 해도 자꾸 들리니 신경이 쓰일 수밖에 없습니다.

"하윤아, 네 고민은 이상하게 늘 재밌어. 그걸 그대로 글로 써 봐."

하윤이는 잠시 고민합니다. 글을 쓰게 하려는 선생님의 꾀는 아닌가 요리조리 눈치도 살핍니다. 그러다가 이렇게 묻습니다.

"짧게 써도 돼요?"

"그럼, 그래도 되고말고."

말은 조잘조잘 그렇게도 길게 하던 하윤이인데 글은 꼭 필요한 말만 써 놓습니다. 저는 그 짧은 글의 행을 바꾸고 연을 나눠 동시로 만들었습니다.

"어? 내 글이 동시가 되었네?"

"어때? 그냥 네 글을 줄만 바꿔 썼는데 근사한 시가 되었지?"

하윤이가 함박웃음을 띠고 고개를 크게 끄덕입니다. 그 뒤로 하윤이는 6학년이 된 지금까지 "그래, 그럼 그 이야기를 글로 써 봐!" 하는 제게 "시로 써도 돼요?" 하고 응수합니다.

동생들은 왜 그럴까
오하윤 (유현초, 5학년)

동생들은 쫑알쫑알
내 뒷담화를 한다
내가 싫은가 보다
아니면 내가 무서운가

뒷담화를 듣기 싫을 땐
무시하면 된다
근데 그게 힘들다

계속 들려서

하윤이의 시에는 동생들의 뒷담화를 들었던 경험, 그에 대한 내 생각, 걱정, 느낌, 그로 인한 고민까지 다 담겨 있습니다. '내가 싫어서 그러는 거면 어쩌나?', '무서워서 그런가?' 하는 불안과 걱정, 무시하려고 하지만 잘 안 돼서 힘든 마음이 고스란히 느껴집니다. 여리고 착한 큰 누나 하윤이의 모습이 여실히 드러납니다.

연탄이

박율 (유현초. 4학년)

내 반려견 연탄이

연탄이는 유기견

종류는 포메라니안

성별은 남자다

연탄이가 가장 좋아하는 건 밥

연탄이가 가장 싫어하는 건 남자

옛 주인이 남자여서 그런가

아빠도 싫고 남동생도 싫대

어쨌든

나는 연탄이가 좋다

왜냐하면

연탄이는

내 가족이기 때문이다

이 글을 쓴 건 율이네 가족이 유기견 보호소에서 연탄이를 데려온 지 한두 달 되었을 때의 일입니다. 연탄이가 집에 온 뒤로 율이는 연탄이 얘기만 합니다. 간식을 먹을 때도 연탄이가 먹을 수 있는 건지 아닌지부터 떠올리고, 수업을 받다가도 "지금 연탄이는 뭐하고 있을까요?"라는 말을 불쑥 내뱉곤 합니다. 기승전 연탄이인 걸 봐서 율이는 정말 연탄이를 좋아하는 것 같습니다. 그런데 연탄이는 남자란 남자는 다 무서워한다고 합니다. 아무래도 지난 주인에게 학대를 받아서 그런 것 같답니다. 율이 시의 마지막 연을 읽는데 순간 울컥한 마음이 올라옵니다. '연탄이는 내 가족이기 때문에 좋다'라는 문장에서 주인에게 버려진 연탄이에 대한 연민과 자신은 절대 연탄이를 버리지 않고 끝까지 함께하겠다는 다짐을 모두 읽을 수 있기 때문입니다.

아직 긴 글 쓰기가 부담스러운 아이들에게는 이렇게 동시 쓰기부터 먼저 알려주면 좋습니다. 자신의 말이 시가 되고, 자신의 경험과 생각이 한 편의 작품이 되는 기회를 만들어주는 것입니다. 경험을 시로 쓰는 활동은 자기 글의 중심 생각을 찾아내는 훈련이 되기도 합니다. 물론 글에 담긴 아이의 고민과 경험을 함께 읽으며 중심 생각에 해당하는 부분을 어른이 먼저 짚어주는 작업이 필요합니다. 그렇게 한 번, 두 번 경험이 쌓이다 보면 아이들 스스로 줄 바꾸기도 연 나누기도 어렵지 않게 해내며 자신의 글에서 무엇이 중심 생각인지도 읽어낼 수 있게 됩니다.

의성어·의태어를 살려 쓰고, 반복을 만들면 글에 리듬이 생긴단다

줄 바꾸기와 연 만들기가 되었다면 이번에는 말에 리듬을 만드는 법을 가르쳐줍니다. 중간에 들어가는 단어나 종결 어미를 반복하거나 한 행의 글자 수를 일정하게 반복하면 글을 리듬감 있게 읽을 수 있다는 것을 설명한 뒤, 아이들도 자기 글에 적용해 보게 합니다. 동시의 즐거움 중 하나는 운율에 있으니까요.

나가지 마!

박하준 (유현초, 4학년)

학원에 걸어가요 룰루랄라

수학 문제 머리에 들어와요 콩콩콩
영어 단어 머리에 들어와요 쿵쿵쿵
태무 안무 머리에 들어와요 사뿐사뿐

역사가 머리에 들어와요 앵앵앵
그림 기술 머리에 들어와요 히히히
기타 리듬 머리에 들어와요 하하하
맞춤법이 머리에 들어와요 어?
맞춤법이 머리에 들어왔다
오른쪽으로 나가요

맞춤법!

내 머리에서 나가지 마!

영어 단어 나가지 마!

역사 머리에서 나가지 마!

    요즘 아이들의 가장 큰 고민은 뭐니 뭐니 해도 공부입니다. 아이들의 본업이라 그렇지요. 그런 고민들을 풀어내도 재미있는 시가 될 수 있습니다. 학교를 마치면 꽉 찬 학원 일정이 하준이를 기다립니다. 부모님께서 두 분 다 직장을 다니기 때문입니다. 고학년이 되면서 학습과 관련된 학원들이 늘어나다 보니 그 스트레스도 함께 늘어나는 것 같습니다. 수학 문제는 머리에 콩콩콩 들어오는데, 영어 문제는 쿵쿵쿵 들어옵니다. 반면 태권도에서 하는 태무는 그 걸음이 가볍네요. 역사는 앵앵앵 골치 아픈 소리로 들어오는데 그림 그리는 것과 기타 배우는 것은 즐거운가 봅니다. 웃음소리로 들어오니 말입니다.

    그런데 어찌합니까. 맞춤법은 들어왔다 머물지 않고 오른쪽으로 나가 버린다네요. 하준이는 외칩니다. 맞춤법 나가지 말라고, 영어 단어도 역사도 나가지 말라고 말입니다. 한창 하준이가 맞춤법 문제로 스트레스를 받던 시기에 썼던 글입니다. 유독 외우는 것이 잘되지 않는 친구들이 있습니다. 하준이는 감수성이 뛰어나고 섬세한 성격이라 더 힘들었을 것 같습니다. "나가지 마!"의 반복구에서 마치 하준이의 목소리가 들리는 듯합니다. 수업 시간에도 입버릇처럼 했던 말이니까요. 답답하고 간절한 마음을 의성어, 의태어로 리듬감 있게 표현하고 보니 왠지 그 고민도 심각하지 않고 유쾌해지는 느낌입니다.

　자신의 경험을 짧고 강렬한 시로 풀어내며 자기 이야기가 어떤 의미와 감정을 담고 있는지 찾아가는 과정은 긴 글 쓰기의 훌륭한 밑거름이 됩니다. 자신만의 이야기를 간단명료하게 풀어내며 자연스럽게 내 글의 중심 생각과 경험의 의미를 찾는 능력이 길러지기 때문입니다. 이것은 곧 깊이 있는 긴 글 쓰기의 기초가 되며 동시 쓰기로 작은 성공 경험을 누적하면서 글쓰기의 즐거움과 자신감까지 동시에 키우는 길이 됩니다. 아이들이 자신만의 이야기를 생생하게 만들어내는 기쁨을 누릴 때 본질 글쓰기의 길은 더욱 즐겁고 탄탄해질 것입니다.

실전 TIP

경험이 시가 되는 글쓰기 팁

아이가 자신이 겪은 일을 자연스럽게 풀어내며 경험이 살아있는 시를 쓸 수 있도록 해주세요. 이때 아이의 생각을 글로 이끌어내는 부모님들의 질문과 안내가 필요합니다!

첫째, 아이가 경험을 떠올리고 이야기할 수 있는 환경을 조성해 주세요.
아이에게 "오늘 어떤 일이 가장 기억에 남았어?" 또는 "그 일이 너에게 어떤 감정을 남겼어?"라고 편하게 물어보세요. 표정이 좋지 않을 때는 "오늘 학교에서 무슨 일 있었어?"라고 다정하게 물으며 아이가 자기 이야기를 풀어낼 수 있는 환경을 조성해 주는 것이 좋습니다. 서로서로 '오늘 있었던 재밌었던 일 혹은 속상했던 일 한 가지씩 말하기'도 도움이 됩니다.

둘째, 아이가 그 경험에서 받은 '가장 강렬한 느낌'을 말로 표현할 수 있는 질문을 해보세요.
이때 아이가 말하는 감정을 구체화해서 표현하도록 유도하세요. 예를 들어, "좋았어요", "행복했어요"라는 두루뭉술한 표현보다는 "신나서 깔깔거렸어요"처럼 자신의 반응이나 행동, 구체적인 느낌이 담긴 말로 표현하게 합니다. "그 감정이 들 때 네 몸에는 어떤 변화가 있었어?", "그 감정이 들 때 너는 어떻게 행동했어?" 등의 질문을 추가로 하면 됩니다.

셋째, 그 경험과 느낌을 단어 또는 짧은 문장으로 적고 줄 바꾸기를 해주세요.
아이가 한 말을 그대로 적되 줄 바꾸기를 해서 시 구문을 만들어주세요. 말의 느낌을 살리면서 핵심이 드러나는 구절이 눈에 띄도록 정리하는 것이 중요합니다. "엄마 주머니에서 몰래 핸드폰을 꺼낼 때 심장이 터질 것 같았어요!"를 '엄마 주머니에서/몰래 핸드폰을 꺼낼 때/심장이/터질 것 같았다'로 정리해 보여주는 겁니다.

넷째, 자연스럽게 운율을 넣어주세요.
시어의 반복이나 종결 어미의 반복은 글의 리듬감을 만듭니다. 글자 수를 통일하는 것도 그렇습니다. 의성어, 의태어를 넣는 것도 시다운 운율감을 살리는 데 효과적입니다.

(3) 육하원칙을 살려 쓰기

아래의 두 글을 읽어보고 차이점을 한번 찾아보세요.

> 지난 주말에 롯데월드를 갔다. 내 생일이어서 갔다. 나는 놀이기구를 많이 탔는데 예진이는 많이 못 탔다. 퍼레이드도 보고, 내가 좋아하는 돈까스도 먹었다. 재미있었다.
>
> _ 심곡초 4학년 이우진, 「롯데월드」

> 지난 토요일 우리 가족은 롯데월드를 갔다. 태어나서 생일이 토요일인 날은 처음이었는데, 엄마가 내 생일에 뭘 하고 싶냐고 물어서 롯데월드에 가고 싶다고 해서 가게 되었다.
>
> 롯데월드에서 우리 가족은 제일 먼저 후룸라이드를 탔다. 아빠가 제일 좋아하는 놀이기구라서 탔다. 물이 많이 튀겼다. 예진이는 무섭다고 했다. 그러고 나서 회전 그네를 탔다. 예전에 다 타 봤던 거라 좀 시시했다. 아빠와 나는 자이로스핀과 혜성 특급을 탔다. 예진이가 무서워해서 엄마도 같이 못 탔다. 나는 특히 혜성 특급이 재미있었다. 우주로 빨려 들어가는 기분이 들었다. 정글 탐험 보트도 타고 후렌치 레볼루션도 탔다. 엄마랑 현지가 범퍼카 타고 있을 때 아빠와 나는 자이로스핀을 한 번 더 탔다. 아빠는 내가 용감하다고 무척 자랑스러워했다. 점심으로는 돈까스를 먹었다. 예진이는 밥 먹는 동안에도 집에 가고 싶다고 징징거렸다. 엄마는 예진이를 보느라 놀이기구를 많이 못 탔다

고 투덜거렸다. 자유이용권 끊은 게 아깝다고 했다. 아빠가 말했다.
"좀 더 커야 해. 2년 전에 우진이도 그랬잖아. 좀 더 크면 괜찮을 거야."
맞다. 2년 전엔 나도 겁쟁이였는데 지금은 어린이 중에 제일 용감하다. 후렌치 레볼루션 탈 때 서있는데 옆에 서있던 아줌마가 그랬다. 이거 타면 진짜 용감한 어린이라고. 나는 두 번, 세 번도 탈 수 있으니까 진짜 진짜 용감한 어린이다.

_ 심곡초 4학년 이우진, 「롯데월드에서 용감했던 날」

최근 가장 즐거웠던 일을 써보라고 하면 아이들 대부분이 우진이의 첫 번째 글처럼 씁니다. 원래 그렇습니다. 아래의 글은 제가 옆에 앉아서 하나하나 질문을 하며 그 디테일을 살려 다시 쓰게 한 글입니다. 어떤가요? 아래의 글은 구체적이고 자세해서 생생한 느낌도 듭니다. 중심 생각도 살려 쓸 수 있었죠. 어떻게 하면 아이들이 처음부터 경험을 이렇게 구체적으로 쓰게 할 수 있을까요?

겪은 일 쓰기를 할 때 먼저 아이들에게 알려주면 좋은 사실이 있습니다. 겪은 일을 쓸 때는 육하원칙이 잘 드러나게 써야 글이 또렷해진다는 것입니다. 누가, 언제, 어디서, 무엇을, 어떻게 했는지가 꼭 차례대로는 아니더라도 글에 잘 드러나 있어야 합니다. 특히 처음부터 꼼꼼하게 따져 써야 하는 것은 '언제, 어디서, 누구와'입니다. 우선 그것만 잘 써도 전달력 있는 생활 글이 될 수 있습니다. 그렇게 알려줘도 육하원칙을 어떻게 적용해야 할지 몰라 쩔쩔매는 아이들이 부지기수입니다. 이럴 때 아이들에게 필요한 것은 육하원칙이 잘 녹아든 '조각도 질문'입니다.

- ▶ 지난 주말에 어디 갔었어?

- ▶ 주말 중 언제 갔는데?

- ▶ 누구누구 갔었어?

- ▶ 가서는 뭐 했어?

- ▶ 놀이기구는 뭐 뭐 탔어?

- ▶ 뭐가 제일 재밌었어? 왜 재미있었어?

- ▶ 놀이기구는 다 같이 탔어? 현지는 왜 못 탔어? 엄마는 왜 못 탔어?

- ▶ 놀이기구만 탔어?

- ▶ 그때 들은 것 중 가장 기억에 남는 말은 뭐야? 왜 그 말이 기억에 남아?

- ▶ 그날 롯데월드에서 놀면서 새롭게 알게 된 사실이나 깨달은 건 없어?

- ▶ 그걸 어떻게 알게 되었는데?

- ▶ 그래서 네 생각은 어떤데?

- ▶ 또 느낀 건 없어?

우진이의 두 번째 글은 이런 뾰족한 질문들에 답하는 과정에서 나왔습니다. 심지어 그날 탄 놀이기구 이름을 알기 위해 우진이는 글을 쓰는 도중에 회사에서 일하는 아빠에게 두 번이나 전화를 걸어야 했습니다. 그날 이후 우진이는 겪은 일을 쓸 때는 되도록 자세히, 구체적인 사실이 드러나게 쓰려고 노력하게 되었습니다. 대충 퉁치지 않고 글을 자세하게 썼더니 본인이 읽기에도 그날의 일이 떠올라 만족스럽고 친구들에게도 잘 썼다는 칭찬을 들었기 때문입니다.

경험과 기억을 생생하고 구체적으로 만드는 '조각도 질문'

우리는 생생한 글이 좋은 글이라는 것을 잘 알고 있습니다. 그런데 처음부터 생생한 글을 써내는 아이들은 잘 없습니다. 그래서 조각도처럼 날카롭고 뾰족한 질문이 필요합니다. 아이들이 두루뭉술하게 만들어놓은 얼굴에 조각도로 선명하게 눈과 코와 입을 만든다고 생각하세요. 육하원칙에 맞춰 질문하고 뭉뚱그린 표현에 대해 다시 물으면 글을 뾰족뾰족하게 만들 수 있습니다. 글쓰기를 시작하는 아이들에게 유용한 방법입니다.

조각도 질문에 답하면서 아이는 자연스럽게 경험의 풍경을 한 조각씩 붙여가며 자신의 이야기를 입체적으로 만들게 됩니다. 이 과정이 중요한 이유는 경험을 세밀하게 묘사하고 감정을 풍부하게 드러내며 자신만의 이야기를 구체적이고 생생하게 써내는 데 필요한 글쓰기 질문들을 품게 되기 때문입니다. 그 질문들은 글이 나아갈 길을 밝히며 아이들이 이야기의 구조를 내재화할 수 있도록 돕는 역할을 합니다.

조각도 질문들로 인해 중심 사건이 잘 서술되면 저절로 중심 생각이 떠오르는 경우도 있습니다. 우진이도 사건을 구체화하는 과정에서 롯데월드에 가서 자신이 얼마나 용감한 어린이인지 깨달았다는 사실을 밝혀낼 수 있었습니다. 글을 고쳐 써보게 한 뒤, 처음에 썼던 글과 비교해 보고 소감을 말해달라고 했더니 우진이도 두 번째 글이 훨씬 재미있다고 했습니다. 드라마처럼 말이죠.

"맞아! 네가 겪은 일들이 모두 드라마란다. 네가 주인공인 드라마!"

그 뒤로 우진이는 글을 쓸 때 되도록 '드라마처럼' 쓰려고 노력합니다. 우리 사이에 '드라마처럼' 쓴다는 것은 구체적이고 자세하고 생생하게 쓴다는 것임을 합의한 것이지요.

처음부터 겪은 일 쓰기를 하면서 중심 생각을 먼저 세우고 그에 맞춰 글을 써낼 수 있는 아이는 잘 없습니다. 마치 조소를 하듯 함께 더듬더듬 글을 만들어가는 작업이 필요합니다. 고학년 친구들은 이런 과정이 간섭처럼 느껴져 글쓰기에 되레 반감이 생길 수 있으니 되도록 중저학년 때 이런 경험을 쌓아두면 좋겠지요. 뾰족한 질문일수록 구체적인 글을 이끌어낼 수 있습니다.

이 방법은 글쓰기 훈련을 넘어 생각하는 힘, 경험을 정리하는 힘, 감정을 표현하는 힘을 길러주는 종합적 사고력 훈련이기도 합니다. 아이에게 경험의 세밀한 조각들을 끄집어내고 그것을 자연스럽게 연결하는 습관을 길러주는 것이야말로 글쓰기의 근본이자 평생 쓸 힘을 기르는 최고의 전략이 될 수 있습니다.

삶의 기술이 되는 글쓰기, 육하원칙에 맞춰 글쓰기

겪은 일을 쓸 때는 누가, 언제, 어디서, 무엇을, 어떻게, 왜 했는지가 잘 드러나게 써야 합니다. 내가 제일 재미있게 겪었거나 인상적인 부분이라서 강조하고 싶은 부분, 즉 중심 사건을 특히 자세하고 구체적으로 쓰는 게 중요합니다. 그렇다고 저것만 쓰면 딱딱해서 읽기가 쉽지 않고 재미도 없습니다. 그래서 그 일을 겪으면서 내가 느낀 것, 본 것, 들은 것을 기억해 내서 사이사이에 잘 버무려 쓰는 것이 필요합니다. 마치

비빔밥처럼 말입니다. 그 순간 기억에 남았던 말 한두 마디만 큰따옴표 안에 살려 써봐도 글에 생기가 확 도는 것을 느낄 수 있습니다. 현장감이 생기게 되는 거죠.

　육하원칙에 맞춰 글을 쓰는 일은 단순히 글쓰기 기술의 차원을 넘어 아이들이 자신의 생각과 마음을 분명하게 정리하는 힘을 기르는 과정입니다. 육하원칙에 따라 글을 쓰면서 아이들은 자신의 경험을 하나의 이야기로 조직하는 법을 배우게 됩니다. 그러면서 단순히 사실만 나열하는 것에 그치지 않고 '왜?'라는 질문을 통해 행동 뒤에 숨은 마음의 상태를 들여다보게 됩니다. 이런 과정은 글을 쓰면서 스스로 질문하고 답하며 자신의 내면세계를 깊이 성찰하는 습관을 길러줄 수 있습니다. 육하원칙을 따르는 글쓰기 훈련은 단순한 글쓰기 기술을 넘어 아이들이 자신의 마음을 명료하게 들여다보고 자신만의 이야기를 만들어내는 힘을 기르는 삶의 기술이 될 수 있다는 뜻입니다.

실전 TIP

'조각도 질문'으로 경험의 디테일 생생하게 담아내기

아이들이 자신의 경험을 구체적으로 쓰기 위한 가장 효과적인 방법은 바로 날카롭고 자세한 질문을 통해 생각의 조각을 하나하나 끄집어내는 것입니다. 이때 사용하는 질문은 조각도처럼 날카롭고 뾰족하며 경험의 세세한 부분까지 파고드는 것이어야 합니다. 글쓰기 전 아이가 경험한 내용을 듣거나 함께 이야기할 때 다음과 같은 질문 리스트를 활용하세요. 이 질문들을 하나씩 이어가며 아이가 스스로 답하게 하고 그 답을 자연스럽게 기록하는 것만으로도 글의 구체성과 생생함이 한층 깊어집니다.

☺ 오늘 어디 다녀왔지?
☺ 누구와 있었지? 누구와 갔지?
☺ 거기는 왜 갔었지?
☺ 가서 뭐 봤어? 어떤 느낌이었어?
☺ 같이 뭐 했지? 제일 재미있었던 건 뭐야? 왜 그랬어?
☺ 무엇을 먹었어? 맛이 어땠어?
☺ 싫었던 건 뭐야? 왜 싫었어?
☺ 다시 가고 싶어? 그 이유는?
☺ 그날 기억에 남는 일이 뭐야? 왜 그게 특별했어?
☺ 그 경험을 하면서 새로 알게 된 게 있어? 어떤 깨달음이 있었어?

(4) 시간의 흐름에 따라 자세하게 써보자!

팥빙수가 생각나는 여름입니다. 태양은 활활 뜨겁게 타오르고요. 아스팔트 위로 이글거리는 열기는 모든 걸 익혀버릴 듯한 기세입니다. 도로 위로 자동차만 오갈 뿐 거리엔 사람 그림자 하나 안 보이고요. 가로수들 역시 숨도 안 쉬고 서있는 것 같습니다. 이파리, 풀잎 하나 흔들림이 없습니다. 시간이 멈춘 듯 정지된 화면 속에서 매미들만 고막이 찢어지도록 거세게 울어댑니다. 이에 질세라 새들도 저마다의 목소리로 짝을 불러대네요. 자동차 소리, 간간이 지나가는 비행기 소리, 그 사이를 빼곡히 메우는 매미 소리, 새 소리… 그림처럼 정지된 화면 속에는 갖가지 소리만 빼곡합니다. 그런 와중에 구름만 느릿느릿 하릴없는 듯 흘러가는 여름 낮입니다.

글쓰기 근육을 키우는 시기에는 계절, 날씨, 지나치는 풍경 들을 아이들과 시시때때로 묘사해 보면 좋습니다. 말로도 좋고 글로도 좋습니다. 그렇게 환기시켜 놓은 순간의 풍경이 자연스럽게 아이들의 글로 옮겨 앉을 수 있도록 우리 일상을 돌아보게 하는 게 좋습니다. 이런 여름날 아이들과 함께하기 좋은 글쓰기 활동을 소개합니다. 정수리에 김이 모락모락 날 것처럼 잘 익은 아이들이 자리에 와 앉으면『1분이면…』(안소민, 비룡소, 2016)이라는 책부터 읽어줍니다.

> 1분은 60초야. 시계의 긴 바늘이 한 번 움직이고 가장 얇은 바늘은 60번 움직이는 시간이지. 1분이면, 눈을 20번 깜박깜박할 수 있고, 머리카

락이 0.00068센티미터 자라. 1분이면, 강아지를 꼭 껴안아 주거나 이웃에게 반갑게 인사할 수 있어.

―『1분이면…』 중에서

책을 읽으며 1분이란 시간에 대해 생각해 봅니다. 아이들을 모두 책상에 엎드리게 한 뒤 시계를 보지 않고 1분이다 싶을 때 몸을 일으키는 1분 놀이도 해봅니다. 1분이면 뭘 할 수 있겠냐는 질문에 요즘 아이들의 대답은 사뭇 다릅니다. 게임 〈브롤스타즈〉를 할 때 팀을 꾸려 룸에 입장할 수 있는 시간, 쇼츠나 릴스를 한두 개 볼 수 있는 시간, 학원 숙제를 하기 위해 필통을 열고 연필을 꺼내놓는 데 걸리는 시간…. 예시는 달라도 1분은 하고 싶은 일을 하기엔 턱없이 부족하고 짧은 시간, 하기 싫은 일을 할 때에는 왠지 엄청 길게 느껴지는 시간이라는 것은 책 속 내용과 같습니다. '그 안에 우리는 얼마나 많은 생각을 하고, 얼마나 많은 행동을 할 수 있을까?', '얼마나 의미 있는 일들을 할 수 있을까?', '이 시간을 어떻게 생생하게 만들 수 있을까?' 등의 질문으로 1분에 대한 생각을 나눠봅니다. 유튜브에서 '1분 캠페인' 같은 동영상을 함께 시청해도 좋습니다. 시간은 의도적으로 의식을 할 때 비로소 모습을 드러냅니다. 시간 속에서 흘러가는 경험을 의식하기 위해서는 시간에 대한 의도적 환기가 필요하기 때문입니다.

어떤 기억이나 경험에 대해 써보라고 하면 글쓰기 훈련이 되지 않은 아이들은 수박 겉핥기식의 힘 없는 글을 내놓고는 합니다. 이런 아이들에게 필요한 것이 시간의 흐름에 따라 쓰기입니다. 자신의 경험을 시간

순으로 차례차례 정리하는 일은 경험의 흐름과 심리적 변화를 자연스럽게 파악하는 과정입니다. 이 과정을 통해 아이들은 경험을 이야기로 풀어내는 가장 쉬운 방법 하나를 몸으로 배우게 됩니다. 특히 경험의 전체적인 맥락과 감정의 변화, 사건의 진행 순서 등을 자연스럽게 파악함으로써 글의 구조와 흐름을 몸에 익히는 것입니다. 이것이 시간의 흐름에 따라 겪은 일을 써보게 하는 이유입니다.

시간의 흐름을 구체적이고 생생하게 느끼게 해주는 얼음 게임

겪은 일 쓰기를 할 때 저는 항상 함께 할 수 있는 놀이나 색다른 체험 활동을 곁들입니다. 쓰기를 위한 경험입니다. 아이들은 기억력이 어른들만큼 좋지 않습니다. 놀이동산이나 현장 체험을 다녀와서도 재미있었거나 지루했거나 힘들었던 느낌은 있는데, 그 과정의 일들을 하나하나 기억해서 쓰라고 하면 기억이 안 난다며 힘들어합니다. 그래서 생활문과 관련된 경험이 주가 되는 글쓰기 수업을 할 때는 재미있는 체험이나 놀이를 먼저 한 뒤에 바로 이어 글을 씁니다. 그러면 아이들은 방금 겪은 일이 생생하게 글이 되는 경험을 할 수 있기 때문입니다.

  이 장에서 소개할 놀이는 얼음 녹이기 게임입니다. 얼음 녹이기 게임은 손바닥 위에 얼음 조각을 놓고 녹이는 놀이입니다. 얼음이 녹는 과정을 보면서 시간의 흐름을 시각적으로 체험할 수 있으며 차갑고 짜릿한 촉감의 변화를 매우 강력하게 느낄 수 있는 놀이이기 때문에 시간의 흐름에 따른 글쓰기 훈련을 하기에 제격입니다. 네모반듯한 얼음이 물이 되어 사라지기까지 시작 - 중간 - 끝의 과정을 명확히 알 수 있어 아이들이 시간적 흐름에 따른 얼음의 변화와 손의 감각을 구체적으로 기억하고 묘사하기에 효과적입니다. (하정숙,「초등 전학년 글쓰기 16차시 계획: 문장력을 기르는 글쓰기 프로그램」,『배워서 남주자』통권 146호, 22~26쪽, 해오름, 2018 참조)

아이들의 손바닥에 탁구공보다 조금 작은 얼음 조각을 하나씩 올려 줍니다. 손바닥 위에 놓인 얼음을 먼저 녹이는 사람이 이기는 게임입니다. 손을 바꾸거나 얼음을 책상에 떨어뜨리면 감점입니다. 오로지 손바닥의 열로 얼음을 다 녹여야 합니다. 얼음이 녹는 시간은 짧게는 4~5분, 그동안 아이들이 할 일은 얼음이 녹으면서 실시간으로 변하는 모양과 색깔, 그리고 손에 와닿는 촉감의 변화를 관찰하면서 말로 생생하게 중계하는 일입니다. 그러는 사이사이 친구들의 반응도 살필 것을 미리 당부합니다. 게임이다 보니 얼음을 더 빨리 녹여야겠다는 생각에 관찰하기를 놓칠 수도 있어서 저는 주로 옆에서 얼음을 처음 받았을 때, 반쯤 녹았을 때, 거의 다 녹았을 때라고 쓰인 마인드맵 종이 위에 아이들의 말과 행동을 간략하게 메모해 둡니다. 나중에 아이들이 글을 쓸 때 커닝할 수 있도록 말입니다. 이처럼 어떤 일을 자세하게 기억하고 쓸 때는 마인드맵을 활용하면 효과적이라는 걸 가르쳐주는 것도 잊지 않습니다.

게임이 끝나면 기록을 공유하고 방금 한 얼음 게임을 자세히 기억해서 써보게 합니다. 쓰기 훈련이 된 아이들에게는 마인드맵을 먼저 작성하여 참조하게 하고, 글쓰기를 막 시작했거나 어린 연령의 아이들은 놀이하는 동안 제가 메모해 둔 것을 참조하게 합니다.

이제 막 글을 쓰기 시작하는 아이들에게는 자세히 보고 자세히 기억해서 자세히 쓴 글이 좋은 글이라 일러둡니다. 그런 목표 아래 경험한 것들을 구체적으로 쓰면서 문장력도 키우고 글의 분량도 늘리며 글쓰기 근육을 키우는 시간이 필요하기 때문입니다. 자세히 쓰다 보면 글의 양도 자연스럽게 늘어납니다. 이 시절에는 많이 쓰는 것도 잘 쓰는 거라는 걸 기억해 주세요. 양적 성장 뒤에 질적 성장도 따라오기 마련입니다. 자세히 쓰기를 목표로 글쓰기를 반복하다 보면 자연스럽게 글쓰기 근육도 자라게 됩니다.

> 아무것도 움직이지 않는 6월의 한낮. 나는 글꽃 3분 거리에 사는데 오다가 쪄 죽을 뻔했다. 벌써 여름인가 보다.
> 글꽃에서 얼음 게임을 했다. 선생님이 얼음을 가지고 오셨다. 친구들은 신이 났다.
> "먹어도 돼요?"
> "재밌겠다."
> 질문도 하고 소리도 쳤지만 나는 예전에 한 번 해본 거라 속으로 '아, 망했다' 했다. 얼음 게임은 손에 얼음을 올려놓고 녹이는 게임이다. 먼저 녹이는 사람이 승리다. 손을 바꾸거나 얼음을 떨어뜨리면 안 된다. 내 손에 얼음을 올렸는데 손이 마비되는 것 같아 "꺄아아악" 소리를 질렀다. 그 통증은 5분이 지나서야 좀 괜찮아졌다. 왜냐하면 얼음이 물이 되면서 햇볕에 닿아 따뜻해졌기 때문이다. 원래 처음 얼음을 받았을 땐 멋진 피라미드 모양이었다. 에베레스트산에 눈이 덮인 모양이

었다. 미니 백두산 같기도 했다. 내 손은 너무 아팠는데 눈을 엄청 많이 만졌을 때의 느낌이었다. 서연이랑 태희는 중간쯤 녹았는데 나만 그대로인 것 같았다. 조금 녹았을 때는, 그러니까 5분쯤 지나고 나서부터는 아픈 게 많이 나아졌다. 뾰족한 모서리 부분이 둥글어졌다. 신기했다. 반쯤 녹았을 때 얼음은 뾰족하고 끝이 둥근 피라미드 같았다. 마치 삼각김밥 같았다. 먹고 싶었다. 아픈 것은 많이 괜찮아졌다.

"다 녹았다."

서연이가 소리쳤다. 일등 한 서연이의 함성이 하도 커서 지구 끝까지 들렸을 것 같다. 내 얼음이 거의 다 녹아갈 때 태희도 소리쳤다.

"나도 녹았어요."

그땐 내 얼음이 개미만 해졌을 때다. 내 손은 이미 감각이 사라졌다. 마비된 것 같았다. 11분이 지나서야 내 얼음이 다 녹았다. 꼴찌여서 우울했다.

얼음이 내 손에 올라오면 영혼이 날아간 것 같은 기분이지만, 다시 해도, 꼴찌를 해도 역시 재미있는 수업이다.

— 유현초 3학년 이준기, 「얼음 게임」

얼음 녹이기 게임의 흐름을 세밀하게 써낸 준기의 글입니다. 글의 첫머리에서 게임 시작 전의 풍경을 육하원칙에 맞게 찬찬히 잘 풀어 썼는데 친구들이 한 말을 기억해 두었다가 대사로 잘 살려 쓴 점을 특히 칭찬해 주고 싶습니다. 겪은 일 쓰기에서 경험 속 대화를 잘 살려 쓰면 현장감이 살아나 글이 더 생생해지는 것을 느낄 수 있습니다.

준기는 미션대로 처음 얼음을 받고부터 얼음이 녹으며 변하는 모양과 촉감, 감각의 변화, 친구들의 반응까지 시간 순서대로 생생하게 묘사하고 있습니다. 중간중간 얼음이 변하는 모양을 눈 덮인 에베레스트산이라던지, 삼각김밥 등에 비유한 것도 사랑스럽습니다. 준기는 자기만의 표현을 찾기 위해 부단히 노력하는 편입니다. 위의 글에서도 '서연이의 함성이 지구 끝까지 들렸을 것 같다'든지 '영혼이 날아간 것 같은 기분'이라는 표현을 써서 글의 맛을 살리려 노력한 것이 눈에 들어오네요. 약간의 과장은 표현의 재미를 더합니다. '꼴찌를 해도 역시 재미있는 수업이다'라는 문장은 제 어깨에 잔뜩 힘을 실어줍니다.

이렇게 시간 순서대로 사건과 감각, 생각이 차례차례 묘사된 글을 읽으면 독자는 마치 그 현장에 함께 있는 듯한 몰입감과 생생함을 느낄 수 있습니다. 이런 글쓰기가 익숙해지면 아이들은 경험의 전체적인 맥락을 파악하고, 그 속에서 중요한 순간과 감정을 구체적으로 포착하는 힘도 키울 수 있게 됩니다. 또한 이렇게 시간 흐름에 따라 자신의 체험을 차근차근 정리하는 습관은 이후 긴 글이나 복잡한 내용도 구조적으로 잘 정리하는 기초 능력으로 자연스럽게 연결됩니다. 이렇게 경험을 순서대로 생생하게 기록하고 내면의 감정과 사건의 변화를 조화롭게 기술하는 단계에 이르면 글의 형식과 구조를 가르치는 갈래별 글쓰기로 넘어가도 좋습니다. 글쓰기 바탕이 모두 마련되었다는 뜻입니다.

실전 TIP

마음속의 지도를 그려주는 마인드맵 글쓰기

긴 글 쓰기에 도움이 되는 다양한 글쓰기 도구가 있습니다. 마인드맵도 그중 하나입니다. 마인드맵은 직역하면 '생각의 지도'란 뜻으로 영국의 토니 부잔(Tony Buzan)이 창시한 사고 기법입니다. 핵심 주제를 중심으로 관련된 아이디어를 방사형으로 연결하여 시각적으로 표현한 것으로 생각이나 아이디어를 체계화하여 표현하기에 좋습니다. 긴 글 쓰기에 앞서 아이들에게 마인드맵을 먼저 정리하게 한 뒤 그것을 지도 삼아 글을 쓰게 하면 훨씬 더 자세하고 긴 글을 만날 수 있습니다. 마인드맵이 전체적인 줄거리를 한눈에 볼 수 있게 정리해 주고 기억의 효율성을 높여주기 때문입니다. 마인드맵을 글쓰기에 활용할 때는 마인드맵이 주가 되지 않고 개요표 정도의 역할만 할 수 있도록 기호와 메모 형식으로 간략화하여 쓰게 해주세요.

1. A4용지를 가로로 놓고 중심에 글쓰기 주제를 씁니다. 그 옆에 주제 관련 간단한 중심 이미지를 함께 그려도 좋습니다.

2. 주요 가지의 개수와 분류 방법을 정합니다. 예를 들어, 얼음 녹이기 게임의 경우는 주제가 '얼음 녹이기 게임'이 됩니다. 그리고 시간의 흐름에 따라 글쓰기를 할 것이기 때문에 주요 가지를 '얼음 처음 받았을 때'(하나도 안 녹았을 때), '2분의 1 녹았을 때', '거의 다 녹았을 때' 등 시간의 순서에 따라 얼음의 상태를 기준으로 3~4개 정할 수 있습니다. 이렇듯 주요 가지를 어떻게 정하느냐에 따라 글쓰기의 방향이 결정되므로 주요 가지를 어떻게 분류할지 충분히 고민해야 합니다.

3. 주요 가지를 중심 가지에서 나뭇가지처럼 뻗어 나오게 그리고 주요 가지의 내용을 씁니다.

4. 세부 내용은 주요 가지에 세부 가지를 뻗어 나오게 그린 뒤에 쓰도록 합니다.

5. 세부 내용은 긴 문장으로 쓰지 않고 간단히 단어나 구절의 메모 형식으로 씁니다.

6. 마인드맵을 완성하면 그것을 바탕으로 본격적인 글쓰기를 시작합니다. 마인드맵의 내용들을 토대로 살을 붙인다는 느낌으로 글을 씁니다.

> 예시

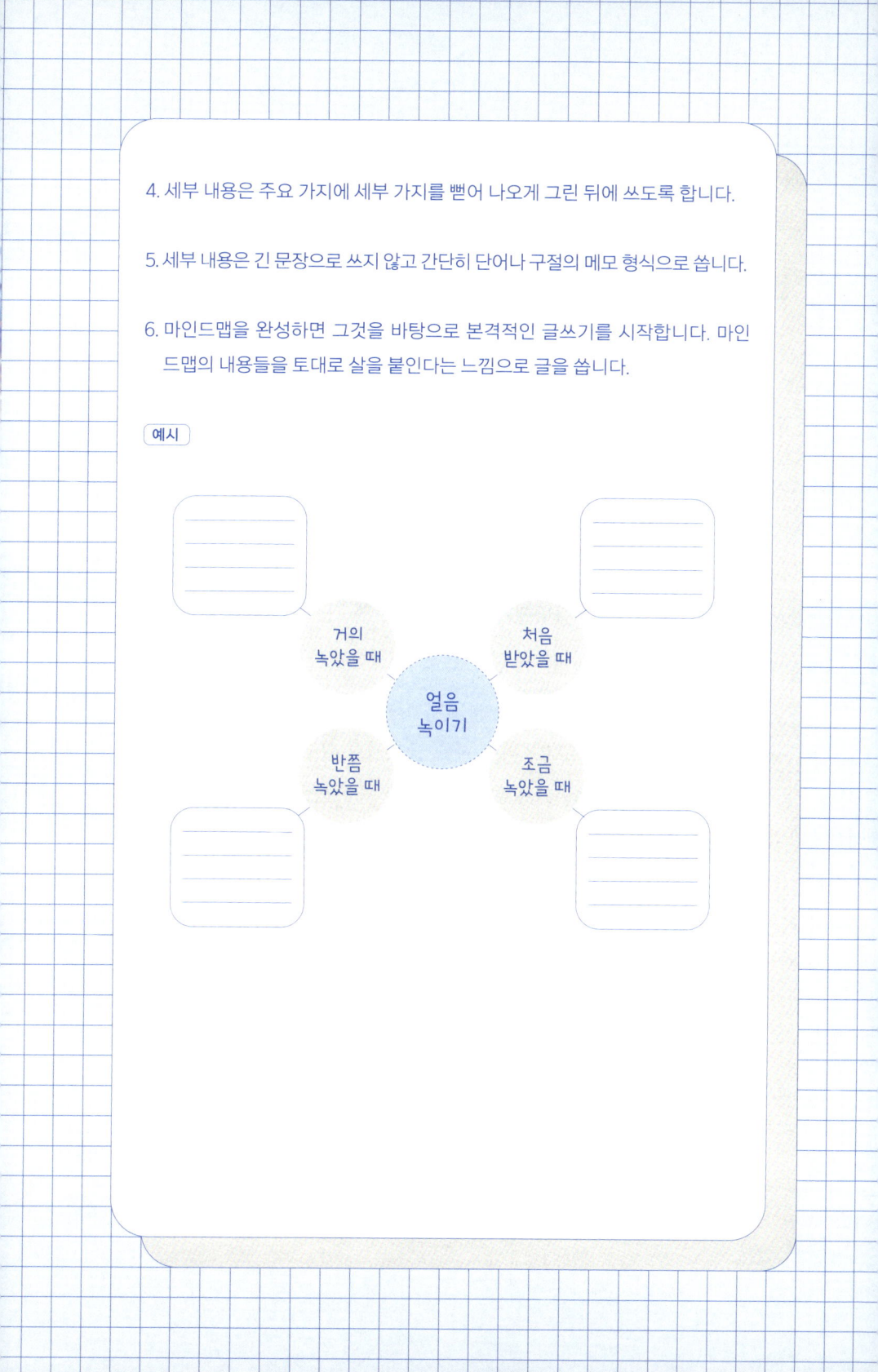

(5) 경험의 디테일을 살리고
순간의 생각을 포착하는 메모 글쓰기

이날의 글쓰기 미션은 '자세히 기억하고 자세히 쓰기'와 '이 경험을 통해 깨달은 점, 새롭게 알게 된 점 쓰기'였습니다. 자세히 쓰기를 돕기 위해 저는 아이들에게 포스트잇을 한 통씩 나눠 주었습니다. 그러고 아이들에게 말했지요.

"자세히 기억하고 자세히 쓰기만 해도 좋은 글을 쓸 수 있어요. 하지만 우리의 뇌는 이 순간에 집중하느라 지나간 시간은 금세 잊어버려요. 그래서 자세히 쓰기가 힘든 거예요. 모든 일이 끝나고 나면 우리 머릿속에는 '재미있었다' 혹은 '지루했다'는 느낌만 남게 되죠. 그래도 너무 걱정하지 말아요. 우리에게는 제2의 뇌인 손이 있으니까요. 손은 몸 밖으로 뻗어 나온 우리의 뇌입니다. 뇌가 못한 기억을 손이 해줄 수 있습니다. 어떻게 그게 가능하냐고요? 바로 메모 글쓰기를 활용하면 됩니다."

아이들에게 메모 글쓰기를 권장하는 이유는 기억력의 한계를 보완하여 생생한 글을 쓰기 위해서입니다. 우리의 뇌는 지금 이 순간에 집중하느라 지나간 장면들은 금방 잊어버립니다. 하지만 글쓰기는 지나간 시간을 되살리는 작업이기에 기억이 흐릿해지면 세밀한 장면 묘사나 감정 표현이 힘들어지지요. 이때 메모는 기억을 대신하는 제2의 뇌가 되어 글의 뼈대를 만들어줄 수 있습니다.

예를 들어 보겠습니다. 아래는 '마시멜로 챌린지' 활동 후 유현초 4학년 서원이가 쓴 글의 일부입니다. 활동 중 실제 대화와 감정을 포착한 표현이 잘 살아 있습니다.

"테이프 좀 아껴 써!"

리아가 말했다. 나는 마시멜로 탑 만드느라 어쩔 수 없이 쓴 것이었는데 그렇게 말을 해서 싫었다. 하윤이와 율이는 계속 따로따로 만들고 있었다. 하윤이는 탑을 만들면서도 나중에 글 쓸 것을 대비해 우리가 나누는 말을 메모지에 다 적고 있었다. 나는 하윤이가 왜 그렇게까지 적어야 하는지 궁금했다. 우리는 계속 탑을 만들었는데 만들수록 무너져 갔다. 어떻게든 살리려고 온갖 방법을 다 동원해 보았지만 다 실패였다. 그때 하윤이 팀은 "포기할래"라는 말을 계속하고 있었다. 계속 만들다가 리아가 말했다.

"우리 지금 스파게티 면 한 개로만 뼈대를 만들었는데 두 개로 만들면 더 튼튼하지 않을까?"

"그래, 해보자! 스파게티 면은 부러져도 우리 마음은 무너지지 않아!"

그래서 우리는 그렇게 하기로 했다. 먼저, '스파게티 면은 부러져도 우리 마음은 부러지지 않는다.'라고 메모를 해놓고 다시 만들기 시작했다.

— 유현초 4학년 최서원, 「우리의 마음은 부러지지 않는다」 중에서

서원이는 이 짧은 대목 속에서도 감정의 충돌, 갈등의 순간, 극복의 말 한마디를 생생하게 담아냈습니다. 이 글이 단순한 활동 보고가 아닌 '하나의 이야기'로 읽히는 이유는 바로 메모 글쓰기를 했기 때문입니다. 활동 중 함께한 친구의 대화, 자신의 감정 반응, 그리고 전환의 순간까

지… 이 모든 것을 그 자리에서 기록해 두었기 때문에 가능한 일이었습니다. 지면 사정상 전문을 다 싣지는 못했지만 서원이의 글이 인상적이었던 이유는 경험을 통해 얻은 지혜를 잘 포착하고, 그 순간을 생생하게 글로 재현해 냈기 때문입니다.

물론 모든 경험을 매 순간 메모하며 살 수는 없습니다. 하지만 아이들이 '기억할 만한 순간'을 의식하는 것과 메모가 그 순간을 생생하게 쓰는 데 큰 도움이 된다는 사실을 직접 느껴보는 일은 그 자체로 충분히 값집니다. 실패와 감정의 충돌, 그리고 해결의 과정이 자연스럽게 녹아 있는 서원이의 글은 메모 글쓰기가 어떻게 글을 바꾸는지를 잘 보여줍니다.

메모 글쓰기의 힘

생각은 순간에 있습니다. 생각을 포착하려면 그 순간에 집중해야 하고, 그러려면 순간순간을 자세히 보고 기록하는 마음이 필요합니다. 기억을 저장해야 할 때 메모 글쓰기는 정말 유용합니다. 흘러가는 순간을 그냥 흘러가게 두지 않습니다. 순간에 깃든 생각을 잡아채려면 쓰고자 하는 순간을 자세히 기억하고 기록하겠다는 마음이 우선되어야 합니다.

그런 마음으로 자신의 감정을 들여다보고 다시 말과 장면을 떠올리며 정리하다 보면 '어? 나한테 이렇게 의미 있는 생각이 있었네?', '이렇게 내가 남들이 재미있어하는 말도 했구나!' 하는 발견의 순간을 얻게 됩니다. 그렇게 한 번, 두 번 나만의 멋진 생각을 포착하다 보면 다음에도 그런 순간이 오길 기다리게 됩니다. 멋진 생각을 포착해서 쓴 날은 아이들 얼굴이 발그레 상기됩니다. 대어를 낚은 낚시꾼처럼 큰소리를 떵떵 치면서 자기가 그 생각을 어떻게 발견했는지 떠벌떠벌 자랑합니다. 이런 자기 신뢰의 경험이 중요합니다. 매번 대어를 낚지는 못할 겁니다. 하지만 그 기억은 마치 낚시꾼이 손맛을 잊지 못하듯 오래오래 간직될 것입니다.

이렇듯 메모 글쓰기는 아이들이 순간순간 느낀 감정, 떠오른 생각, 말의 흐름을 붙잡아 두는 가장 효과적인 도구입니다. 또한 메모하는 과정을 통해 '이건 나중에 글에 꼭 써야 해!', '이건 재미있었지!' 하는 자기 내면의 목소리를 듣게 됩니다. 모든 순간을 다 자세히 쓰는 것이 아니라 기억할 만한 가치가 있는 순간을 고르고 선택하는 능력도 따라 자라게 됩니다. 이런 단계를 따라가다 보면 메모는 단순한 기록이 아니라 글쓰기의 뼈대가 되고, 아이들은 이를 바탕으로 '자신만의 이야기'를 완성하게 됩니다. 서술할 장면을 선택하고 구성하고 살을 붙여 이야기를 완성하는 경험은 글쓰기의 모든 과정을 훈련하는 장이 될 수 있습니다.

무엇보다 중요한 건 메모를 글로 옮기며 아이가 자신의 생각과 감정을 다시 들여다보게 된다는 점입니다. 이 경험은 단순히 글쓰기 능력을 기르는 것을 넘어 자신의 삶을 자각하고 돌보는 연습으로 이어질 수 있습니다. 자신의 성장과 행복의 기반을 닦는 삶의 기술을 연마하는 일이기도 한 것입니다. 본질은 언제나 가장 단순하고 조용한 얼굴로 우리를 기다립니다. 아이들이 글쓰기를 통해 그 본질과 마주할 수 있다면 그 순간이야말로 가장 큰 성장의 순간일 것입니다.

실전 TIP

글쓰기의 로드맵을 익히는
메모 글쓰기

아이들이 활동 중 메모한 내용을 바탕으로 글 한 편을 완성하게 하려면 다음과 같은 단계를 따라가시면 됩니다.

1. 메모 속 말과 장면을 다시 꺼내기
활동 후 메모지에 적힌 말이나 상황, 감정을 하나씩 소리 내어 읽어보게 합니다. 이때는 누가, 언제, 어떤 상황에서 무슨 말을 했는지를 정리하듯 떠올려보는 것이 중요합니다. 메모는 단순한 단어가 아니라 장면의 실마리이기 때문입니다.

2. 순서 다시 구성해 보기
메모에 담긴 사건이나 대화를 시간 순서로 정리해 보게 합니다. 이때 '이건 처음에 있었던 일', '이건 끝날 무렵 말했던 것'처럼 순서를 정리하다 보면 글의 흐름이 자연스럽게 떠오릅니다.

3. 중심 장면 고르기
기억에 남는 장면이나 인상 깊은 대사가 있는 부분을 더 자세히 쓰라고 강조해 둡니다. 갈등이 있었던 순간이나 기발한 해결의 과정, 친구의 반응 등에 관심을 표하며 그 부분을 구체적으로 쓰면 재미있을 것 같다는 중간 피드백으로 아이들의 의욕을 고취합니다.

4. 느낌과 생각 확장하기
메모 속 행동이나 말을 다시 보며 "이때 나는 왜 그런 기분이 들었을까?", "무엇을 새롭게 알게 되었지?" 같은 질문을 던져보게 합니다. 사건을 나의 이야기로 확장하는 과정이지요. 그때 왜 그런 감정을 느꼈는지, 지금 다시 생각해 보니 어떤지,

다음에는 어떻게 해보고 싶은지… 생각을 확장하다 보면 중심 생각을 찾는 훈련을 하는 데 도움이 됩니다.

5. 메모를 문장으로 바꾸기
"테이프 좀 아껴 써!"라는 메모는 "리아가 말했다. '테이프 좀 아껴 써!' 나는 속으로 억울했지만 말은 하지 않았다."처럼 맥락과 감정을 더한 문장으로 발전시켜 봅니다.

이 과정을 통해 아이들은 자기만의 글을 구성하고 완성하는 경험을 하게 됩니다. 메모가 그저 메모로 남는 것이 아니라 글로 재탄생하는 과정을 겪으며 아이들은 글쓰기의 진짜 재미를 알게 되지요.
더 나아가, 메모하고 기록하면서 자신의 생각을 붙잡고 그것을 표현해 보는 경험은 아이들에게 깊은 만족과 자신감을 안겨줍니다. '나는 이런 생각도 했구나', '내가 쓴 글을 누군가 재미있게 읽어 주었구나' 하는 작은 경험들이 쌓이면 아이는 자신을 표현하는 힘, 즉 표현력과 자존감을 함께 키울 수 있습니다. 무엇보다 중요한 건 메모는 아이들이 자기 생각과 감정을 존중하게 만들고, 그 안에서 자기만의 시선과 언어를 갖도록 도와준다는 점입니다.

(6) 오감이 살아있는 요리 글쓰기

오감이 살아있는 글이 좋은 글이라는 이야기는 많이 들어보셨을 겁니다. 오감이 살아있는 글은 상상력을 자극하여 장면에 쉽게 공감하고 빠져들 수 있게 해줍니다. 하지만 훈련이 되지 않은 사람들에겐 쉽지 않은 일입니다. 작정하고 의식하며 노력해야 가능한 일입니다. 아이들에게 아무리 중요하다고 강조한들 무슨 소용이 있겠습니까. 글쓰기뿐 아니라 아이들 교육에 있어 꼭 알려주고 싶은 좋은 것이 있다면 무조건 스스로 경험하고 느낄 수 있게 해주어야 합니다.

오감이 살아있는 생활문 쓰기를 할 때에는 오감을 활용할 수밖에 없는 활동을 하고 글을 쓰면 됩니다. 가장 쉬운 게 '요리 글쓰기'입니다. 아이들이 기다리고 기다리는 수업이지요. 학원이 아닌 공부방을 운영하며 얻은 특혜이기도 합니다. 마음만 먹으면 간단한 요리는 수업 시간 안에 얼마든지 가능하니까요. 무엇보다 요리 활동은 보고 듣고 냄새 맡고 만지고 맛보는 다섯 가지 감각을 모두 자극하는 활동입니다. 경험을 감각으로 포착할 수 있기 때문에 오감을 여는 글쓰기로는 이만한 활동이 없는 것 같습니다.

요리 글쓰기를 하면 이런 점들이 좋습니다.

첫째, 오감 관찰이 저절로 됩니다. 재료의 특성을 알기 위해 오감을 동원하게 되니까요. 맛, 모양, 촉감, 냄새 등 재료가 가진 것들과 더불어 그 재료가 가진 영양소나 다양한 이야기도 글감이 될 수 있습니다.

둘째, 요리가 되는 과정을 살피다 보면 노력하지 않아도 행동 묘사를 쪼개어 할 수 있습니다. 행동 묘사만 나열되면 재미가 없으니 사이사이에 든 생각과 느낌을 섞어 쓰게 하면 좋습니다.

셋째, 요리가 되는 과정에서 나는 소리, 모양 같은 것들을 의성어와 의태어로 표현해 보게 합니다. 이때 자기만의 창의적 표현 찾기가 가능해집니다.

넷째, 요리하는 과정의 즐거움을 나눌 수 있습니다. 팝콘처럼 아주 간단한 요리를 하는 과정에서도 에피소드는 생겨납니다. 유심히 투명 뚜껑만 집중해서 쳐다보는 아이가 '툭' 하고 첫 번째 팝콘이 튀겨지자 그만 깜짝 놀라 펄쩍 뛰어 달아나기도 하고요. 팝콘이 다 튀겨지길 기다리며 '툭 하면' 말 잇기로 즐겁게 팝콘을 기다리는 경험도 하게 됩니다. 요리는 즐겁다는 깨달음은 덤입니다.

다섯째, 무엇보다 아이들에게 '내가 요리를 했다'는 자신감과 자부심을 심어주게 됩니다. 이 자부심은 글쓰기로도 연결됩니다. 글에서도 활력이 넘치게 됩니다.

이런 글쓰기 앞에서 '글쓰기가 재미없다', '힘들다' 말하는 친구는 여태 본 적이 없습니다. 게다가 함께하는 즐거움에 글쓰기도 놀이인 양 여기게 됩니다. 여기에 소소한 보상을 덧붙이면 적당히 경쟁도 하게 되어 글 쓰는 재미를 더할 수 있습니다. 물론 모두 이기는 경험을 하게 해 주는 것이 제일 좋습니다. 그렇게 놀듯이 수업하고 놀이하듯 글을 쓰면서 알게 모르게 글쓰기의 기본기를 익히게 하는 것이 저의 전략입니다.

이런 경험들이 쌓이면 아이들은 자연스레 글쓰기는 재미있는 것으로 인식하게 됩니다. 초등 글쓰기 수업에서 가장 중요한 것은 글쓰기를 즐거운 경험으로 만드는 일입니다. 요리를 했던 그날, 맛있게 먹고 깔깔 웃었던 그날, 내가 만든 요리를 글로 남겼던 그날의 경험은 아이들 기억에 오랫동안 남게 됩니다. 글쓰기라는 단어만으로 웃음이 나오는 아이를 만들 수 있습니다. 바로 그것이 제가 글쓰기 수업에서 가장 바라는 모습이기도 합니다.

요리 글쓰기로 다양한 글쓰기 방법 알려주기

오늘은 글꽃에서 라면전 만들기를 했다. 원래는 달력 만들기를 하려고 했는데, 라면전 만들기로 바뀌어서 신이 났다. 우리가 직접 라면을 요리하다니! 놀라웠다. (중략)

볼 안에 스프를 넣었다. 원래는 3분의 2 정도를 넣는 건데, 선생님이 3분의 2 정도를 넣으면 짜다고 해서 2분의 1 정도만 넣었다. 그리고 쫑쫑 썬 대파를 넣고 섞었는데 짭짤한 냄새가 났다. 파기름을 낼 차례였다. 나는 파를 싫어하는데 선생님이 파를 코에 대서 깜짝 놀랐다. 파기름을 내고 면을 넣었다. 그다음 면 위에 피자 치즈와 데코로 슬라이스 치즈를 넣었다. 뚜껑을 닫고 치즈가 녹을 때 뚜껑을 열어보니 치즈가 면에 마치 하얀 이불처럼 덮여있었다. 이제 책상 위로 옮기니 아주 맛있어 보여서 나도 모르게 "맛있겠다"라고 말해버렸다. 입에 침이 고였다. 먹어보니, 면은 주황색으로 꼬들했고 파, 당근이 함께 어우러져 아주 짭잘하고 고소해서 정말 맛있었다. (중략)

배가 빵빵해졌다. 이제 맛이 없는 음식도 새롭게 요리해서 맛있게 먹는 방법을 알았다. 잔반도 줄 테니 환경오염도 줄일 수 있겠다는 생각이 들었다.

— 유현초 3학년 홍채언, 「오감생생 라면전 만들기」 중에서

채언이의 글을 보면 요리 글쓰기의 강점이 오롯이 드러납니다. 먼저 오감이 고스란히 살아 있습니다. "치즈가 마치 하얀 이불처럼 덮여 있었다", "짭짤한 냄새", "면은 주황색으로 꼬들했고, 파, 당근이 함께 어우러져 고소했다"는 표현에는 시각, 후각, 미각, 촉각 등 오감이 모두 들어 있습니다. 요리하는 과정은 마치 그 장면들이 머릿속으로 재현될 만큼 자세하게 묘사되어 있습니다. 특히 "선생님이 파를 코에 대서 깜짝 놀랐다"는 장면이나 "나도 모르게 '맛있겠다'라고 말해버렸다"는 문장에서는 글이 생생하게 살아있다는 느낌이 듭니다. 요리를 하던 상황과 몸의 반응 들을 꼼꼼히 기억했다 썼기 때문입니다. 마무리에서는 채언이가 경험을 통해 얻은 깨달음까지 잘 드러나 있어 단순한 체험 글을 넘어 사고력 있는 글쓰기로의 확장 가능성도 엿볼 수 있습니다.

이렇듯 요리 글쓰기는 단지 오감만을 쓰게 만드는 활동이 아닙니다. 경험을 중심에 두고 관찰, 묘사, 시간의 흐름에 따라 쓰기, 감정 글쓰기, 경험에 대한 통찰까지 이 모든 것을 글로 훈련하게 해주는 글쓰기의 종합 훈련장이 될 수 있습니다. 3학년 채언이의 글은 이런 요리 글쓰기의 장점을 효과적으로 보여주고 있습니다.

냄비에 물을 받아 가스레인지에 올려두었다. 5분 정도 되니 물이 끓기 시작했다. 가스레인지에서 후끈후끈한 열기가 올라왔다. 이현이는 후끈한 열기에 얼굴이 화끈하다며 내 뒤로 물러나곤 했다. 나는 라면 봉지를 뜯어 끓는 물에 라면 사리를 넣었다. 라면이 끓어오르니 밀가루 냄새도 함께 올라왔다. 이현이는 나보다 늦게 냄비에 라면을 넣었다. (중략) 물이 뜨거워 글꽃 선생님이 대신 버려주셨다. 뜨거운 물을 버릴 때 훅 하고 자욱한 연기가 올라왔다. 살짝 무서웠다.

프라이팬에 올리브유를 뿌리고 파를 넣어 파기름을 만들고 날계란 두 개를 넣어 젓가락으로 저으며 건더기 스프와 분말 스프를 같이 넣었다. 이현이는 물을 걸러낸 라면에다 스프를 반을 넣어야 하지만 2/3 정도 넣었다고 했다. 그리고 이현이가 파기름을 만들 때 파기름 냄새가 옆에서 풍기고 있었다. 다시 돌아와 나는 물을 걸러낸 라면을 프라이팬에 넣어 잘 섞었다. 접시 같은 그릇에 라면 볶음면을 담고 체다치즈를 라면 볶음면 위에 올려 예쁘게 마무리했다. (중략)

이현이와 나는 책상에 앉아 라면전과 라면 볶음면을 먹었다. 라면 볶음면은 이현이의 라면전을 만들기를 기다리다 다 불어버렸지만 맛은 꽤 괜찮았다. 냉정하게 평가하자면 라면이 다른 재료와 살짝 따로 놀고, 계란과 파에서는 계란 맛이 나는데 달달한 파가 그 밸런스를 붕괴시키는 것 같아 아쉬웠다. 하지만 분말스프 덕분에 완전 맛이 없었던 것은 아니다. 먹다 보니 점점 배가 불러와 좀 맛없게 먹은 감이 있다. 이현이의 라면전은 바삭하고 치즈가 올라가 있어 맛이 있었다. 하지만 체다치즈 때문에 라면 특유의 매운맛보다는 치즈 맛이 도드라져서 느

끼한 감이 있었다. 치즈는 조금만 넣는 것이 좋을 것 같다. (하략)

— 풍무초, 6학년 김규림, 「라면 요리 대전」 중에서

위의 글은 먹는 걸 좋아하는 규림이의 글입니다. 규림이는 수업 시간마다 책상 위에 간식을 한가득 펼쳐놓고, 처음 보는 간식을 들고 와서는 이건 무슨 맛인지, 얼마에 샀는지, 왜 골랐는지 조잘조잘 이야기하곤 합니다. 그런 기질이 글에서도 유감없이 발휘됩니다. 자신의 라면 볶음에 대해 '라면이 다른 재료와 따로 논다', '계란과 파의 밸런스가 아쉽다'고 쓴 문장에서는 단순한 맛 묘사를 넘어서 재료 간의 조화와 완성도를 냉정히 평가하는 분석적 시선이 보입니다. 〈흑백요리사〉의 안성재 심사 위원도 울고 갈 깐깐한 평가입니다. 친구 이현이의 라면 전은 바삭하고 치즈가 올라가 있어 맛있지만 치즈 맛이 도드라져서 느끼하다고 분석한 다음 '치즈는 조금만 넣는 것이 좋겠다'는 제안까지 덧붙입니다. 이는 단순한 비교를 넘어 타인의 결과물에 대한 객관적 평가와 자기 기준을 세우는 고학년다운 글쓰기 태도를 보여줍니다.

글의 구조를 살펴보면, 단순한 체험 나열이 아니라 '물이 끓는다 → 면을 넣는다 → 파기름을 낸다 → 스프를 넣는다'와 같이 요리 과정을 시간의 흐름에 따라 일관되게 조직하고 있습니다. 이는 글을 정보의 순서대로 정리하고, 독자가 따라가기 쉽게 구성하는 능력이 성장하고 있음을 보여줍니다. 그 사이사이에 '얼굴이 화끈하다', '연기가 훅 올라와 무서웠다', '배가 불러서 맛없게 먹었다' 같은 감각적 반응과 솔직한 심리도 엿볼 수 있어 구체적이고 생생한 글이라는 느낌을 줍니다.

무엇보다 인상적인 건 맛에 대한 언어화 능력입니다. '계란과 파에서는 계란 맛이 나는데 달달한 파가 그 밸런스를 붕괴시킨다'는 표현은 미각을 언어로 섬세하게 옮긴 문장으로 미묘한 맛의 감각을 논리적으로 분석해 서술할 수 있는 규림이만의 장점이 잘 부각되어 있습니다. 규림이의 글은 고학년 아이들이 요리 글쓰기를 통해 경험을 관찰하고 분석하며 자기 관점을 글로 펼쳐 나가는 힘이 얼마나 커질 수 있는지를 잘 보여줍니다. 단순한 생활문을 넘어 하나의 짧은 비교 관찰 보고서처럼 읽히는 이유도 여기에 있습니다. 한발 더 나아가 이 과정에 깨달음이나 의미까지 덧붙일 수 있다면 고학년 글쓰기의 완성에 더욱 가까워질 수 있을 것입니다.

좋은 글은 생생하고 구체적이며 살아있는 경험이 담긴 글입니다. 그런데 이 말을 곧이곧대로 전달하면 아이들은 되레 혼란스러워하기 마련입니다.

"구체적으로 쓰는 게 어떤 거예요?"

"생생하게 쓰려면 어떻게 해야 해요?"

글쓰기 수업에서는 그날의 글쓰기 목적을 한두 개 정확히 정해 그 목적에 맞는 경험을 하고 글을 쓰는 게 좋습니다. 오감 표현에 집중한 글쓰기를 하고 싶으면 요리 글쓰기처럼 오감을 자극하는 활동을, 시간의 흐름대로 글을 쓰게 하고 싶으면 시간의 흐름을 감각으로 느낄 수 있는 활동을, 자기 생각을 한 줄 이라도 섞어보게 하고 싶으면 생각이 떠오를 때마다 메모하는 활동을 통해 글을 쓰게 하는 겁니다. 이렇게 아이 스스로 경험하고 그 경험을 자기 말로 풀어낸 글은 아이들이 기억을 쉽게 잊지 않습니다. 경험의 종류에 따라 혹은 상황에 따라 글을 어떻게 전개해야 할지에 대한 감각도 키울 수 있습니다.

경험이 중요하다고 해서 해외여행을 가고 비싼 체험을 해야 좋은 게 아닙니다. 지금 여기에서 아이들과 논다는 생각으로 요리 글쓰기에 도전해 보세요. 어떤 요리를 할지 의논하고, 같이 마트에 가서 장을 보고, 이게 좋네, 저게 좋네 실랑이도 벌여보고, 집으로 돌아와 재료를 손질하는 것부터 아이의 손에 맡겨보는 겁니다. 목적의식을 내려놓고 눈앞의 것들을 가지고 수다를 떨어보세요. 그리고 맛있는 요리를 해먹고 글을 쓰는 겁니다. 함께 써도 좋습니다. 아래의 글쓰기 팁의 미션을 프린트해서 놓고 대결하듯 글을 써도 재미있습니다. 그러면 영양가 있고 맛있는 글쓰기 수업이 탄생할 겁니다.

글쓰기가 행복했던 경험이 필요해!

글은 결국 자기가 보고 만지고 느낀 것을 자기 말로 풀어내는 일입니다. 요리 글쓰기는 그 시작을 오감으로 열어주며 행복한 기억을 선사하는 글쓰기입니다. 중요한 것은 이런 글쓰기 활동이 큰 글쓰기 근육을 만들어낸다는 것입니다. 우리 아이들에게는 진정으로 행복한 글쓰기 경험이 필요합니다. 글쓰기를 경쟁과 성취의 장으로만 여기지 않았으면 좋겠습니다. 작은 경험, 소소한 놀이가 글이 되는 경험을 하게 해주세요. 아이들의 머릿속에 '글쓰기=행복'이 되는 경험을 많이 쌓아주세요. 그 기억들이 아이들을 계속 쓰게 만들 것입니다. 글쓰기로 아이의 삶을 키우는 동력이 되어줄 것입니다.

　본질 글쓰기 첫 번째 걸음과 두 번째 걸음은 글쓰기가 아이들에게 행복한 경험이 되기를 바라는 마음으로 엮어낸 장입니다. 아이가 재미있어하는 부분을 충분히 반복해서 경험할 수 있도록 해주세요. 그 사이 글쓰기 근육이 울퉁불퉁 자라있는 것을 느끼실 수 있을 겁니다. 이렇게 글쓰기 자신감이 충분히 생겨 유창하게 글을 쓸 수 있게 된 뒤, 다음 장인 '본질 글쓰기로 AI 넘어서기'로 향하면 좋겠습니다. 다음 장에서는 책뿐 아니라 다양한 매체를 읽고 스스로 질문하고 답하며 자신의 생각을 발견하는 글쓰기로 나아갑니다.

실전 TIP

요리조리 활용도 높은
요리 글쓰기

아래의 순서에 따라 요리 글쓰기를 해보세요. 기왕이면 과정마다 사진도 찍으면 좋습니다. 요리를 하고, 글쓰기를 한 뒤 쓴 글과 찍은 사진은 SNS에도 올려보세요. 뜻깊은 체험이 될 수 있을 것입니다. 요리 글쓰기의 미션은 '시간의 흐름에 따라 자세히 쓰기, 중심 생각이 살아있는 글쓰기, 오감을 살려 쓰기' 등 그때그때 채택하여 쓰시면 됩니다.

● **요리 활동은 이렇게!**
1. 어떤 요리를 할지 정한 뒤 장 봐야 할 재료를 종이에 메모합니다.
2. 마트나 시장에서 가서 메모해 둔 재료들을 삽니다. 살 때 좋은 재료를 고르는 법에 대해 이야기 나눕니다.
3. 장 봐 온 재료들을 손질한 뒤 본격 요리에 앞서 레시피를 점검합니다.
4. 함께 조심조심 즐겁게 요리합니다.
5. 완성된 요리를 접시에 옮겨 담은 뒤 맛을 보며 〈흑백요리사〉의 심사 위원처럼 맛을 평가해 봅니다.
6. 요리 과정에서 깨닫게 된 점이 있다면 그 부분에 대해서도 이야기 나눠봅니다.

● **요리 글쓰기는 이렇게!**
1. 글쓰기 미션을 정합니다. 오감 관찰에 중점을 둘 것인지, 시간의 흐름에 중점을 둘 것인지, 경험을 통해 얻은 중심 생각이 살아있는 글쓰기에 중점을 둘 것인지 먼저 정합니다.
2. 요리에 집중하며 위의 대화들을 나눕니다.
3. 필요하다면 메모를 활용하여 중간중간 주요 포인트나 생각, 느낌을 기록해 두어도 좋습니다.

4. 미션을 염두에 두고 글을 쓰되 그보다는 글의 내용에 집중해 주세요.
5. 잘 썼거나 인상적인 부분을 칭찬해 줍니다.
6. 요리 사진들을 곁들여 온라인상에 게재해도 좋습니다.

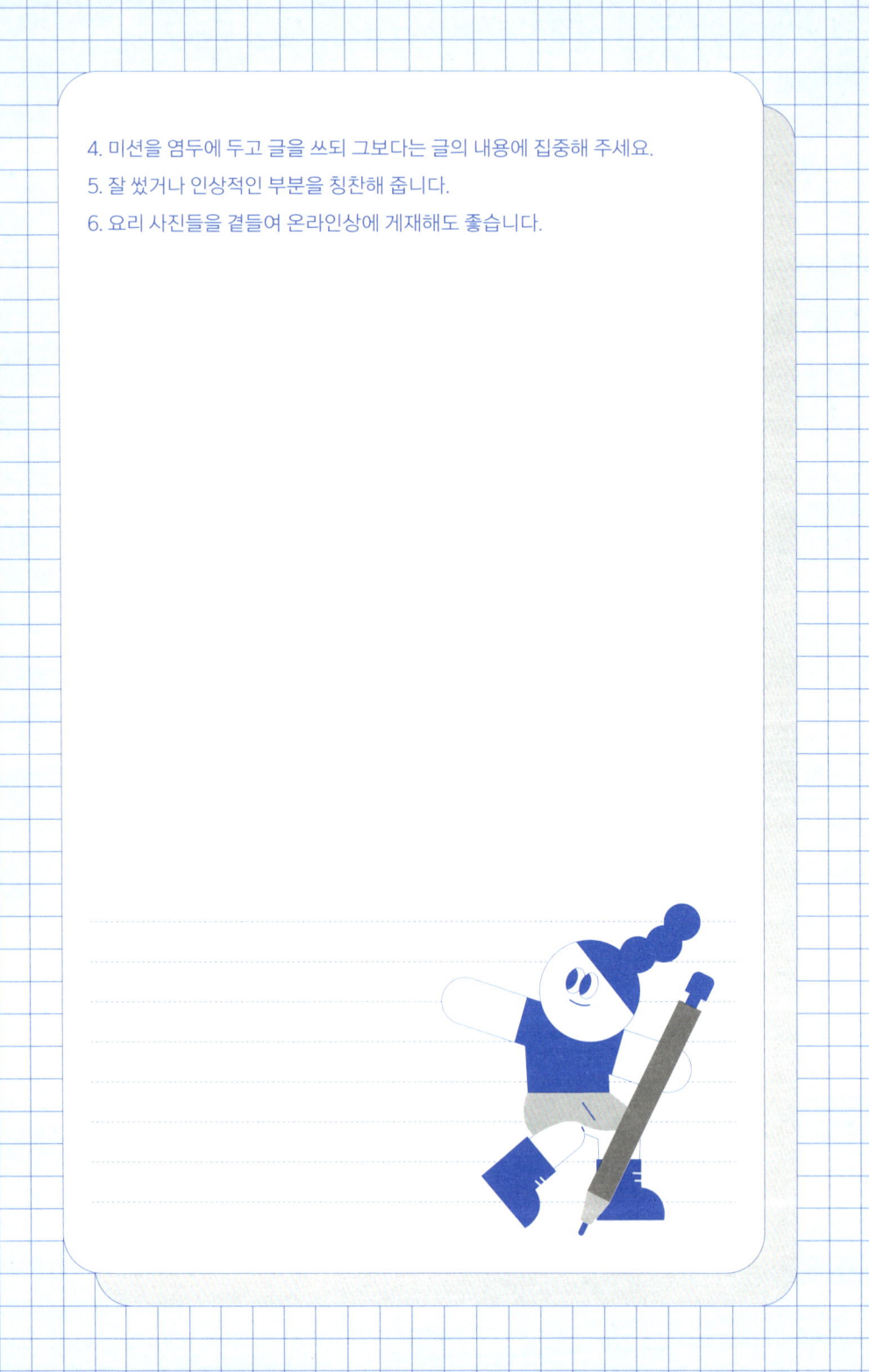

제4부

본질 글쓰기로 AI 넘어서기

질문으로 빛나는 생각을 캐내는 본질 글쓰기

AI가 무엇이든 대신 써주고 대신 찾아주는 시대입니다. 하지만 그 수많은 정보 중 어떤 것이 중요한지, 내게 꼭 필요한 핵심 정보가 무엇인지 판단하는 것은 결국 질문하는 사람의 몫입니다. 이제는 정답을 빠르게 아는 능력보다 올바른 질문을 던지는 힘이 더 중요한 시대입니다. 질문하는 사람만이 정보를 선별하고 의미를 만들어낼 수 있기 때문입니다.

그렇다면 AI 시대에 어울리는 글쓰기 교육은 무엇일까요? 좋은 글을 쓰는 사람으로 자라려면 어떤 훈련이 필요할까요? 그 해답은 의외로 단순합니다. 많이 읽고 많이 써보는 것. 하지만 이것만으로 충분하지 않습니다. 단순히 자주 쓴다고 글이 늘지는 않지요. 글쓰기는 '읽고-생각하고-쓰는' 과정을 꾸준히 반복할 때 성장합니다. 여기에 한 가지를 더한다면, 저는 주저 없이 '질문하기'를 꼽겠습니다.

사실 글쓰기 역시 질문의 결과물입니다. 글은 생각에서 나오고 그 생각의 씨앗이 바로 질문이기 때문입니다. 질문은 생각을 깨우고 방향을 정하며 사고를 글로 옮기게 만드는 원동력입니다. 우리가 인식하든 인식하지 못하든 아이가 쓰는 모든 글에는 질문이 숨겨져 있습니다. 그래서 아이가 어떤 질문을 품느냐에 따라 글의 깊이와 생각의 격이 달라집니다.

제4부에서는 '읽고 – 질문하고 – 생각하고 – 쓰는' 루틴을 길러주는 다섯 가지 질문형 글쓰기를 소개합니다. 단순히 '뭘 써라', '어떻게 써라' 가르치는 게 아니라 독서 후 사고를 확장하는 질문, 정보를 탐색하며 비판적으로 생각하게 하는 질문, 자기 삶을 돌아보는 적용 질문을 담았습니다. 책이든 영상이든 매체를 접한 후 아이에게 무슨 질문을 던져야 할지 막연했던 부모와 교사들에게 실질적인 가이드가 되어줄 것입니다.

본질 글쓰기가 아이들의 삶에 뿌리내리기 위해서는 '읽고 – 질문하고 – 생각하고 – 쓰는' 흐름이 습관이 되어야 합니다. 질문은 아이 안에 잠든 생각을 깨우고 자신의 관점을 발견하게 해주며 글을 더 깊어지게 합니다. 날카로운 통찰도 결국 좋은 질문에서 시작됩니다. 스스로 묻고 답할 줄 아는 아이는 스스로 빛나는 글을 쓰고 스스로 빛나는 삶을 살아갈 수 있습니다.

1장

중요한 것은
질문할 시간을 주는 것이다

요즘 세대를 '도파민 세대'라고 부른다고 합니다. 쇼트 폼이 아니면 못 보겠다는 사람들, 긴 글은 이해하기가 힘들다는 사람들, 심지어 말도 잘 못 알아듣겠다는 사람들이 넘쳐나는 세상입니다. 수업 중에 영화를 보여주면 '우리 선생님은 좋은 선생님'이라며 엉덩이춤을 추던 아이들이 이젠 영화 한 편을 끝까지 지긋하게 못 봅니다. 유튜브의 자극도 모자라 틱톡, 릴스, 쇼츠 등 쇼트 폼 콘텐츠들이 쏟아져 나오자 부모님들은 "차라리 유튜브가 낫겠다"고 말하는 지경에 이르렀습니다. 짧고 강한 자극이 아이들의 집중력뿐 아니라 사고력까지 빼앗고 있는 현실입니다.

2021년 방영된 EBS 다큐멘터리〈당신의 문해력〉은 대한민국을 충격에 빠뜨렸습니다. 낮은 문맹률 덕분에 조명되지 않았던 문해력 문제를 수면 위로 끌어올려 뜨거운 감자로 만들었기 때문입니다. 현장의 교사들은 문해력이 방송에서 언급된 것보다 더 심각한 수준이라고 입을 모읍니다. "아이가 문제를 읽기는 하는데 무슨 말인지 이해를 못해요."라며 서술형 문제를 풀지 못하는 아이 때문에 독서논술 학원을 찾는 경우가 해마다 늘고 있습니다. 국어뿐 아니라 수학, 과학 등 다른 과목에서도 서술형 평가가 늘어나면서 '불국어 시대'라는 말까지 생겨났습니다. 수학 개념은 알아도 지문을 해석하지 못해 오답을 고르는 상황은 단순한 학습 문제가 아니라 사고력의 붕괴를 뜻합니다.

2023년 한국교원단체총연합회(교총)가 전국 초중고 교사 1,152명을 대상으로 진행한 설문조사에 따르면 문해력 수준이 D등급 이하로 매우 낮다고 응답한 교사가 다수였으며, 그 원인으로 '영상 매체에 익숙해져서'(73퍼센트)가 가장 높게 꼽혔습니다. 독서가 취미로서의 힘을 잃어가고 있다는 점도 문제지만 생각할 시간 자체를 빼앗는 미디어 환경이 더 큰 원인이라는 분석입니다.

이 책의 서두에서 '그냥요, 몰라요 세대'에 대해 언급한 바 있습니다. 아이들이 그렇게 대답하는 이유는 손쉽게 정답을 얻을 수 있는 환경에 익숙해졌기 때문입니다. 여기에 더해 문해력 저하의 근본적인 원인은 '생각할 틈을 주지 않는 세상'이라고 말하고 싶습니다. "이건 뭐지?", "무슨 뜻이지?"라며 머리를 굴릴 시간을 확보해 주지 못하는 사회는 아이들의 사고력 자체를 억누르게 됩니다. 짧고 빠르게 쏟아지는 자극은 생각이 움트기도 전에 도파민으로 뇌를 만족시켜 버립니다. 결국 사고를 촉발하기 위한 질문조차 던지기 어려워졌다는 것이지요.

이것이 바로 우리가 본질로 돌아가야 하는 이유입니다. 사고는 질문에서 시작됩니다. 아이가 일상에서 "왜?", "어떻게?", "무엇을?" 같은 질문을 자유롭게 던질 수 있게 해야 합니다. 엄마가 내리는 지시, 수업 중 듣는 설명, 친구와 나누는 대화 속에서 질문할 틈이 있어야 합니다. 그 작은 물음표 하나가 스스로 생각하고 연결하고 의미를 확장해 가는 사고의 시작점이 되기 때문입니다.

아이의 생각 근육을 키우는 가장 강력한 도구, 질문

제가 출판 편집자로 일할 때 기획했던 이어령 선생님의 『생각 깨우기』(노인경 그림, 푸른숲주니어, 2009)에서는 유대인의 교육이 소개됩니다. 이어령 선생님은 "세계적인 인재들은 질문을 통해 자란다"라고 말했습니다. 유대인 부모는 아이가 학교에서 돌아오면 "무슨 질문을 했니?"라고 묻습니다. 배운 내용을 말하게 하기보다 '무엇이 궁금했는지'를 묻는 문화, 그리고 아이가 어떤 질문을 하는지를 통해 성장을 판단하는 부모의 태도, 이것이 바로 세계적인 인재들을 길러낸 유대인 교육의 본질이라는 것이지요.

지금 우리의 교육은 아직 이 지점까지 도달하지 못했습니다. 과정 중심 교육으로 나아가고 있다고는 하지만 여전히 정답 중심의 문화는 깊게 남아 있습니다. 그러나 오늘부터라도 아이가 질문할 수 있는 환경을 갖추고 질문하는 법을 알려주며 자신이 한 질문에 스스로 답을 찾게끔 만들어 줄 수 있습니다. 그것이 바로 본질 글쓰기의 시작입니다.

글쓰기는 결국 자신이 던진 질문에 대해 스스로 답을 구성해 가는 과정입니다. 실제로 저 역시 이 장을 '우리 아이들의 글쓰기를 힘들게 하는 가장 근본적인 원인은 무엇일까?'라는 질문에서 출발했습니다. 그리고 문해력이라는 키워드에 도달했습니다. 문해력은 단순히 글을 읽는 능력이 아닙니다. 생각하고 해석하고 표현하는 능력 전체를 아우르는 핵심 역량입니다. 문해력이 약하다는 것은 단지 읽기 능력이 떨어진다거나 국어 실력이 낮다는 뜻이 아니라 세상을 이해하고 자신을 표현하는 능력이 취약하다는 말입니다. 이는 결국 수학 문제조차 풀기 어렵고 과학 실험 보고서도 쓰기 어려운 학습 전반의 약화로 이어집니다. 나아가 어른이 되어서도 사회적 의사소통과 합리적 판단에 큰 제약을 받게 됩니다.

사고력이 약한 상태에서 아이들의 글쓰기가 일취월장하기만을 바란다는 건 기초공사도 안 된 땅 위에 멋진 건물을 지으려는 것과 같습니다. 아무리 외관이 화려해도 바닥이 무너지면 모든 것이 주저앉을 수밖에 없습니다. 문해력은 글쓰기의 기반 토양입니다. 이 토양이 단단해야 생각의 씨앗이 뿌리를 내리고 자라서 문장으로 풍성하게 열매를 맺을 수 있습니다.

그렇다면 아이들이 스스로 생각하는 힘을 어떻게 키울 수 있을까요? 너무 당연하게 들릴지도 모르지만 답은 바로 질문입니다. 질문은 생각의 씨앗입니다. 글을 잘 쓰는 아이는 결국 질문을 잘하는 아이입니다. 질문이 아이의 말 속에, 눈빛 속에, 글 속에 살아있어야 합니다. 우리가 도와야 할 것은 정답을 외우게 하기보다 좋은 질문을 품을 수 있도록 '질문할 틈을 주는 일'입니다. 그것이 가장 본질적인 교육입니다. 아이가 스스로 묻고 답하며 세상에 질문을 던질 수 있을 때 본질 글쓰기의 문이 열립니다.

실전 TIP

'질문 섬기기 정책'을
시작해 보세요

초등 자녀가 있는 가정이라면 오늘부터 '질문 섬기기 정책'을 실천해 보세요.

첫째, 질문을 강요하지 마세요.
대신 아이가 평소에 던지는 말을 유심히 들어보세요. 그중 스쳐 지나갈 뻔한 질문 하나를 골라 집중해 주세요. 그리고 그 질문을 다시 아이에게 정중히 돌려주세요.

둘째, 아이의 질문에 존중하는 태도를 보여주세요.
"좋은 질문이야!"
"그걸 궁금해한 게 대단해."
질문을 대하는 존중의 태도가 아이에게 전달되어야 합니다. 질문은 '지식 자랑'이 아니라 '생각의 출발점'이라는 걸 말이 아닌 태도로 알려주세요.

셋째, 질문하는 아이로 평판을 만들어주세요.
"우리 아이는 당연한 걸 당연하게 보지 않는 아이예요."
"항상 궁금해하고 질문을 잘해요."
이렇게 말해주세요. 질문하는 아이로 인정받는 경험은 스스로를 '생각하는 사람'으로 인식하게 하는 강력한 힘이 됩니다.

넷째, 부모도 함께 질문해 보세요.
엄마, 아빠가 먼저 질문하는 모습을 보여주세요.
"왜 밤이 되면 졸릴까?"
"이건 누가 처음 만들었을까?"
부모가 질문하는 모습을 보며 아이는 '질문이 특별한 능력'이 아니라 일상 속 태도임을 배웁니다.

2장
아이들에게 물음표를 돌려주세요!

"들길을 걷다 보면 도랑가로 달개비꽃 피어 있지요. 달개비꽃 볼 때마다 달개비란 이름 맨 처음 붙인 사람 궁금하지요. 누구일까? 누구일까?…"

아이들과 함께 〈누구일까〉라는 동요를 배운 날, 저는 처음으로 궁금해졌습니다.

'달개비꽃이란 이름을 지은 사람은 누구일까? 왜 그렇게 지었을까?'

달개비꽃은 닭의장풀로도 불리는데, 닭장 근처에서 많이 자라고 꽃잎이 닭의 볏과 닮아 그렇게 불린다고 합니다. 작명가의 이름을 찾을 수는 없었지만 놀라웠던 건 제가 평생 달개비꽃을 예쁘게 여기며 살아왔음에도 그 이름에 대해 한 번도 궁금해한 적이 없다는 사실이었습니다.

그날 이후로 거리에는 온통 물음표가 피어났습니다. 달개비꽃처럼 지금껏 당연하게 여겨온 것들이 당연하지 않게 느껴졌기 때문입니다.

> 그래, 생각한다는 것은 그냥 스쳐 가는 것들에 대해서 끝없이 물음표를 붙이는 일이야. 물음표를 붙이면 지금까지 침묵하고 있는 것, 꼭꼭 숨어 있는 것 들이 우리 앞에 나타난단다.
>
> ―『생각 깨우기』 중에서

저는 그때 이어령 선생님의 글귀를 떠올렸습니다. 물음표를 붙이기 시작하니 꼭꼭 숨어있던 것들이 정말 짠 하고 제 앞에 나타나는 듯한 느낌이 들었습니다. 그래서 저는 이 노래를 아이들에게 처음 가르칠 때 이런 숙제를 내주곤 합니다.

"얘들아, 지금부터 내가 너희들에게 최면을 걸 거야. 바로 '누구일까?' 최면이야! 너희들은 오늘 이 교실을 나가면서부터 달라진 자신을 만나게 될 거야. 늘 보던 사물이나 자연을 보고 '어, 이거 이름을 지은 사람은 누구지? 왜 이렇게 지은 거지?' 하는 질문을 떠올리게 되는 거야. 머릿속에서 '누구일까? 누구일까?' 이 구절이 마구 떠오르거든 꼭 집에 가서 인터넷에 검색해 보거나 부모님께 여쭤봐. 그리고 함께 찾아봐. 우리가 익숙하게 알던 대상의 이름이 어떻게 생겨났는지 알아 오는 게 오늘의 숙제야."

그리고 아이들 얼굴 앞에서 손으로 마치 최면을 거는 시늉을 합니다. 그러면 아이들은 그게 재미있어서라도 숙제를 꼭 해 오곤 했습니다.

질문을 돌려주면 일어나는 변화들

2학년 말, 제게 태양이라는 기억력이 아주 뛰어난 친구가 찾아왔습니다. 동화책보다는 지식 책이나 학습만화를 즐겨 읽고 시사 영상도 챙겨 보는 아이였죠. 어른 못지않은 상식과 흥미로운 질문으로 수업 시간마다 저를 긴장하게 만들던 아이였습니다.

"선생님, 명왕성은 왜 행성이 아니에요?", "왜 떫은 맛은 미각이 아니라 촉각이에요?", "왜 러시아는 우크라이나랑 대판 안 붙고 찔끔찔끔 싸워요?"처럼 장르를 넘나드는 질문들이 쏟아졌습니다. 저는 그때마다 아이가 이미 답을 알고 있을 경우엔 설명을 맡기고 칭찬해 주었고, 모르는 건 모른다고 인정하며 함께 찾아보기로 했습니다. 그리고 어느 날 문득 이런 생각이 들었습니다.

'왜 내가 답해야 하지? 선생님이라고 해서 모든 걸 알아야 할 필요는 없잖아.'

그래서 꾀를 냈습니다. 질문을 아이에게 되돌려 보기로 한 것이죠.

"선생님, 곤충은 왜 머리, 가슴, 배로 나뉘는 거예요?"

"그러게, 왜 그럴까? 누가 정한 걸까? 네 생각은 어때?"

처음엔 당황하던 태양이도 이내 자신의 생각을 꺼내 놓았습니다.

"머리는 생각하고, 가슴은 느끼고, 배는… 똥 싸나? 배에 똥구멍 있잖아요."

아이들은 웃음을 터뜨렸고 저도 웃었습니다. 하지만 그 안에는 태양이 나름의 논리와 관찰이 있었습니다. 그리고 함께 찾아보면서 실제로 곤충의 몸은 기능과 역할에 따라 그렇게 구분된다는 사실을 확인했습니다. 태양이는 자신의 생각이 꽤 괜찮았음을 스스로 깨달았습니다.

그날 이후 태양이는 '자기가 던진 질문'을 글로 쓰기 시작했습니다.

'왜 여름에만 초파리가 나타나는 걸까?' 갑자기 그 질문이 생각났다. 엄마가 세상에서 제일 싫어하는 초파리는….

'왜 선생님이 가르치고 학생은 배우는 걸까?' 오늘은 그 질문에 답을 해보겠다.

'엄마들은 왜 잔소리가 많을까?'

대체로 이런 문장으로 시작되는 글이었습니다. 자기가 내놓은 질문에 스스로 생각해 낸 답을 쓴 글의 끝에는 꼭 '나는 지니어스 같다'는 자화자찬이 담기곤 했습니다. 그러자 그 반에서는 '자기가 던진 질문으로 글을 써도 되냐'고 묻는 아이들이 하나둘 생겨났습니다. 아이들의 '질문 부심'이 나날이 고취되는 것에 대한 뿌듯함이 태양이의 핵폭탄 같은 질문으로부터의 벗어난 해방감보다 더 컸던 기억이 있습니다.

이 변화는 중요합니다. 질문을 글의 시작점으로 삼을 수 있다는 걸 알게 된 아이들이 스스로 궁금한 것을 쓰기 시작했다는 뜻이니까요. 단순한 정보 전달이나 감상 중심의 글쓰기를 넘어 자기 질문에서 시작된 글은 아이의 생각, 추론, 감정, 관찰이 함께 어우러진 훌륭한 탐구 글이 됩니다. 질문은 글의 방향을 제시하고 글을 쓰는 동기가 되며 무엇보다 아이 스스로 능동적인 탐구자가 되어 무엇을 쓰고 싶은지 발견하게 해 줍니다. 시켜서 쓰는 글이 아니라 본인이 방향을 정하고 방법을 탐구해

가는 글쓰기가 됩니다.

생각 천재를 만드는 가장 손쉬운 방법

어릴 적 질문이 많던 아이들이 자라면서 질문을 멈추는 이유는 세 가지입니다. 수업 흐름을 방해한다고 여기는 분위기, 정답 중심 문화, 그리고 어른들의 귀찮아하는 반응 때문입니다. "그건 그냥 그런 거야"라는 말은 아이의 호기심을 꺾습니다.

그 해결책은 바로 '질문을 돌려주는 연습'에 있습니다. 아이가 "왜?"라고 묻는 순간 "너는 어떻게 생각해?"라고 되묻는 것입니다. 이 한마디가 아이를 생각하는 존재로 성장시킵니다. 아이는 스스로 추론하고 고민하며 자신만의 답을 만들게 됩니다.

아이들이 던지는 질문을 글쓰기로 연결해 보면 그 효과는 더 분명히 드러납니다. 질문을 매개로 시작된 글쓰기는 아이의 관찰과 상상, 판단과 성찰을 이끌어냅니다. "너는 어떻게 생각해?"라는 질문 하나가 아이를 '정해진 답을 쓰는 글쟁이'가 아니라 '스스로 묻고 스스로 답하는 글쓰기 주체'로 성장시킵니다.

AI 시대의 미래 핵심 역량으로 질문의 힘이 주목받는 이유도 바로 여기에 있습니다. AI는 답은 알려주지만 어떤 질문을 던져야 할지는 가르쳐주지 않습니다. 질문은 인간만이 가질 수 있는 능력이자 사고의 출발점입니다. 스스로 묻고 스스로 답을 찾는 과정을 반복하며 아이들은 자신이 하나의 생각 주체임을 깨닫게 됩니다. 만약 아이들이 AI에 의존해

답을 찾기 시작한다면 생각의 주체로 자라기 힘들 것입니다. 스스로 문제를 정의하고 해결해 보는 경험이 필요한 이유입니다.

태양이처럼 자기 질문으로 글을 쓰는 아이들을 저는 생각 천재라 부릅니다. 그 말은 칭찬이자 기대이자 평판입니다. 아이는 그 기대와 평판을 자양분 삼아 또 다른 질문을 만들고 스스로 생각하며 글을 쓰게 됩니다.

아이들에게 물음표를 돌려주세요. 질문은 아이들의 사고를 확장하고 글은 자기 성찰의 통로를 만들어줍니다. 그 물음표 하나가 생각 천재를 만드는 씨앗이 됩니다.

실전 TIP

세상을 물음표로 채우는
'누구일까?' 글쓰기

이름이 있는 모든 것들은 그 이름을 지어준 사람과 이름이 생긴 배경이 있기 마련입니다. 꼭 글쓰기로 연결하지는 않더라도 아이와 함께 세상에 존재하는 이름들에 '물음표'를 붙여보세요. 무언가의 맨 처음을 생각하다 보면 세상과 사물, 자연을 보는 눈이 달라질 수 있습니다.

1. 동요 부르기로 호기심 깨우기
〈누구일까〉 노래를 찾아 함께 불러보세요. '누구일까? 누구일까?'라는 반복 구절이 흥미를 유발합니다.

2. 대상 선정하기
집 안팎과 주변을 둘러보고 늘 보던 사물이나 식물 중 이름이 가장 궁금한 것 하나씩 골라봅니다. 베란다의 화분, 책상 위 장식품, 주방의 기구… 무엇이든 좋습니다. 아이들이 평소 지나쳤던 대상에 호기심의 눈길을 보내게 하는 순간입니다.

3. 상상 더하기
'누가 이 이름을 지었을까?', '왜 이런 이름이 붙었을까?' 묻고 함께 상상한 이야기를 나눠봅니다.

4. 자료 조사로 사실 확인하기
- ☺ **인터넷 검색**: 검색창에 대상의 이름과 유래를 검색해 보고 가장 믿을 만한 자료를 찾습니다.
- ☺ **도감 활용**: 국어사전이나 백과사전에서 명확한 어원과 쓰임새를 확인합니다.
- ☺ **어른에게 질문하기**: 부모님이나 선생님께 물어봅니다.

5. 아래의 형식에 맞춰 글로 써보기
☺ **도입:** 내가 골라본 대상과 궁금증 소개
☺ **본론:** 조사한 사실 + 내가 상상한 이유
☺ **결론:** "나는 이렇게 생각해요…"로 마무리

6. 피드백으로 생각의 꽃 피우기
아이의 말이나 글에서 좋은 점을 찾아 칭찬하고 더 궁금한 점이 없는지 살펴봅니다.

3장

왜일까? 왜 그럴까?
원리, 원인과 결과 알기, 추론하기

질문 만들기 수업을 할 때 명화나 짧은 옛이야기를 활용하고는 합니다. 아래 그림은 너무도 유명한 파블로 피카소의 〈울고 있는 여인〉(1937)입니다. 아이들에게 이 그림의 제목을 알려준 뒤 물었습니다.

"이 여자는 어떤 상태인 것 같나요?"

그림을 보고 바로 "울고 있어요"라고 답하는 아이도 있고, "얼굴이 깨졌어요"처럼 엉뚱한 해석을 하는 아이도 있습니다. 이때 저는 "일단 보이는 대로 이야기해 봐요!" 하고 말하며 관찰에 집중하게 합니다. 아이들은 눈, 얼굴 색, 뾰족한 면 등 세부 요소들을 말하며 관심을 기울입니다.

그러다 한 아이가 "귀걸이를 귀 중간에 했어요!"라고 하자 이 부분에 대한 다양한 의견이 오갔습니다.

"아니야, 귀 옆이나 위에 하는 귀걸이도 있어!"

"아니, 그래도 저렇게 귀를 막아버리진 않잖아! 귀를 묶은 건가?"

"저러면 안 들리겠는데?"

아이들의 관심이 모두 여인의 귀걸이에 집중되었습니다. 저는 그것을 '생각하기' 단계로 넘어갔다고 여기고 준비해 둔 다음 질문을 꺼냅니다.

"화가는 왜 여인의 귀걸이를 이런 식으로 표현한 걸까요?"

"귀를 막으라고! 아무것도 듣지 못하게!"

장난스러운 대답에 까르르 뒤집어지기도 하지만 아이들은 열심히 궁리하기 시작합니다. 실제로 이 그림이 왜 그려졌는지에 대한 배경 설명을 듣지도 않았는데 그림만 보고 '슬픔에 아무것도 들리지 않는 걸 표현하려고'라는 놀라운 추론을 해내기도 합니다.

아이들의 입에서 나온 세부 묘사를 가지고 "얼굴은 왜 뾰족할까?", "얼굴 색은 왜 노랑, 초록, 하얀색일까?", "귀걸이는 왜 귀를 가리고 있지?", "얼굴은 왜 유리처럼 금이 가게 그렸을까?"라는 질문에 대해 생각해 볼 수 있는 시간을 줍니다. 제게 날아온 질문을 다시 아이들에게 돌려주면서 말이죠. 그러면 아이들은 이미 자기가 알고 있는 지식과 상식을 동원해 작품을 해석합니다. 듣고 보면 일리가 있는 말들이 많습니다. 그러다가 끝내 안 풀리는 지점도 나옵니다.

"그런데 코는 왜 안 그린 거야?"

"안 그린 게 아니라 저기 뾰족한 부분을 코라고 그린 거 아냐?"

"아니야, 저게 어떻게 코야! 콧구멍도 없는데!"

"눈이랑 이빨밖에 안 보여!"

아이들의 그림 읽기가 끝나면 저는 화가와 그림의 시대적 배경과 표현 의도 등을 간략히 전해줍니다. 아이들은 자신이 해석한 것과 실제 의도가 비슷하다는 점에서 신기해하고, 미처 생각지 못했던 부분을 새롭게 받아들이며 그림을 읽는 안목이 자라남을 느낍니다.

이처럼 우리는 어떤 대상이나 현상의 이유나 원리를 알려고 할 때 "왜일까?", "왜 그럴까?"라는 질문을 던집니다. 우선은 보이는 것에 집중합니다. 보이는 것을 관찰한 후 자신의 경험과 지식을 연결하여 해석을 시도합니다. 그렇게 자기만의 관점이 담긴 의견을 내놓게 되면 단순한 관찰을 넘어 사유의 흐름이 시작됩니다. 글쓰기를 통해 그 흐름을 구조화하는 것이 이 활동의 핵심입니다.

질문 → 추론 → 글쓰기, 생각이 보이는 '왜 그럴까?' 글쓰기

질문이 사고의 씨앗이라면 본질 글쓰기란 그 씨앗을 거름 삼아 싹을 틔우는 과정입니다. 명화를 함께 탐구해 본 뒤 서진이는 '왜 그럴까?' 글쓰기를 하며 처음의 궁금증에서 시작해 결론에 이르게 된 과정을 차근차근 서술했습니다. 전문을 먼저 읽어볼까요?

오늘은 글꽃에서 명화로 질문 만들기 수업을 했다. 첫 번째 그림은 김홍도의 그림, 두 번째 그림은 피카소의 〈울고 있는 여인〉이다.
'그림 속의 여자는 왜 울고 있을까?'
김우진은 애인한테 차인 것 같다고 했고, 영훈이는 처음엔 지갑을 잃어버린 것 같다고 했다가 "내가 그러기엔 너무 많이 우는데?" 했더니 핸드폰도 같이 잃어버린 것 같다고 했다. 나는 어이가 없었다. 피카소가 언제 적 사람인데 핸드폰이 있냐! 나는 "가족이나 애인이 죽어서 우는 것 같다"고 말했다. 피카소가 언제 적 사람이냐고 선생님에게 물었더니 선생님이 네이버에서 찾아주었다. 1881년에 태어나 1973년에 죽었다고 한다. 진짜 오래 살았다. 애인이랑 26살 차이다.
나는 인터넷 검색을 했다. 〈울고 있는 여인〉은 아버지가 돌아가셔서 울고 있는 애인 도라를 그린 거다. 유명한 천재 화가인데 그림을 잘 그리는 것인지는 모르겠다. 나도 미술 학원에서 따라 그리기를 해 보았는데 쉬웠다. 그래도 얼굴 가운데를 깨진 유리창처럼 그린 것은 기발한 것 같다. 나는 슬퍼서 가슴이 산산조각 난 것처럼 보고 그래서 얼굴 색깔도 노란색, 하얀색, 초록색으로 그린 거라고 했는데 친구들이 자꾸 엉뚱한 소리를 했다. 선생님은 선과 색깔로도 감정을 나타낼 수 있다고 했다. 그 말이 좀 와닿았다. 나도 화가 날 때는 검정 크레파스로 뾰족뾰족한 것들을 그리기 때문이다.

피카소의 〈울고 있는 여인〉을 보고 슬픈 마음이 들지는 않았다. 그래도 '왜?'로 그림 읽기는 재미있었다. 또 하고 싶다. 내가 그림 보고 질문 만들기를 좀 잘하는 것 같기 때문이다.

— 심곡초 4학년 이서진, 「그림 속의 여자는 왜 울고 있을까?」

이 글의 흐름을 정리해 보면 다음과 같습니다.

- ▶ **궁금증 제시**: "내가 그러기엔 너무 많이 우는데?' 했더니"(자신의 의문점 발견)
- ▶ **추론**: "김우진은 애인한테 차인 것 같다고 했고, 영훈이는 처음엔 지갑을 잃어버린 것 같다고 했다가", "나는 '가족이나 애인이 죽어서 우는 것 같다'고 말했다."(친구들과 함께 주변 단서로 여러 가설을 세움)
- ▶ **사실 확인**: "피카소가 언제 적 사람이냐고 선생님에게 물었더니 선생님이 네이버에서 찾아주었다.", "나는 인터넷 검색을 했다." (그림 작가·제목·제작 배경을 인터넷으로 조사)
- ▶ **새로운 이해**: "얼굴 가운데를 깨진 유리창처럼 그린 것은 기발한 것 같다. 나는 슬퍼서 가슴이 산산조각 난 것처럼 보고 그래서 얼굴 색깔도 노란색, 하얀색, 초록색으로 그린 거라고 했는데"(색과 선, 깨진 유리창 같은 형상이 슬픔을 표현한다는 점 깨달음)
- ▶ **결론**: "나도 화가 날 때는 검정 크레파스로 뾰족뾰족한 것들을 그리기 때문…"(슬픔을 선과 색으로 표현하는 시도가 참 독창적이라 평가)

서진이는 처음의 궁금증에서 시작해 다양한 추론과 정보 탐색을 거쳐 자신의 결론에 이르기까지 사유의 흐름을 글 속에 잘 담아냈습니다. 친구의 의견을 수용하면서도 자신의 해석을 분명히 밝히는 점, 그리고 타인의 표현 방식을 자기 감정과 연결 지으려는 시도는 매우 인상적입니다. 이처럼 '왜 그럴까?' 글쓰기를 반복하면 아이들은 점점 더 유연하고 깊이 있는 사고를 할 수 있게 됩니다.

요즘은 이런 배경지식을 AI에게 묻는 일도 많아졌습니다. 아이들이 "왜일까?"라고 물으면 AI는 방대한 정보를 바탕으로 신속하고 정확한 답을 제시해 줍니다. 그러나 그 답이 어떤 맥락에서 나왔는지, 내 생각과 어떻게 연결되는지를 따져보는 일은 여전히 사람의 몫입니다. 그렇기에 '왜 그럴까?'라는 질문은 정답을 찾기보다 자기만의 이유를 만들어보는 데 진짜 의미가 있다고 볼 수 있습니다.

명화뿐 아니라 아이들이 잘 알고 있는 고전, 짧은 옛이야기로 질문 만들기 수업을 하면 생각지 못한 아이들의 예리한 질문을 만날 수 있습니다. 『양치기 소년』 이야기를 읽고 질문 만들기를 하면 '왜 어린애한테 중요한 양 치는 일을 맡겼을까?', '하고 많은 장난 중에 왜 하필 늑대가 나타났다는 거짓말을 했을까?'라고 묻기도 하고 심청전을 요약한 『효녀 심청』 이야기를 읽고는 '아버지 말도 안 듣고 자기 몸을 희생시킨 게 왜 효도라고 생각하는 걸까?', '왜 옛이야기에서 희생하는 건 다 여자 주인공일까?' 같은 날카로운 질문에서 '부모가 원하지 않는 효도도 효도일까?' 하는 굵직한 질문으로 발전시키기도 합니다. 이렇듯 작품 속 등장인물의 행동이나 상황에 '왜 그럴까?' 하는 의문을 품어보고 그것을 자기 입말로 이야기해 본 뒤, 짧게라도 글을 써보는 경험은 중요합니다.

이렇게 '질문 → 추론 → 해석 → 표현'의 흐름을 따라가다 보면 아이들은 생각이 어떻게 만들어지는지를 눈으로 확인하게 됩니다. 이는 곧 생각이 생겨나는 '본질적인 메커니즘'을 탐색하는 과정이기도 합니다. 이러한 사고 훈련은 아이들이 문제 상황에 부딪혔을 때 어디서부터 생각을 시작해야 할지 자신만의 방식으로 길을 찾아나가게 해줍니다. 그뿐만 아니라 답을 찾는 과정에서 아이들은 기존의 지식과 경험을 연결해 보거나 때로는 전혀 다른 관점으로 대상을 바라보는 기회를 얻기도 합니다. 이렇게 알던 대로 머무르지 않고 '다른 가능성은 없을까?'라는 질문까지 사고를 확장해 나가는 것이 바로 본질 글쓰기가 지향하는 창의적 사고 키우기 루틴입니다.

본질 글쓰기는 결국 자기 삶의 의미를 글로 탐구하는 글쓰기입니다. 아이가 스스로 질문을 만들고, 그 질문을 해결하기 위해 읽고 생각하고 글로 적으며 나만의 본질적인 답을 찾아가는 과정은 우리 아이들이 능동적인 글쓰기 주체로 자라게 하는 훈련이 됩니다. 이것이 질문 글쓰기가 곧 본질 글쓰기인 이유입니다.

세상 모든 일에는 이유가 있다는 사실을 기억하기

우리가 가장 쉽게 할 수 있고 가장 많이 하는 질문이 "왜일까?", "왜 그랬을까?"입니다. 세상에 그냥 일어나는 일은 없습니다. 모든 현상에는 이유가 있기 마련이지요. 질문의 힘을 알고 나면 세상은 온통 질문거리로 가득한 배움의 장이 됩니다. "바람은 왜 불까?", "왜 신호등은 세 가지 색일까?", "왜 은행은 4시에 문을 닫을까?", "왜 우리는 서로에게 인사를 하는 것일까?" 등 한 자리에서 수도 없이 많은 질문을 만들 수 있습니다.

그리고 그 질문에 대해 답을 찾는 사이 우리가 살고 있는 세상은 사유의 공간이 되고, 공부할 것이 넘쳐나는 배움의 터전이 됩니다. 세상을 움직이는 원리와 자연의 법칙, 사람의 행동 뒤에 숨은 의도까지 "왜?"의 그물을 벗어날 수 없습니다. 그래서 질문하는 삶을 살게 하기 위해선 스스로 멋진 질문을 만들어보고, 그 질문의 답을 치열하게 찾아본 '나만의 작은 성공 경험'이 필요합니다. 이 성공의 경험이 반복되면 아이들은 그것을 재능으로 여기게 될 것입니다.

AI가 점점 더 많은 정보를 대신 찾아주고, 질문에 답해주는 시대일수록 아이들에게는 '질문을 만들고, 그 답을 스스로 추론해 보는 힘'이 더욱 소중한 능력이 됩니다. 질문을 던지는 주체가 되어 사고를 확장해 가는 훈련은 AI 시대를 살아갈 아이들이 놓치지 말아야 할 본질적인 사고의 힘인 것입니다.

실전 TIP

'왜 그럴까?'
글쓰기를 잘하려면?

'왜 그럴까?' 글쓰기는 책이나 그림, 이야기, 영상 등을 보고 난 뒤 매체 글쓰기로 활용하면 좋습니다. 아이들이 지겨워하는 감상문 쓰기 대신 '왜 그럴까?' 글쓰기를 시켜주세요. 필수 요소들만 다 채운다는 조건으로 글의 양이나 형식은 자유롭게 허용해도 좋습니다.

1. 아이가 궁금해하는 것을 쓰게 하기
☺ 책이나 그림, 이야기 속에서 이상하거나 신기했던 장면 혹은 마음에 걸렸던 대사를 떠올리게 합니다.
☺ '왜 그랬을까?' 하는 질문이 떠오르는 순간이 바로 글쓰기의 시작점입니다.

2. 생각의 순서를 지켜 써보기
☺ 아래 5단계 순서를 따라 쓰게 하면 글의 흐름이 자연스러워집니다. 어떻게 쓸지 몰라 한다면 순서를 알려주세요.

① 내가 무엇을 보고/듣고 궁금해졌는지
② 그게 왜 마음에 걸렸는지, 왜 궁금했는지
③ 누구에게 물어봤는지, 어디서 찾아봤는지
④ 찾아보고 나서 새롭게 이해한 사실
⑤ 그걸 알게 된 뒤 내가 느낀 점, 나만의 해석

3. 정답보다 '내 생각'이 더 중요하다는 사실을 인식하게 하기
☺ 정답을 맞히는 글이 아니라 자기 생각을 펼치는 글이라는 사실을 강조해 주세요.

4. 말로 먼저 설명해 보게 하기

☺ 글로 쓰기 어렵다면 먼저 "내가 이게 왜 그런지 생각해 봤는데…"라고 말한 뒤에 글을 써보게 합니다.

5. 자기 삶과 연결해 보기

☺ '이 장면을 보니 나도 그랬던 기억이 나', '나도 이런 감정 들 때 있었어' 하는 생각이 드는 장면이 있다면 그 경험을 써보게 합니다.

☺ 글 속 이야기를 자기 경험이나 감정과 연결해 보게 하세요. 글이 훨씬 진짜처럼 살아나는 것을 느낄 수 있습니다.

4장

과연 그럴까?
고정관념 깨기

고정관념 깨기 수업은 주로 르네 마그리트의 그림으로 시작합니다. 그의 작품에는 고정관념을 흔드는 이미지가 많기 때문에 아이들과 관습적 사고를 의심해 보기에 적합합니다.

마그리트의 대표작인 〈이미지의 배반〉(1929)에는 파이프 그림 아래 '이것은 파이프가 아닙니다'라는 문구가 쓰여있지요. 아이들이 술렁거리기 시작합니다.

"파이프를 그려놓고 파이프가 아니라니!"

"아니, 선생님 사진을 벽에 걸어놓고 '이것은 글꽃 선생님이 아닙니다!'라고 써놓은 것과 같잖아!"

"파이프 그려놓고 왜 아니라는 거지? 말장난하나?"

뾰족한 답이 나올 리 없습니다. 충분히 술렁이고 의심하게 한 뒤 다시 묻습니다.

"이것은 파이프 그림일까요? 아니면 파이프일까요?"

그제야 아이들의 얼굴에 '아하!' 하는 표정이 떠오릅니다. 반칙이라며 소리치는 아이도 있습니다. 이 '아하!'의 순간을 경험하게 하는 것이 수업의 목적입니다.

마그리트는 우리가 당연하다고 여기는 개념들이 사실은 학습된 것이라고 말합니다. 언어와 이미지, 인식 사이에는 틈이 존재합니다. 이런 틈을 아이들이 스스로 발견할 수 있도록 질문을 던지면 아이들은 "우리가 아는 것들이 다 맞는 건 아닐 수도 있겠네요." 같은 통찰을 스스로 말하기 시작합니다.

마그리트의 그림은 우리의 상식을 흔들고, 생각의 틀을 뒤엎습니다. 〈심금〉(1960)에는 물잔 하나가 산맥보다 크게 그려져 있습니다. 〈집합적 발명〉(1934)에서는 인어의 상반신이 물고기고 하반신이 사람입니다. 〈피레네산맥의 성〉(1959)에는 꼭대기에 돌로 된 성이 있는 커다란 바위가 거친 바다 위에 떠 있습니다. 이 모든 그림이 우리에게 묻는 말은 결국 하나입니다.

"당신이 알고 있는 그 생각, 정말 맞는 걸까요?"

우리는 흔히 보고 배운 대로 생각합니다. 익숙한 방식대로 판단하고 해석하려는 뇌의 습관을 '관습적 사고'라고 합니다. 이런 사고는 편리하지만 새로운 생각을 가로막고 세상을 고정된 틀 안에서만 보게 합니다. 특히 어릴 때부터 굳어진 생각일수록 쉽게 깨지지 않지요. 그래서 저는 아이들에게 자주 이렇게 묻습니다.

"꼭 그래야만 할까?"

"과연 그럴까?"

"반대로 본다면 어떨까?"

이 질문들은 아이들의 고정된 생각을 깨뜨리고 다른 시작을 열어주는 작은 망치가 됩니다.

'과연 그럴까?' 질문은 글쓰기에서도 유용합니다. 글은 생각을 표현하는 도구입니다. 그런데 아이들 글을 읽다 보면 비슷비슷한 점이 많습니다. 활동 내용이 똑같다 보니 느끼는 감정이나 생각, 표현 방식도 비슷할 때가 많은 것입니다. 그런 글일수록 "과연 그럴까?"라고 묻는 순간, 글이 달라지기 시작합니다. 특히 요즘은 마치 AI가 만들어낸 것처럼 정형화된 글도 많습니다. 그런 글 앞에서 아이들은 물어야 합니다.

"과연 이게 나의 생각인가?"

"과연 그렇게밖에 답할 수 없는 걸까?"

남과 다른 글을 쓰려면 다르게 생각하는 법부터 알려줘야 한다

주말에 동물원에 다녀온 주원이에게 어땠는지 물었더니 '재미있었다'고 했습니다. 왜 재미있었냐고 하자 다양한 동물을 구경해서라고 했습니다. 이때 제가 "과연 너만 동물을 구경한 걸까? 동물도 인간을 구경하는 건 아닐까?"라고 묻자 주원이는 눈을 반짝이며 상상의 세계로 들어가 다음과 같은 글을 썼습니다.

> 거꾸로 글쓰기: 안 반가운 손님
>
> 오늘도 새로운 날이 밝았다. 인간들이 요즘은 별루 안 와서 재미가 없다. 재롱을 부려도 간식 주는 인간들도 많이 없다. 오늘은 아주 건방진 녀석이 왔다. 줄무늬 티셔츠를 입고 안경을 쓴 그 녀석은 인간 말로 계속 떠들면서 원숭이 흉내를 냈는데 진짜 품위 없어 보였다. 내가 꿈쩍도 안 하니까 그 녀석이 자기 엄마 몰래 돌을 던졌다. 내 근처에도 못 왔다. 나는 그게 먹을 것인가 궁금한 척하면서 그 돌멩이를 주워 살펴보는 척하다가 그 녀석에게 던졌다. 아쉽게도 우리를 넘기지 못했다. 그 녀석은 나를 손가락으로 가리키며 뭐라고 계속 떠들었다. 나도 원숭이어로 욕을 했다. 인간 말로 친절하게 번역해 주겠다.
>
> "이 개코원숭이보다 한참 못난 인간 원숭이! 니 궁뎅이에 털이나 나라!"
>
> 참 버릇이 없다. 우리 새끼 개코원숭이들보다 못한 것 같다. 짜증 나는 하루였다.
>
> ― 심곡초 4학년 김주원

'거꾸로 글쓰기' 시간에 무얼 쓸지 모르겠다는 주원이에게 '동물원은 과연 인간이 동물을 구경하는 곳일까?'라는 질문을 하나 건넸을 뿐인데 저렇게 창의적이고 상상력 넘치는 글이 나왔습니다. 쓰는 내내 즐거워했던 글은 읽는 이에게도 생생하게 다가옵니다. 이렇게 관습적 사고에서 벗어나면 글이 훨씬 독창적이고 생동감 넘치게 됩니다. 새로운 상상도 절로 샘솟습니다. 당시 주원이가 글쓰기를 조금 힘들어하던 시기였는데 이 '거꾸로 글쓰기' 경험을 통해 글쓰기의 재미를 되찾았습니다. 질문 하나가 글의 방향을 바꾸고 아이의 창의력을 깨운 사례입니다.

아이들에게 창의적인 글을 쓰게 하려면 남과 다른 생각을 하도록 도와야 합니다. 그 첫걸음은 작은 질문에서부터 시작됩니다.

"과연 그럴까?"

"과연 내 생각이 정말 정답일까?"

이런 질문들을 던질 때 아이들은 기존의 틀에서 벗어나 자기만의 시선으로 글을 쓰게 됩니다. 고정관념 수업이 끝나고 나면 아이들 사이에 유행어가 생깁니다.

"○○이 ○○할 거라는 고정관념을 버려. 꼭 그래야만 해?"

관성적으로 해오던 모든 것들에 아이들이 반기를 들기 시작하는 것입니다.

"선생님, 선생님의 질문에 우리가 답할 거라는 고정관념을 버리세요! 꼭 그래야 하는 거 아니잖아요!"

"이게 연필이라는 고정관념을 버려! 귀에 꽂으면 이렇게 훌륭한 귀엾이가 되잖아. 이게 지우개라는 고정관념도 버려! 여기에 연필을 딱 꽂으면 이렇게 멋진 연필꽂이가 되잖아."

수업은 아수라장이 되지만 저는 좋습니다. 익숙한 것을 낯설게 보고 새로운 가능성을 탐색하는 힘이 자란 것이니까요. 관습적 사고를 벗어나 남과 다른 생각을 해야 한다는 걸 깨달았다는 뜻입니다.

"꼭 그래야만 하는 건 아니잖아요?"

그러니 아이들이 혹시 어른들의 지시나 강요에 이렇게 대답한다면 긍정적으로 해석해 줄 필요가 있습니다.

본질 글쓰기는 결국 자기만의 생각을 발견하고 글로 표현하는 과정입니다. AI 시대에도 사람만이 쓸 수 있는 글은 결국 질문하고 의심하고 뒤집어 보는 글입니다. 고정관념에 도전하고 다르게 질문하며 자신만의 언어로 답을 찾는 과정은 아이들을 능동적인 글쓰기의 주체로 성장시킵니다. 질문 글쓰기가 곧 본질 글쓰기인 이유입니다.

실전 TIP

아이가 고정관념에
사로잡히지 않도록 돕는 5가지 방법

아이들이 관습적인 생각에 사로잡히지 않고 남과 다른 표현으로 창의적인 글을 쓰게 하려면 다르게 생각하는 연습이 필요합니다. 아래의 팁들은 일상에서 아이들이 다르게 생각하기를 시도해 볼 수 있는 방법입니다. 생활 속에서 실천해 보세요!

1. 익숙한 것을 낯설게 보게 하기
사진, 사물, 문장 등 평소 익숙한 것을 보여주고 "이걸 처음 본 사람이라면 뭐라고 부를까?" 같은 질문을 던져보세요. 관점을 바꾸는 힘이 생깁니다.

2. '왜 꼭 그래야 해?' 질문 던지기
"왜 어른에게 존댓말을 써야 하지?", "왜 앉아서 공부해야 하지?", "왜 학생들이 선생님에게 숙제를 내주면 안 되는 거지?"와 같은 도발적 질문은 생각의 관성을 흔드는 데 효과적입니다.

3. 그림책과 명화 활용하기
르네 마그리트의 그림처럼 상식을 비트는 작품을 함께 보며 "이게 왜 이상해 보일까?"를 묻는 활동은 상상력의 근육을 키워줍니다.

4. 잘 쓴 글보다 '다르게 쓴 글'을 칭찬하기
맞춤법이나 문장의 완성도보다 '어? 이 생각은 새롭다!'는 포인트를 잡아 아이의 독창적 발상을 지지해 주세요.

5. 실생활에 적용하기
"이 컵을 다른 용도로 써볼 수 있을까?", "학생과 선생님이 입장을 바꿔본다면?"

같은 활동을 놀이처럼 일상에 적용해 보면 아이들은 스스로 고정관념 밖으로 나오는 법을 찾을 수 있습니다.

6. '만약에 ~라면' 글쓰기

반대로 생각하기 놀이를 해봅니다. '아이가 어른이 되고 어른이 아이가 된다면?', '학생이 선생님이 되고 선생님이 학생이 된다면?', '건물이 죄다 움직일 수 있다면?', '시간이 거꾸로 흐른다면?' 등 아이들에게 다양한 창의적인 질문을 만들어 보게 한 뒤, 그중 가장 재미있어 보이는 질문을 골라 글쓰기를 해봅니다.

5장
너는 어떻게 생각해?
나만의 관점 찾기

엄마와 나는

달콤한 사과를 하고

달콤한 사과를 먹는 사이다

나는 사과가 좋다

— 심곡초 1학년 김도윤, 「사과」

이 시는 제 아들이 초등 1학년 때 쓴 시입니다. 왜 이런 시를 썼냐고 물었더니 아들은 엄마가 아침마다 깎아주는 '사과'와 "미안해"라고 말하는 '사과'가 둘 다 달콤하다고 느꼈기 때문이라고 했습니다. 동음이의어를 이용한 단순한 시지만 이 시에는 도윤이가 '사과'라는 단어를 통해 엄마와 자신의 관계를 정의하는 자기만의 관점이 분명하게 담겨 있습니다. 엄마와 자신은 맛난 것을 나눠 먹는 사이이면서 때로 서로에게 잘못을 사과하는 사이라고, 그런 사이인 게 자신은 좋다고 말입니다. 저는 이렇게 글쓴이만의 시선이 반짝이는 글을 좋아합니다.

'가장 개인적인 것이 가장 창의적인 것이다'라는 말이 있습니다. 각자의 고유한 기억, 감각, 삶의 조각들이 모여야 비로소 독창적인 이야기가 나옵니다. 이런 글쓰기는 AI가 따라올 수 없는 인간 고유의 영역이기도 하지요. 결국 아이들에게도 글쓰기를 가르친다는 것은 획일적인 방식을 주입하는 것이 아니라 '너만의 눈과 마음으로' 세상을 바라보고 해석하는 법을 알려주는 일입니다. 그러니 창의적인 글쓰기를 위해서는 무엇보다 자기만의 관점을 갖도록 이끌어주어야 합니다.

앞 장에서는 '과연 그럴까?' 질문을 통해 고정관념을 깨는 글쓰기에 대해 이야기했습니다. 이번 장에서는 그다음 단계로 아이가 독창적인 관점으로 생각을 발전시켜 나가는 글쓰기를 살펴보려고 합니다.

한 개의 사과가 백 개의 사과가 될 수 있는 이유

동네 과일 가게 앞에 사과 한 개가 놓여 있습니다. 그 앞을 지나던 아저씨들이 길을 멈추고 감탄합니다.

"정말 탐스러운걸. 기름진 밭에서 자란 사과가 분명해."

사과는 생각합니다.

'저 아저씨들은 틀림없이 농부 아저씨들일 거야.'

"히야, 근사한 빛깔이다! 빨간색도 아니고 주황색도 아냐. 게다가 초록빛까지… 정말 표현하기 어려운 색인걸.”

사과를 요리조리 열심히 관찰하던 사람이 내뱉은 말에 사과는 금방 알아맞힙니다.

'저 사람은 그림을 그리는 화가야.'

"사과는 비타민이 풍부한 과일이야. 아침에 먹는 사과는 금메달, 점심에 먹는 사과는 은메달, 저녁에 먹는 사과는 동메달이라는 말이 있지. 병원에 오는 사람들에게 가르쳐 줘야지."

'우와! 마음씨 좋은 의사 선생님이다!'

이렇게 가게 앞을 오가는 사람들의 말과 행동을 보고 그 사람의 직업을 맞히던 사과는 마지막 장에 가서 이렇게 이야기합니다.

"사람들은 나를 보고 저마다 다른 생각을 해. 그러니까 백 명이 나를 보면 나는 백 개의 사과가 되는 거야."

그림책 『하나라도 백 개인 사과』(이노우에 마사지, 문학동네, 2001)는 같은 사과를 각기 다른 시선으로 바라보는 사람들에 대한 책입니다. 농부는 토양을, 화가는 색을, 의사는 영양소를 보지요. 사과는 하나지만 보는 이의 관점에 따라 백 개의 의미로 나뉠 수 있다는 메시지가 담겨 있습니다.

"여러분은 '사과'하면 무엇이 떠오르나요? 여러분에게 사과는 어떤 의미를 지니나요?"

아이들에게 물었습니다. 준기는 사과에 대해 이야기하던 중 엄마의 권유로 매일 아침 먹던 사과가 어느 날 속을 거슬러 힘들었다며 '모두에게 좋은 음식이 때로 내게는 나쁠 수도 있다'는 본인만의 관점을 발견했습니다. 태희는 수업 때 제가 나눠 준 사과바가 먼저 떠오른다며 "선생님 하면 달콤한 사과바"라는 자신만의 연상을 글에 담기도 하였습니다. 이렇듯 개인의 경험에 따라 사과에 대한 각자의 생각과 관점은 달라질 수 있습니다. 한 개이면서도 백 개인 사과가 존재할 수 있는 이유입니다.

관점은 우리가 세상을 바라보는 창입니다. 내가 보고 들으며 자라온 환경, 부모의 태도, 내가 자주 접하는 미디어, 평소 쓰는 언어, 친구들과의 관계, 좋아하는 것들…. 관점은 우리가 자라온 모든 환경과 경험에서 비롯됩니다. 그래서 우리는 같은 장면을 보고도 전혀 다르게 생각하고 느낍니다. 그 관점의 차이가 바로 남과 다른 나만의 생각을 만들고, 그 차이를 글로 표현하는 순간 나만의 해석이 담긴 글이 탄생합니다.

나만의 관점 찾기를 훈련하려면

아이들이 자신만의 생각이 담긴 글을 쓰게 하고 싶다면 익숙한 풍경과 사물, 사건을 마주할 때마다 아이가 '왜 그럴까?' 하고 생각해 볼 수 있게 해야 합니다.

"그래서 너는 어떻게 생각해?"
"왜 그렇게 생각하게 되었는데?"

아이가 자신을 둘러싸고 일어나는 일들에 적극적으로 호기심을 발동시킬 수 있도록 이런 질문을 끊임없이 던져주어야 합니다.

그리고 아이가 어떤 이야기를 하든 '아이의 생각이 정답'이라는 마음으로 들어주셔야 합니다. 아이들의 글쓰기를 방해하는 요소 중 하나가 '정답이 있을 것'이라는 생각입니다. 글쓰기에는 정답이 없습니다. 특히 아이들의 경험과 생각이 담긴 글쓰기는 더더욱 그렇습니다. 자신이 하루 동안 어떤 경험을 하고 무엇을 느꼈는지 쓰는 일기에, 자신이 읽은 책에서 무엇을 느끼고 깨달았는지 쓰는 독서 감상문에, 자신이 어떤 주장을 펼치고 싶은지 쓰는 주장하는 글에 정답이 있을 리 없습니다. 그런 글에서 가장 중요한 것은 바로 아이들의 생각입니다.

"너의 경험이 소중해."

"네 생각이 그렇다면 그게 맞을 거야."

"네가 느낀 게 정답이야."

이런 격려 속에서 아이들이 글을 쓸 수 있게 하는 것이 중요합니다. 그래야 아이들이 자기 생각의 소중함을 알고 자신이 어떻게 생각하고 느꼈는지 당당하게 표현할 수 있을 테니까요!

아이와 함께 책, 영화, 전시, 여행, 취미 등 일상의 틀을 깰 수 있는 문화적 경험을 다양하게 해보는 것도 도움이 됩니다. 경험이 쌓일수록 그만큼 더 많은 레퍼런스가 생기고 자신의 해석을 풍부하고 깊게 가꿔 나갈 수 있습니다. 이런 것들이 그저 생각으로만 흘러가지 않게 말로 풀어보고 짧은 글로 써볼 수 있는 기회를 제공하는 것이 중요합니다. 글로 써보면 나만의 해석을 더 또렷하게 만나볼 수 있으니까요. 결국 나만의 생각을 발견하는 데 중요한 것은 '무엇을 바라보느냐?'가 아니라 '어떻게 바라볼 것인가?' 하는 문제라는 것을 다양한 경험으로 체득하게 해주는 것이 중요합니다.

AI는 데이터를 분석하고 정보를 요약할 수 있지만 '지금 여기'에서 내 시선으로 세상을 해석하는 일은 인간만이 할 수 있습니다. 나만의 관점을 찾아 글로 옮기는 경험은 단순한 정보 전사가 아니라 '내 삶과 경험을 해석해 내는 일'입니다. 이 해석의 힘이야말로 본질 글쓰기가 지향하는 목표입니다. 아이들이 스스로 질문을 던지고 다양한 각도에서 바라본 뒤 '나는 이렇게 생각한다'라고 말할 수 있을 때 비로소 아이의 글이 갖는 의미도 찾을 수 있게 됩니다. 나만의 관점을 키우는 훈련은 글쓰기의 본질인 '자기다움의 발견'으로 이어질 테고요.

실전 TIP

가정에서 할 수 있는
관점 확장 훈련

나만의 관점을 찾는 훈련도 중요하지만, 관점을 바꿔보는 훈련도 아이들에게는 필요합니다. 관점을 바꿔보는 연습은 자신의 시선에 갇히지 않고 세상을 다채롭게 해석하는 힘을 길러주기 때문입니다. 가정에서 아래의 간단한 활동들을 통해 아이의 시야를 넓혀보세요!

1. 사물 낯설게 보기
평소 쓰는 컵을 보고 "물을 담는 것 말고 다른 용도는 없을까?"라고 물어봅니다. 컵을 세워 연필꽂이로 혹은 스피커로 상상해 보는 것만으로도 새로운 관점이 열립니다.

2. 일상 속 다중 시선 연습
예를 들어 가족이 함께 식사하다 동생이 엉엉 울었을 때 "엄마는 그 모습을 보고 무슨 생각과 감정이 들었을까?", "아빠는 어떻게 느꼈을까?"를 차례로 묻고 각자의 대답을 글로 남겨봅니다. 하나의 사건을 여러 인물의 시점으로 풀어보는 것은 관점을 전환하는 훈련이 됩니다.

3. '만약에' 게임
"만약 네가 지우개가 된다면 어떤 하루를 보내게 될까?", "만약 사람이 모두 거꾸로 걷게 된다면 어떤 일들이 벌어질까?" 같은 질문으로 현실에서는 불가능한 상황을 상상하게 해보세요. 허무맹랑한 질문이야말로 상상력과 창의성을 폭발시킵니다.

4. 익숙함 의심하기

"왜 자동차는 바퀴가 네 개일까?", "학교가 없어지면 우리 생활은 어떻게 달라질까?"와 같은 질문을 자주 던져주세요. 상식을 의심하며 질문하는 연습이 관습적 사고의 틀을 깨는 출발점이 됩니다.

5. 같은 그림, 다른 해석하기

명화나 그림책 속 한 장면을 보고 아이에게 "이건 무슨 장면 같아?", "여기 주인공은 어떤 기분일까?" 등 해석을 요구하는 질문을 해보세요. 시각 자료를 다르게 읽고 표현하는 경험이 곧 관점 확장의 핵심입니다.

6장

무슨 뜻일까? 어떤 의미일까?
숨은 뜻 찾기

'무슨 뜻일까?', '어떤 의미일까?'는 국어, 영어 시험에서 빠지지 않고 등장하는 질문입니다. 어떤 학생은 그 질문만 봐도 가슴이 답답하다고 말합니다. 단지 정답을 몰라서가 아니라 그 속에 담긴 뜻을 곱씹어 생각하는 일이 쉽지 않기 때문입니다.

'의미'란 무엇일까요? 사전을 찾아보면 이렇게 나옵니다.

의미(意味)

1. 어떤 말이나 글이 나타내고 있는 내용

2. 어떤 사물이나 일, 행동 따위가 지니는 가치나 중요성

3. 어떤 일이나 행동 따위에 담겨있는 뜻이나 의도

의미의 뜻이 위와 같다면 의미를 안다는 것은 결국 겉으로 드러나는

내용을 읽어내고 그 이면에 숨은 가치나 중요성을 이해하며 글쓴이가 품은 진짜 의도를 짚어낼 수 있다는 것이겠습니다.

그럼 이 가슴 답답한 문제를 우리도 한번 풀어봅시다. 김춘수의 「꽃」에서 밑줄 친 부분의 세 가지 의미를 찾아보세요.

> 내가 그의 이름을 불러 주기 전에는 / 그는 다만 / 하나의 몸짓에 지나지 않았다. //
> 내가 그의 이름을 불러 주었을 때 / 그는 나에게로 와서 / 꽃이 되었다. //
> 내가 그의 이름을 불러 준 것처럼 / 나의 이 빛깔과 향기에 알맞은 / 누가 나의 이름을 불러 다오. /
> 그에게로 가서 나도 / 그의 꽃이 되고 싶다. //
> 우리들은 모두 / 무엇이 되고 싶다. / 너는 나에게 나는 너에게 / 잊혀지지 않는 하나의 눈짓이 되고 싶다. //
>
> ― 김춘수, 「꽃」

밑줄 친 문장이 나타내는 내용적인 의미를 먼저 살펴보면 '그에게로 가서 그의 꽃이 되고 싶다'는 말은 '그에게 의미 있는 존재가 되고 싶다'는 의미로 해석할 수 있을 겁니다. 여기서 '꽃'이 의미하는 것은 '식물의 꽃'이 아니라 '언젠가 한번은 피어 자신의 가치를 드러내는, 아름답고 사랑스러운 존재'를 의미합니다. 이 구절은 특히 '누군가에게 진정으로 의미 있고 사랑받는 존재가 되고 싶다'는 화자의 소망을 읽어낼 수 있는 부분입니다. 결국 이 시는 '우리가 서로에게 이름을 불러주는 행위가 관계의 가치를 만들어낸다'는 작가의 메시지를 은유적으로 전달하고 있는 것이지요.

　이 장에서 김춘수의 시를 인용한 까닭은 이 시가 살아있는 동안 끝없이 삶에서 의미를 찾는 인간의 마음을 대변해 주는 것 같기 때문입니다. 우리가 인식하기 전까지 그 '무엇'은 '무수한 사물과 현상 중 하나'에 지나지 않습니다. 하지만 내가 그 '무엇'을 인식하고 이름을 불러주었을 때 그 '무엇'은 내게 의미 있는 것이 됩니다. 여기서 이름을 불러준다는 것은 우리가 살면서 겪어온 삶의 경험과 지식을 동원하여 그 '무엇'을 나답게 해석하는 것이라고 볼 수 있겠네요.

　결국 이 시는 우리가 서로에게 이름을 불러주는 행위가 관계의 가치를 만들어낸다는 이야기를 하고 있는 것입니다. 마치 도서관에 꽂힌 책들은 그저 많고 많은 책에 불과하지만 내가 책 한 권을 골라 읽고 감동과 깨달음을 얻었을 때 그 책이 나에게 특별한 의미를 지니게 되는 것처럼 말입니다.

> 세상에는 인간은 물론 동물, 심지어 AI까지도 함께 살아가고 있다. 동물은 감정을 느끼고 본능에 따라 행동한다. AI는 놀라울 정도의 속도로 정보를 계산하고 문제를 정확하게 해결한다. 하지만 이 둘과는 다른 인간만의 유일한 특징이 있다. 바로 삶의 의미를 고민하는 능력이다. 인간은 단순히 '살아가다'라는 것에 의미를 두지 않는다. 왜 살아야 하는지, 나는 누구인지 같은 질문을 계속해서 생각하며 그 속에서 스스로 답을 찾으려고 한다.
>
> ― 서원중 2학년 원준희

'AI 혹은 동물과 구별되는 인간다움이란 무엇인가?'라는 주제의 수업에서 준희가 써낸 글입니다. 'AI는 계산을 잘하고 동물은 본능대로 살아가지만, 인간만이 삶의 의미를 끊임없이 묻고 고민하는 존재'라는 준희의 말처럼 인간은 감정과 사고, 상상과 표현을 통해 의미를 만들어가는 존재입니다. 요즘처럼 AI가 글을 요약하고 감정을 흉내 내며 이야기를 만들어내는 시대일수록 의미를 묻고 해석하는 힘은 더욱 중요해집니다. 글쓰기는 그런 인간만의 능력을 가장 잘 드러내는 활동입니다. 내가 겪은 일, 느낀 감정, 떠오른 생각들을 글로 적는 순간 우리는 그 사건과 감정에 의미를 부여하게 됩니다. 의미란 그렇게 이름 붙이고 해석하는 행위를 통해 탄생하는 것입니다.

'무슨 뜻일까?', '어떤 의미일까?'라는 질문은 읽고 해석하고 독해하는 과정에서 중요한 역할을 합니다. 동시에 이러한 질문은 아이들이 자신의 내면을 탐구하며 내 생각과 행동, 나아가 삶의 의미를 찾아가는 여정에서 끊임없이 물어야 할 본질적인 질문이기도 합니다.

숨은 뜻과 의미를 찾는 눈 키우기

"엄마가 아무 말 없이 팔짱을 끼고 나를 노려보고 있다는 것은 무엇을 의미하는 것 같니?"

이 질문에 대한 아이들의 대답은 참 다양합니다.

"이제 핸드폰을 내려놓고 빨리 숙제를 해야 한다. 그러지 않으면 어떤 시련과 고통이 따를지 모른다는 뜻이에요."

"제가 또 늦장을 부렸다는 의미예요! 빨리 하던 것을 내려놓고 옷을 입고 학교나 학원에 가야 해요."

이처럼 같은 상황이라도 아이들은 저마다 다른 의미를 읽어냅니다. 숨은 뜻 찾기, 의미 해석하기는 학교 시험이나 공부 시간에만 필요한 게 아닙니다. 일상 속 말과 행동, 표정과 태도에서도 충분히 훈련할 수 있는 능력입니다.

아이들은 이미 본능적으로 해석하는 힘을 갖고 있습니다. 말투에 숨은 감정, 행동 속에 담긴 의도, 상황 너머의 진심을 읽어내려는 시도를 합니다. 우리는 그 능력을 자극하고 확장시켜 주면 됩니다. 이런 훈련이 쌓이면 아이는 자신이 한 말과 행동, 오늘 겪은 사건들의 의미를 스스로 성찰하게 됩니다. 단순한 사건도 의미 있는 경험으로 되새기게 되면서 삶을 주체적으로 해석하는 힘이 자라납니다. 바로 이 순간부터 아이는 '어떻게 살아야 할까'를 스스로 묻고 답하는 존재로 성장해 가기 시작합니다.

이런 의미 찾기 훈련은 교과 수업과도 잘 연결됩니다. 예를 들어 국어 시간의 지문 분석이나 독서 후 토론 시간에 자주 등장하는 "밑줄 친 부분의 의미는 무엇인가요?" 같은 질문은 바로 그 연장선에 있습니다. 집에서는 좀 더 편안한 방식으로 이 훈련을 이어갈 수 있습니다. 아이가 읽은 책의 제목을 놓고 이렇게 물어보는 거예요.

"이 제목은 무슨 뜻일까?"
"왜 작가는 이런 제목을 붙였을까?"

문학 작품은 제목 자체에 텍스트의 중심 의미를 품고 있는 경우가 많습니다. 아이와 함께 제목을 곱씹어 보면 자연스럽게 글의 주제나 작가의 의도에 다가갈 수 있습니다. 어떤 경우엔 제목이 직접적인 메시지를 담기도 하고, 또 어떤 경우엔 상징과 비유를 통해 여운을 남기기도 합니다. 이 활동은 글의 주제를 파악하는 훈련이자 '겉으로 보이는 것' 너머의 '숨은 뜻'을 읽는 힘을 기르는 가장 쉬운 방법입니다.

『햇빛초 대나무 숲에 새 글이 올라왔습니다』(황지영 글, 백두리 그림, 우리학교, 2020)는 같은 반 친구들이 만든 익명의 게시판 '대나무 숲'에서 벌어지는 사건을 통해 익명성의 본질을 탐구하는 고학년 동화입니다. 대나무 숲은 누구나 글을 올릴 수 있지만 작성자의 신원을 알 수 없어 책임을 묻기 어려운 공간을 뜻합니다. 그런데 이 이야기가 펼쳐지는 무대는 '햇빛초등학교'라는 아이러니한 배경입니다. 햇빛은 사물을 그대로 드러내는 속성이 있으니 익명 뒤에 숨긴 이야기도 결국 언젠가는 밝혀진다는 메시지를 담게 되는 것이지요.

'아무리 익명 뒤에 숨어도 햇빛 아래에서 감출 수 있는 것은 없다. 그러니 진실을, 있는 그대로의 자신을 드러내며 당당하게 살아가자.'

결국 이 책에서 작가가 얘기하고자 하는 바가 제목에 모두 담겼다 해도 과언이 아니겠네요.

아이들이 읽는 책 중에는 제목만으로도 상상력을 자극하는 책들이 많습니다. 『일주일 회장』(최은영 글, 이갑규 그림, 마루비, 2021), 『마두의 말씨앗』(문선이 글, 정지윤 그림, 사계절, 2007), 『친구 도서관』(김하늬 글, 이형진 그림, 한겨레아이들, 2008), 『담을 넘은 아이』(김정민 글, 이영환 그림, 비룡소, 2019), 『블랙 아웃』(박효미 글, 마영신 그림, 한겨레아이들, 2023)처럼요. 책장에서 책을 고른 아이에게 "이 책 제목은 대체 무슨 뜻일까?"라고 질문해 주세요. 책 제목이 풍기는 뉘앙스와 표지의 이미지를 보고 어떤 내용과 주제를 담고 있는지 먼저 유추해 보세요. 아이가 책을 다 읽고 나면 읽기 전 유추한 내용이 맞았는지, 읽고 난 뒤 다시 보는 책 제목과 표지는 어떤지 얘기를 나누어보세요. 아이가 단어 하나하나를 곱씹으며 의미를 탐색할 때 자연스럽게 책의 주제와 작가의 의도를 읽어내는 힘이 길러집니다. 나눈 이야기를 잘 정리해 독후감 도입부나 본문에 활용하면 한결 풍부한 글을 쓸 수 있습니다.

이 훈련은 아이가 스스로 질문하고 답을 찾아가는 과정 자체에 의미가 있습니다.

"이건 어떤 의미일까?"

"왜 그렇게 표현했을까?"

이런 질문을 습관처럼 던질 때 아이는 말과 행동, 사물과 현상의 이면을 꿰뚫어 보는 눈을 갖게 됩니다. 나아가 숨은 가치와 의미를 캐내는 습관도 기를 수 있습니다. 결국 작은 질문 하나가 아이가 자신만의 해석으로 세상과 관계 맺을 수 있도록 돕는 것입니다. 이름을 불러 꽃으로 만들고 스스로 꽃이 되는 경험으로 이끌 수 있습니다. AI가 아무리 정보를 잘 분석해도 그 안에서 자신만의 해석을 끌어내고 의미를 부여할 수 있는 존재는 결국 '인간'뿐입니다.

오늘부터 이 질문을 자주 던져보세요. 그 순간 아이의 세계는 더욱 빛나고 확장될 수 있을 것입니다.

실전 TIP

질문으로 시작하는 부모 글쓰기:
'나는 왜 아이들에게 글쓰기를 가르치는가?'에 답해보기

초등 글쓰기 수업을 시작할 때 꼭 먼저 점검해야 할 것이 있습니다. 바로 '나는 왜 글쓰기를 아이들에게 가르치려 하는가?', '글쓰기를 통해 아이들의 삶이 어떻게 달라지기를 바라는가?'에 대한 여러분의 생각입니다.

글쓰기는 단순한 기술이 아닙니다. 아이들의 사고를 기르고 감정을 다루고 자기 삶을 돌아보는 힘을 길러주는 교육입니다. 그렇기에 글쓰기를 지도하는 학부모님들이나 교사 역시 '지금 여기서 아이들에게 글쓰기를 가르치는 이유'에 대해 자기 언어로 정리해 보는 과정이 필요합니다. 이는 수업의 뿌리가 되어줄 뿐 아니라 흔들릴 때마다 돌아올 수 있는 지도 철학의 중심점이 됩니다.

활동 방법: 교사 자신을 위한 질문 글쓰기

1. 아래의 질문들에 답해보세요.
☺ 글쓰기가 내 삶에 어떤 영향을 주었는가?
☺ 나는 왜 지금 아이들에게 글쓰기를 가르치는가?
☺ 내가 지도하는 글쓰기 수업이 아이들 삶의 태도나 방향을 어떻게 바꾸어 주었으면 좋겠는가?

2. 구체적인 문장으로 써보세요.
다음 문장을 참고해, 자신만의 언어로 이어 써보세요.

"나는 아이들에게 글쓰기를 통해 _____을(를) 경험하게 하고 싶다."
"아이들이 글을 쓰며 _____하는 모습을 볼 때 가장 기쁘다."
"내가 생각하는 좋은 글쓰기 수업은 _____이다."

3. 아래 유도 질문을 활용해 글을 확장해 보세요.

☺ 나는 학창 시절 어떤 글쓰기 경험을 했는가? 그 경험은 지금의 나에게 어떤 영향을 주었는가?

☺ 내가 바라는 '좋은 글쓰기 교육'이란 어떤 모습인가?

☺ 10년 후 내 아이가 '글쓰기를 배워서 좋았다'고 말한다면 그 이유는 무엇일까?

7장

나라면 어떻게 했을까?
내 삶에 적용해 보기

'나라면 어떻게 했을까?'

독서 수업에서 빠지지 않는 질문인 동시에 글쓰기에서 가장 깊은 사고를 이끌어내는 질문입니다. 아이들은 주인공의 선택을 따라가며 그 입장에서 생각해 보고 그 상황을 나에게 적용해 보며 자연스럽게 자기 생각을 만날 수 있습니다. 글을 쓰는 순간 아이는 등장인물의 선택을 거울삼아 자기 안의 기준과 감정을 마주하게 됩니다. 그 과정에서 '나는 어떤 사람인가'를 스스로에게 묻고 답하게 되는 것이지요.

> 적용 질문은 텍스트 내용과 관련하여 학습자가 실생활에서 적용하고 실천할 수 있도록 하는 질문이다. 인물의 행위나 사건을 나에게 적용해 보고 "나라면 이 경우 어떤 선택을 할 수 있을까?" "우리 사회에서는 이러한 문제를 어떻게 평가할 수 있을까?" 등의 질문으로 텍스트

내용을 우리 현실에 적용하여 그 의미를 풀어내도록 하는 것이다.

—『하브루타 독서토론』(박형만 외, 도서출판 해오름, 2021) 중에서

'나라면 어떻게 했을까?'는 하브루타 토론에서 '적용 질문'으로 불리기도 합니다. 실제로 수업에서 이 질문을 던지면 아이들은 각자의 방식으로 그 상황을 해석하고 자기만의 답을 내놓습니다. 누군가는 주인공의 입장에서 또 누군가는 다른 등장인물의 입장에서 각 인물의 행동이나 이야기 속 갈등을 나의 현실에 비추어 보며 아이들은 자신만의 가치판단과 해결 방법을 떠올리게 됩니다. 이런 질문은 아이들이 단순히 이야기를 이해하는 데서 그치지 않고 현실 문제와 직접 연결해 보는 능동적 사고를 길러줍니다.

읽고 생각한 것을 글로 옮기면 아이들은 단순히 입으로 말할 때보다 한 걸음 더 나아가게 됩니다. 자신의 선택이 정당했는지, 그에 따르는 책임은 무엇인지 되돌아보게 되지요. 이 과정을 통해 아이들은 '나는 왜 이런 판단을 내렸을까?', '내가 놓친 건 없을까?', '나의 선택이 옳은가? 그른가?' 질문하게 됩니다. 그렇게 글쓰기는 자기 성찰로 이어지고 아이들은 자신의 생각과 가치관을 더 깊이 들여다보게 됩니다. 자신이 어떤 사람인지를 알아가게 되는 것입니다.

나를 마주하는 과정에서 던져보아야 할 질문들

아이들이 읽는 동화 속에는 아이들이 일상에서 맞닥뜨리는 문제, 발달

에 따라 누구나 한 번쯤 시기별로 겪게 되는 문제, 가족과 친구 관계를 다룬 문제, 아이들의 입장에서 바라본 사회의 부조리와 해결해야 할 문제 등 각양각색의 문제들이 담겨 있습니다. 초등 고학년에서 요즘 가장 뜨거운 문제는 스마트폰, 미디어 사용의 문제, 방관자 문제, AI와 미래 사회 윤리 문제, 가짜 뉴스 문제 들인데 수업을 하다 보면 보이지 않는 벽을 만나는 것 같은 순간들이 있습니다. 돌이켜 보면 대체로 그런 문제들은 개인주의와 관련이 있는 경우가 많았던 것 같습니다.

방관자 문제처럼 민감한 주제에 대해 아이들이 "나라도 그렇게 하지 않았을까"라는 답을 내놓는 경우가 많습니다. 이유는 대동소이합니다. '복수가 두려워서', '나도 왕따나 학교폭력을 당하게 될까 봐', '일단 그런 상황에서는 눈에 띄지 않는 것이 더 유리하기 때문에' 등 대부분 두려움이라는 감정이 그 바탕에 있습니다. 이해가 갑니다. 저라도 두려울 것 같습니다. 특히 다수에 맞서는 소수가 된다는 건 상당한 용기가 필요한 법이니까요.

'나만 아니면 된다고 생각한다. 괜히 남의 문제에 끼어들었다가는 손해를 볼 수 있기 때문이다.'

가장 난감할 때는 위와 같은 글을 만날 때입니다. 아이들의 대답이 우리의 도덕적 기준에 맞지 않는다고 해서 함부로 평가하거나 윤리적인 답안을 강요할 수는 없습니다. 중요한 건 아이들의 판단을 섣불리 평가하기보다 그 선택이 나온 배경과 맥락을 이해하고 더 넓은 시야를 가질 수 있도록 도와주는 것입니다. 피해자의 입장을 체험해 볼 수 있는 책과 영화는 그런 점에서 훌륭한 도구가 됩니다. 예를 들어 방관자 문제의 경우, 책이나 영화를 통해 아이들이 피해자의 입장이 되어보게 합니다. 초등학교 4학년 국어 교과서에 실린 〈우리들〉이라는 영화나 『모르는 척』(우에다 슌사쿠 글, 우메다 요시코 그림, 길벗어린이, 1998)이라는 책은 '가해자가 피해자가 될 수도 있는 현실'을 실감 나게 보여줍니다. 이런 매체를 통해 이 문제들이 어느 특정인에게 일어나는 '남의 일'이 아니라 나에게도 일어날 수 있는 보편적 문제임을 깨우칠 수 있도록 도와주는 것입니다.

가족의 문제 역시 민감합니다. 첨단 과학 기술이 발달한 미래의 이야기를 생생하게 다룬 SF 판타지 『핑스』(이유리 글, 김미진 그림, 비룡소, 2018)에는 어떤 병이든 고칠 수 있는 '핑스'라는 아름답고 신비로운 우주 생명체가 나옵니다. 이 책의 주인공은 아픈 동생의 병을 고치기 위해 우주여행을 나왔다 핑스를 취할 기회를 앞두고 고민에 빠집니다. 가족을 생각하면 멸종위기에 놓인 핑스의 사정을 생각할 겨를이 없습니다. 하지만 '다른 생명을 빼앗으면서까지 내 가족을 우선시하는 게 맞는가?', '다른 생명은 인간을 위해 희생되어도 괜찮은가?' 이런 질문 앞에 놓이면 아이들은 심리적으로 깊이 갈등하게 됩니다.

> 나는 동생을 위해 핑스를 희생해서는 안 된다고 생각한다. 왜냐하면 핑스의 생명도 소중하기 때문이다. 예를 들어 정민이에게 동생이 소중하듯 핑스도 누군가의 소중한 동생이고 누군가의 소중한 자식일 것이기 때문이다. 그러므로 동생의 병을 치료하기 위해 핑스를 희생시켜서는 안 된다고 생각한다.
>
> ― 유현초 4학년 신현승

현승이가 이런 답을 내놓자 "현승이는 동생이 없어서 저런 답이 가능한 거예요."라고 누군가 일침을 가합니다. 본인도 그보다 옳은 답을 선택하고 싶지만 동생을 위한 선택을 할 수밖에 없을 것 같은 그 마음도 존중받아 마땅합니다. 다만 이런 선택 앞에서 아이들이 '내 선택이 과연 옳은가? 그른가?'를 생각해 볼 수 있다면 좋겠습니다.

'나라면 어떻게 했을까?'라는 질문에 답을 찾기 위해 아이들이 정의와 이익, 용기와 두려움 사이에서 고민할 때, 결론을 내기에 앞서 위와 같은 질문을 스스로에게 던져볼 수 있기를 바랍니다. 저학년 시기에는 '옳고 그름'이 최고의 판단 기준이었던 아이들은 성장하고 사회화되는 과정에서 본능적으로 '나에게 유리한 선택인가?', '불리한 선택인가?' 헤아려보는 법을 배우게 됩니다. 자기 삶을 설계하고 책임지는 어른으로 성장하는 데 꼭 필요한 과정이라고 생각합니다. 하지만 어떤 선택과 결정에 앞서 선택의 유불리만을 따지게 된다면, 그래서 사안의 '옳고 그름을 판단하는 과정'을 거치지 않는다면, 아이들이 자신과 세상에 대한 믿음을 바탕으로 건강한 자아상을 완성해 나가기는 힘들 것입니다.

'나라면 어떻게 할까?' 글쓰기는 결국 내면의 목소리를 글로 꺼내어 스스로와 대화하며 생각의 실타래를 풀고 정리하는 과정입니다.

- ▶ 나는 무엇을 무서워하는가
- ▶ 나는 무엇을 지키고 싶은가
- ▶ 나는 어떤 가치를 소중히 여기는가
- ▶ 나는 어떤 순간 용기 낼 수 있는 사람인가

이러한 질문은 '나'라는 존재를 탐구하고 알아가고 발견하게 합니다. 자신의 가치관을 점검하고 윤리적 주체로 서게 하는 겁니다. 이것은 곧 현실에서 선택의 순간을 마주할 때 자기 목소리로 결정할 수 있는 힘이 됩니다. 막연하게 '좋은 아이'가 되려 하기보다 '어떤 순간에도 나다운 선택을 하는 사람'으로 성장할 수 있게 되는 것입니다. 그 힘은 바로 이 질문에서 시작될 수 있습니다.

본질 글쓰기의 최종 목적지는 바로 '나'

질문하는 힘은 곧 생각하는 힘입니다. '왜 그럴까?', '과연 그럴까?', '너는 어떻게 생각해?', '나라면 어떻게 했을까?' 같은 질문을 자주 던질수록 아이들의 글에는 생각이 담기고 그 생각은 아이가 스스로를 더 깊이 이해하게 해줍니다. 글쓰기는 그렇게 자기 존재를 탐구하는 도구가 됩니다. 이 질문들을 아이들의 일상에 징검다리처럼 놓아주세요. 이 질문들은 아이들 스스로 자신을 발견하고 더 나은 방향으로 자기 삶을 나아가게 해줄 겁니다.

본질 글쓰기는 결국 '질문에서 시작해 나로 완성되는 글쓰기'입니다. 나를 알고 나를 가꾸고 나를 표현하며 세상과 연결되는 글쓰기. 이것이 바로 본질 글쓰기가 추구하는 방향입니다. 그래서 본질 글쓰기는 언제나 답을 찾아가는 여정이 아니라 진짜 나를 향해 나아가는 여정이기도 합니다.

실전 TIP

질문 글쓰기 적용하고
실천해 보기

이번 실전 팁 역시 아이들의 글쓰기를 지도하시는 분들을 위한 질문 글쓰기입니다. 여러분은 이 장에서 어떤 질문이 가장 인상적이었나요? 왜 그런가요?

또 아이의 글쓰기를 잘 지도하는 데 어떤 질문이 가장 유용해 보이시나요? 그 질문을 앞으로 어떻게 활용해 볼 예정인가요?

그 외에 본질 글쓰기 질문에 추가되었으면 하는 질문이 있다면 무엇인가요? 그 이유는 무엇인가요?

- **가장 인상적인 질문과 그 이유**

- **가장 유용해 보이는 질문과 그 이유**

- **추가했으면 하는 질문과 그 이유**

제5부

본질 글쓰기 역량 키우기

글을 완성하는 마지막 한 끗, 실전 역량 키우기

본질 글쓰기의 마지막 관문은 '글의 완성도를 높이는 실전 역량 훈련'입니다. 제1~4부를 통해 우리 아이들은 글쓰기의 기본을 다지고, 생각의 주체로 설 수 있는 질문력을 길러 왔습니다. 이제 그 힘을 바탕으로 학교 과제나 수행평가, 글쓰기 대회처럼 실제 글쓰기 상황에서 '누구에게나 잘 읽히는 글'을 완성해 내는 법을 배울 차례입니다.

제5부에서는 이 목표를 이루기 위한 다섯 가지 핵심 역량을 다룹니다.

- ▶ 문단 나누기로 생각을 조직하고
- ▶ 개요표 작성으로 글의 뼈대를 설계하며
- ▶ 요약하기로 핵심을 정확히 짚고
- ▶ 예를 들어 설명하기로 설득력을 더하며
- ▶ 상황 감각을 통해 대상과 목적에 맞게 글을 조율하는 법

이 다섯 가지는 아이가 '글을 잘 쓰는 사람'이 되는 데 필요한 실전 무기입니다.

이제 아이의 글은 더욱 단단해지고, 더 선명해질 것입니다. 자기 생각을 구조화하고, 논리의 흐름을 조율하며, 읽는 이를 고려해 문장을 다듬을 수 있을 때 비로소 본질 글쓰기는 완성됩니다. 본질 글쓰기는 아이가 자신을 표현하는 데 그치지 않고, 세상을 설득하고, 세상과 연결되는 글을 쓰도록 돕는 일입니다.

제5부는 그동안 쌓아온 글쓰기 바탕에 마침표를 찍는 글쓰기 연금술의 장입니다. 아이들이 가진 원석 같은 생각에 이 장에서 소개하는 공식과 훈련을 더한다면 어느새 독자의 마음을 움직이는 글이 완성되어 있을 것입니다.

1장
생각을 조직하는 힘, 문단 나누기

초등 저학년은 자기 생각과 감정을 자유롭게 표현하며 글쓰기의 즐거움을 경험하는 시기입니다. 반면 3학년부터는 구조화된 글쓰기를 시작하게 되지요. 초등 3학년 1학기 국어 2단원에서 아이들은 '문단 나누기'를 배웁니다. 문단 나누기는 아이들이 글쓰기에서 가장 헷갈려하지만, 반드시 익혀야 할 핵심 개념입니다. 초등 1, 2학년은 자신의 생각과 느낌을 자기답게 표현하며 문장력을 키우고 글밥을 늘려 글쓰기 자신감과 유창성을 기르는 시기입니다. 이 시기에는 아이들이 자기 생각과 감정을 자유롭게 표현하며 글쓰기의 즐거움을 경험하는 것이 중요합니다.

하지만 초등 3학년부터는 구조화된 글쓰기와 함께 설명하는 글, 주장하는 글, 제안하는 글 등 다양한 글의 갈래와 형식을 배우게 됩니다. 이때부터는 문단의 개념을 이해하고 문단을 나누는 훈련이 필요합니다.

초등 3, 4학년은 글의 구조를 인식하고 생각을 조직하는 훈련이 본격적으로 시작되는 시기입니다. 아이들의 인지력이 충분히 발달할 수 있도록 이 시기까지 읽기·말하기·듣기·쓰기를 종합적으로 충분히 경험하게 한 뒤 구조화된 글쓰기를 도입하는 것이 좋습니다. 준비가 안 된 상태에서 문단 나누기를 가르치면 오히려 글쓰기 장벽만 높아질 수 있기 때문입니다.

문단이란 몇 개의 문장이 모여 하나의 중심 생각을 전달하는 덩어리입니다.

> **예시** 오늘은 학교에서 체육대회 하는 날이다. 체육대회 하는 날이 세상에서 제일 시끄럽다. 준혁이는 오늘 학원에 안 간다고 했다. 나는 준혁이가 부러웠다. 체육대회에서 우리 반이 일등 했다. 오늘은 수학 학원 선생님 생일이었는데, 생일 턱으로 라면을 사줬다. 꿀맛이었다.

이 글은 하나의 문단으로 이루어져 있지만, 생각이 계속 바뀌고 있습니다. 체육대회 이야기였다가 준혁이 이야기로 넘어갔다가 다시 체육대회로, 그리고 수학 학원 선생님 생일 이야기로 이동합니다. 각 문장은 주제도 시간도 감정도 모두 다르기 때문에 적절한 문단 나누기가 꼭 필요합니다. 문장이 감정과 사실을 담는 기본 단위라면 문단은 의미와 중심 생각을 담는 그릇입니다. 아이가 문단을 나누기 시작한다는 것은 자신의 생각을 정리하고 조직화할 수 있게 되었다는 의미이며, 글이 단순한 나열에서 벗어나 구조를 갖추기 시작했다는 신호입니다.

하지만 아이들에게 이를 알려준다고 해서 문단 나누기가 바로 되는 것은 아닙니다.

"어디서 끊고 어디서 이어야 할지 모르겠어요!"

문단 나누기를 시도해 본 아이들에게서 흔히 나오는 말입니다. 이는 생각의 단위가 어디서 바뀌는지를 스스로 파악하기 어렵기 때문입니다. 사실 문단 나누기는 단순한 기술이 아니라 사고 훈련입니다. 반복을 통해 몸에 익혀야 자연스럽게 이루어질 수 있습니다.

문단 나누기는 수영할 때 호흡을 익히는 일과도 비슷합니다. 처음엔 언제 숨을 쉬어야 할지 몰라 물을 마시기 일쑤고, 숨 쉬는 타이밍을 의식적으로 맞춰야 하죠. 하지만 충분히 연습하다 보면 어느 순간 몸이 자연스럽게 반응해 숨이 찰 때 저절로 얼굴을 물 밖으로 내밀게 됩니다. 문단도 마찬가지입니다. 글의 흐름을 읽는 감각이 쌓이면 생각이 바뀌는 지점에서 자연스럽게 문단을 나누게 됩니다.

문단 나누기 지도 핵심 원칙 3가지

첫째, 하나의 중심 생각을 가진 문장들이 모여 하나의 문단이 된다는 개념을 알려주세요. 단순히 말로 설명하기보다는 구체적인 예시와 활동을 통해 몸으로 익히게 하는 것이 핵심입니다.

먼저, 예시를 주고 중심 생각 찾기를 해보세요.

> **예시** 마라탕은 입맛대로 고를 수 있어 좋다. 나는 매운 걸 잘 먹는데, 어떤 때는 많이 매운 게 먹고 싶고 어떤 때는 조금 매운 게 먹고 싶다. 마라탕은 0단계에서 3단계까지 매운맛이 있어 매운 단계를 그때그때 고를 수 있다. 그리고 요리에 들어가는 재료도 마음대로 고를 수 있다. 나는 채소보다는 햄과 소시지, 어묵, 면을 좋아하는데, 내가 좋아하는 것만 골라 먹을 수 있어 좋다.

"이 문장들은 무슨 이야기를 하고 있어?"라고 물으면, 아이는 "마라탕은 입맛대로 고를 수 있어 좋다"고 답하게 됩니다. 이때 "맞아, 그게 중심 생각이야. 이 문장을 중심 문장이라고 해. 나머지는 그걸 설명하는 보조 문장이야. 이렇게 중심 문장과 보조 문장이 합쳐져 하나의 문단을 이루는 거야."라고 알려주면 자연스럽게 개념이 정리됩니다. 그러니 동화책이나 그림책, 아이가 쓴 글 등을 활용해 중심 문장을 찾고 중심 문장과 보조 문장을 묶어보는 활동을 반복해 보세요.

둘째, 중심 문장에 보조 문장을 덧붙이는 훈련도 함께 해보세요.

> **예시** 오늘 롯데월드에 갔다. 재미있는 놀이기구를 탔다. 퍼레이드도 보았다. 오늘은 정말 좋은 하루다.

이 네 문장을 각기 중심 문장으로 보고, 각각을 보완하는 보조 문장을 더해 새로운 문단을 만들어봅니다. 이 과정을 통해 문장이 구체적으로 확장되어 문단을 이루는 과정을 경험할 수 있습니다.

- ▶ 오늘 롯데월드에 갔다. → 누구와, 왜, 어떻게 갔는지 추가 설명
- ▶ 재미있는 놀이기구를 탔다. → 어떤 놀이기구였고 왜 재미있었는지
- ▶ 퍼레이드도 보았다. → 퍼레이드의 모습, 감정 등
- ▶ 오늘은 정말 좋은 하루다. → 이유와 느낀 점 추가

셋째, 문단을 나누는 기준을 알려주세요.

- ▶ 중심 생각이 바뀔 때
- ▶ 시간이나 장소가 바뀔 때
- ▶ 등장인물이 바뀔 때
- ▶ 말하는 사람이 바뀔 때 (대화문)
- ▶ 감정이나 분위기가 전환될 때

문단은 새로운 생각을 새로운 줄에서 시작하자는 약속입니다. 글은 읽는 이를 배려하며 써야 하므로, 독자가 생각의 변화를 쉽게 알아차릴 수 있도록 문단을 나눠야 합니다. 이때 들여쓰기도 함께 알려주세요.

문단 나누기를 지도하실 때는 다음 3가지를 유념하여 지도하면 좋습니다.

첫째, 생각이 바뀌었는데도 문단을 나누지 않고 끝까지 이어 쓰는 아이들이 있습니다. 새로운 중심 생각이 시작되었는데도 여전히 같은 문단 안에 넣는 경우입니다. 이렇게 글을 쓰는 아이에게는 틀렸다고 하기보다 "지금 이 부분은 앞 문장과 같은 이야기를 하고 있는 걸까?"라고

물어주면 좋습니다.

둘째, 중심 문장 없이 예시나 느낌만 나열하는 아이들도 있습니다. 중심이 없는 글은 문단이 아니라 '문장 모음'이 됩니다. 그럴 때는 중심 문장이 빠졌다고 지적하지 마시고, "이 문장들을 하나로 묶는 말은 뭘까?" 하고 아이가 스스로 중심 문장을 떠올려보게 하세요.

셋째, 대화문 문단 나누기는 아이들도 많이 헷갈려하는 부분입니다. 말하는 사람이 바뀔 때마다 줄을 바꾸고 문단을 나눠야 한다는 규칙을 모르는 아이들이 많습니다. 짧은 대화문을 예로 들어 반복해서 훈련하는 것이 좋습니다.

진짜 글쓰기는 문단 나누기에서 시작된다

문단을 나눌 수 있다는 것은, 아이가 처음으로 자신의 생각을 정리해 '글의 구조'를 스스로 세우기 시작했다는 뜻이기도 합니다. 글을 생각 단위로 나누면 전체 구조가 눈에 들어오고 '처음 – 가운데 – 끝'의 구조도 자연스럽게 익힐 수 있습니다. 글의 중심을 잡고, 독자를 배려하는 태도도 함께 길러집니다. 이것이 바로 본격적인 글쓰기를 위한 준비입니다.

아이들도 글을 쓰면서 자신의 글은 누군가에게 읽히기 위해 쓰인다는 사실을 인지하는 것이 중요합니다. 아이들이 스스로 '어떻게 읽힐 것인가'를 고민하기 시작하면 문단 나누기와 '처음 – 가운데 – 끝'의 형식, 글의 논리적 흐름을 배워야 하는 이유를 공들여 설명할 필요가 없게 됩니다. 아이들도 그 쓸모를 이해할 수 있습니다.

문단은 글의 숨입니다. 문단을 나누는 순간 글에 리듬이 생기고 생각이 정리되며 누군가가 내 글을 따라올 수 있게 됩니다. 그 순간부터 본질 글쓰기의 새로운 차원이 열리게 되는 것입니다.

실전 TIP

문단 나누기 훈련 활동 예시

문단 나누기 훈련을 할 때 활용할 수 있는 몇 가지 활동을 알려 드립니다. 아이와 함께 놀이처럼 진행해 보세요. 첨삭을 통한 교육보다 훨씬 효과가 있을 겁니다.

1. 문장 이어쓰기 → 문단 묶기
☺ 열 개의 문장을 이어서 적은 뒤 관련 있는 문장끼리 묶습니다.
☺ 색연필로 문단별 단위를 구분합니다.

2. 문단 퍼즐 맞추기
☺ 동화나 그림책 한 문단을 문장 단위로 나누어 타이핑하거나 필사합니다.
☺ 문장을 오려낸 후 그중에서 중심 문장을 찾아봅니다. 종이에 문장을 붙이면서 문단을 새롭게 구성합니다.

3. 한 문단만 써보기
☺ '오늘 가장 인상 깊었던 일'을 중심 문장으로 시작해 단 한 문단만 작성합니다.
☺ 중심 문장이 맨 앞에 오도록 연습해 봅니다. (공식처럼 외워도 좋습니다.)

4. 대화문 문단 나누기
☺ 말하는 사람이 바뀔 때마다 문단을 나누는 연습을 해봅니다.

2장

글의 구조에 대한
감각을 키워주는 '황금비율'

"곤충의 몸은 어떻게 나뉘나요? 머리, 가슴, 배로 나눌 수 있죠. 글도 마찬가지입니다. '처음 – 가운데 – 끝'이라는 구조가 있어요. 이 구조가 균형 있게 짜여있으면, 글도 훨씬 보기 좋고 읽기도 쉬워집니다. 그래서 글에도 황금비율이 필요합니다."

아이들에게 글의 형식을 가르칠 때 저는 이렇게 이야기하며 수업을 시작합니다. 아이들에게 익숙한 비유를 들어 접근하면 글의 구조도 훨씬 쉽게 받아들입니다.

'비율이 좋다'는 말을 들어본 적 있나요? 보통은 가로와 세로의 비율이 보기 좋다는 뜻으로 사용되죠. 가장 이상적인 비율을 우리는 '황금비율'이라고 부르는데, 수치로는 1:1.618 정도입니다. 사람 몸에 이 표현을 쓰기도 합니다. 보통 머리가 작고 팔다리가 길어 보이는 사람을 우리는 '비율이 좋다'라고 말하고는 하지요. 비율이 6등신이냐, 8등신이

냐 하고 정확한 수치를 따지는 건 크게 의미 없는 것 같습니다. 중요한 건 비율이 균형 잡혀있어야 보기에도 읽기에도 좋다는 점입니다.

글에도 황금비율이 있습니다. 글의 기본 구조는 '처음 – 가운데 – 끝'입니다. 설명문에서는 '머리말 – 본문 – 맺음말', 논설문에서는 '서론 – 본론 – 결론'이라고도 부릅니다. 일기나 독서 감상문도 결국 이 구조를 따릅니다. 그렇다면 아이들에게 이 '처음 – 가운데 – 끝'은 어떤 비율로 구성되는 것이 좋다고 얘기해 주면 될까요? 처음과 끝은 각 1문단, 가운데는 2~3문단 정도가 가장 적절합니다. 1:2:1 또는 1:3:1 정도의 비율이 아이들이 쓰기에 가장 균형 잡힌 구조입니다.

문장 수까지 일일이 세며 쓸 필요는 없습니다. 문단 수로 감각을 익히게 하는 것이 중요합니다. 이 기준을 따르면 "몇 줄 써야 해요?"라는 질문도 자연스럽게 사라집니다.

> **예시**
>
> 처음: 1문단 (2문장 이상, 3~5문장이 적당)
>
> 가운데: 2~3문단 (각 문단 3문장 이상)
>
> 끝: 1문단 (2문장 이상, 3~5문장이 적당)

글의 황금비율을 익히면 아이들은 글의 흐름을 스스로 조절하는 힘을 얻게 됩니다. 글의 흐름을 '설계'할 수 있는 아이로 자라게 되는 것이죠.

갈래는 달라도 형식은 비슷하다

아이들은 글을 쓰기 전 "처음엔 뭐 써요?" 하고 묻습니다. 저학년 시절 일기나 생활문은 써봐서 나름 첫 문장 쓰기가 어렵지 않습니다. 하지만 초등 3학년에 들어서 설명하는 글과 주장하는 글을 배우기 시작하면 모든 글이 낯설게 느껴집니다. 어떻게 글을 시작하면 좋을지 알려주고 나면 이번엔 기다렸다는 듯 "몇 줄 써야 해요?"라고 묻습니다. 이 질문은 단지 분량만 묻는 것이 아닙니다. '어디서부터 어떻게 나눠서 써야 하는지' 막막하다는 뜻입니다. 몇 줄 정도 쓰라고 알려주고 나면 또 이렇게 묻습니다. "그 다음엔 뭐 써요?" 아이들은 미리 글의 흐름을 설계해 놓고 글쓰기를 시작하지 않기 때문에 매 순간 막막하고 모를 수밖에 없습니다. 이럴 때 가장 효과적인 지도 방법은 바로 갈래별 '글의 형식'을 먼저 알려주는 것입니다.

글에는 내용과 형식이 있습니다. '무엇을 쓸까?'가 내용이라면 '어떻게 쓸까?'는 형식입니다. 아이들의 글쓰기에서 그 둘 중 무엇이 더 중요하냐고 묻는다면 물론 내용이 훨씬 중요합니다. 좋은 글은 결국 '무엇을 썼느냐'에 달려있기 때문입니다. 하지만 내용은 성숙한 사고력, 배경지식, 경험이 필요한 일이라 단기간에 키우기가 어렵습니다.

반면 형식은 가르칠 수 있는 기술입니다. 글의 구조, 문단 수, 순서, 서술 방법 등을 공식처럼 알려주면 됩니다. 처음과 가운데와 끝을 어느 정도의 비율로 써야 하고, 각 부분엔 어떤 내용이 들어가야 하며, 각 부분을 풀어낼 때는 어떤 서술 방식을 활용할 수 있는지를 아주 간단하게 알려주는 것입니다. 이렇게 형식을 먼저 장악하면 아이는 훨씬 안정감 있게 글쓰기를 시작할 수 있습니다. 더 깊이 있는 내용을 꺼내기도 수월해집니다. "어떻게 써야 할지 모르겠어요"에서 "이 구조에 맞춰 써볼게요!"로 바뀔 수 있습니다. 형식을 공식처럼 알려준다고 해서 글쓰기가 정형화될까 봐 걱정할 필요는 없습니다. 오히려 형식을 알면 구조에 대한 고민을 줄이고, 내용에 더 집중할 수 있기 때문입니다.

이때 아이들에게 자주 받는 질문이 있습니다.

"선생님, 설명하는 글이랑 주장하는 글이랑 일기랑 다 다른 글인데 왜 형식은 비슷해요?"

정말 좋은 질문입니다. 생활문, 논설문, 설명문, 기행문, 감상문… 모두 다른 종류의 글입니다. 설명문은 정보를, 논설문은 의견을, 생활문은 경험과 감정을 전달합니다. 그런데 형식은 비슷합니다. 전하는 내용은 다르더라도 전달의 구조는 같기 때문입니다. 전달이 목적이라면, 그 구조는 자연스럽게 '처음 – 가운데 – 끝'의 흐름을 따르게 됩니다.

▶ 이야기를 시작하고—처음

▶ 펼치고—가운데

▶ 마무리하기—끝

마치 우리가 나누는 대화의 흐름 같습니다. 모든 글은 자신의 생각을 타인에게 전하는 방식이 비슷합니다. 전달하는 내용이 다르더라도 구조는 같다는 사실을 이해하면 아이들이 글의 형식을 훨씬 쉽게 받아들일 수 있습니다. 이것이 바로 아이들에게 본격 갈래별 글쓰기를 가르칠 때 형식부터 알려주는 이유입니다.

형식을 알게 되면 달라지는 아이들

글쓰기 수업 초반 "몇 줄 써야 해요?" 묻던 아이가 어느 날 "처음이 약해요, 더 흥미롭게 써야겠어요."라고 말할 때면 그 놀라운 변화를 체감하게 됩니다. 글의 형식을 이해한 아이는 글을 설계하는 아이로 성장합니다. 문장을 나열하는 것이 아니라 생각을 구성하고 흐름을 만드는 아이로 바뀝니다.

그리고 무엇보다 글쓰기를 더 이상 두려워하지 않게 됩니다. 형식을 알면 자기 생각을 담는 구조를 이해한 것이고, 이는 곧 글쓰기를 '할 수 있는 일'로 인식하는 일로 연결됩니다.

"할 수 있어요. 순서를 아니까요!"

이 말이 아이의 입에서 튀어나올 때 그 아이는 이미 글쓰기에서 큰 산을 넘은 겁니다.

글쓰기 형식을 익히는 일은 단지 틀을 배우는 것이 아닙니다. 아이들은 그 틀을 통해 글의 방향을 잡고 생각을 정리하며 독자에게 가닿는 글을 쓸 수 있습니다. 형식을 알면 글쓰기는 더 이상 두려움의 대상이 아니라 자기 생각을 설계하는 일이 됩니다. 바로 이 지점에서 본질 글쓰기가 시작되는 것입니다.

실전 TIP

초등 글쓰기 갈래별 정리표

아이들이 초등 시절 동안 다루게 되는 주요 글의 갈래와 특징을 알면 아이들의 글쓰기 지도가 만만해집니다. 그렇게 어려운 글쓰기는 없습니다. 목적과 형식만 알면 누구든 지도할 수 있는 부분입니다. (여기서 시는 제외하였습니다.)

갈래	형식	글의 목적	주요 특징
일기	시작-본문-마무리	하루 동안 겪은 일을 정리하고 느낀 점을 씀	시간 순서, 감정 표현 중심 자유로운 서술
생활문	처음-가운데-끝	일상 경험이나 생활 속 느낀 점 표현	경험 중심 서술 감정과 생각의 흐름 중요
편지	인사말-내용-맺음말	감정, 생각, 감사, 부탁 등을 상대에게 전달	말하듯 쓰기 진심 표현
독서 감상문	처음-가운데-끝	책을 읽고 생각과 느낌 정리	요약 + 느낀 점 교훈 강조
설명하는 글	머리말-본문-맺음말	사물, 개념, 현상 설명	정의, 예시, 비교, 분류 등 객관적 서술이 중요
소개하는 글	간략한 소개-내용 설명-마무리 권유	사람, 장소, 물건 소개	대상의 특징 강조 명확하고 간결
주장하는 글	서론-본론-결론	의견을 근거로 설득	주장 + 근거 사례, 결론 강조
제안하는 글	서론-본론-결론	자신의 제안을 밝히고 이유를 들어 설득함	문제 상황 제시, 제안 + 제안하는 까닭(2~3개) 제안의 현실성, 효과 강조
각종 감상문	소개-느낀 점-마무리	감정과 생각 표현	주관적 느낌, 인상 깊은 장면 중심

3장

글의 설계 역량을 키우는 개요표 작성하기

　설명문이나 논설문, 기행문, 제안하는 글 등 형식과 목적이 분명한 글쓰기를 할 때 가장 중요한 것은 '처음 – 가운데 – 끝'에 들어갈 내용을 미리 간단하게 정리해 보고 글을 쓰는 것입니다. 이때 글의 구조를 몸에 익힐 겸 개요표를 작성하고 쓰는 습관을 들이면 좋습니다.

　집을 지을 때 설계도가 필요하듯 글을 쓸 때도 개요표가 필요합니다. 아무리 뛰어난 건축가라도 도면 없이 집을 지을 수 없는 것처럼 아무리 머릿속에 멋진 생각이 떠올라도 그것을 글로 제대로 옮겨내는 데는 한계가 있기 마련입니다. 개요표 쓰기는 글의 설계도를 미리 그려보는 일입니다. 쓰고자 하는 주제에 따라 어떤 내용을 담을지 정리하고 글의 구조에 따라 내용을 배치해 보는 과정에서 아이는 처음부터 글의 큰 틀을 조망할 수 있습니다. 그래서 개요표는 단순한 준비 활동이 아니라 아이가 글을 주도적으로 설계하고 글의 완성도를 높이는 강력한 글쓰기 도구입니다.

개요표 쓰기는 아이가 글 앞에서 느끼는 막막함을 줄여주는 가장 실용적인 도구이기도 합니다. 개요 없이 글을 쓰다 보면 생각이 정리되지 않아 글의 흐름이 자꾸 끊기고, 쓰다 말고 고치기를 반복하게 됩니다. 그러다 보면 아이는 쉽게 지치고 글쓰기를 어렵고 부담스러운 일로 느끼게 됩니다. 반면 개요표를 먼저 쓰고 글을 완성해 본 아이는 깨닫게 됩니다. 복잡했던 생각들이 정리되고 그 흐름을 따라 문장을 붙이기만 해도 글이 자연스럽게 완성된다는 사실을요.

그뿐 아닙니다. 내용의 순서를 전략적으로 배열해 보며 글을 논리적으로 조직하는 훈련을 하는 데에도 효과적입니다. 글이란 결국 내가 하고 싶은 이야기를 잘 전달할 수 있도록 순서와 논리를 구성하는 작업입니다. 개요표 쓰기는 아이들이 '처음-가운데-끝'에 들어갈 내용을 미리 한번 떠올리고 쓸 말들을 분배하고 글 전체의 모습을 미리 상상하게 합니다. 이 경험을 한번 하고 나면 아이들은 자신도 모르게 '글을 설계하는 습관'을 갖게 됩니다.

생각을 글로 옮기는 중간 다리, 개요표 작성

갈래별 글쓰기는 구조와 형식이 비교적 뚜렷합니다. 설명문이면 설명문답게 논설문이면 논설문답게 써야 하지요. 하지만 그 형식을 머리로 이해했다고 해서 바로 그 형식대로 글을 쓸 수 있는 아이는 많지 않습니다. 아이들은 아직 자신의 생각을 정리하고 배치하는 힘이 부족하기 때문입니다. 이때 개요표 쓰기를 배우면 아이는 형식을 이해하고 그 형식에 맞는 내용을 스스로 구성해 보는 경험을 하게 됩니다. 글의 뼈대를 손으로 짜보는 연습을 한 것이죠. 그다음부터는 주제만 주어져도 자연스럽게 글의 구조를 만들기 시작합니다. 개요표 쓰기가 습관이 된 아이들은 글이 길어져도 무너지지 않습니다. 글을 통제할 수 있는 도구를 손에 하나 쥐고 있는 셈이니까요.

개요표를 작성하게 할 때는 아래의 네 가지 원칙을 유념하여 지도하시면 됩니다.

첫째, 짧고 간단하게 적게 하세요. 되도록 문장이 아니라 단어 또는 짧은 어구로 쓰게 하세요. 예를 들어 '장점 - 건강에 좋음', '개요표 작성에 유용' 같이 조사나 어미를 압축하거나 탈락시켜 키워드 위주로 쓰는 겁니다. 아니면 아이들은 글을 두 번 쓰는 느낌에 개요표 쓰기를 꺼릴 수도 있습니다.

둘째, '처음 - 가운데 - 끝'의 흐름을 강조하세요. 개요표는 글의 지도이자 설계도입니다. 시작과 내용 전개, 마무리의 흐름을 꼭 유지하며 내용을 나눠보게 해야 합니다.

셋째, 이 단계에서 글의 목적과 읽는 이를 생각해 보게 하세요. 설명문인지, 주장문인지 먼저 확인하게 합니다. 글을 쓰는 의도와 대상 독자를 고려해 중요한 내용을 판단하도록 유도해 주세요.

넷째, 처음에는 갈래별 글의 개요표 샘플을 보여주고 응용하게 하세요. 부분별로 어떤 내용이 들어가야 하는지 완전히 숙지할 때까지 반복하는 것이 좋습니다.

무엇보다 어릴 때부터 개요표 작성 습관이 필요한 이유는 갈래별 글에 맞게 '처음 – 가운데 – 끝'에 들어갈 글의 내용들을 체크하고 글감을 배치하는 과정에서 아이들이 자연스럽게 글의 구조를 내면화할 수 있기 때문입니다. 이는 글쓰기뿐 아니라, 읽기에서도 획기적인 성장을 가져올 수 있습니다. 논설문이든 설명문이든 기사문이든 완성된 글 한 편을 읽는 경우엔 읽고 난 직후에 개요표를 작성해 보게 하는 것도 도움이 됩니다. 메모, 마인드맵 요즘에 유행하는 비주얼 맵 등 정리 방법은 수도 없이 많습니다. 어느 것이든 좋습니다. 모든 글은 비슷한 구조를 띠고 있으며 대부분 갈래별 특징에 따라 각 부분에 들어갈 내용이 정해져 있습니다. 개요표 양식에 따라 부분별 글의 내용을 요약해 보면 훨씬 빠르게 글의 구조를 파악하고 논지를 이해하고 독해하는 능력이 자라납니다.

또한 글의 논지와 흐름을 글 전반에 걸쳐 일관성 있게 유지할 수 있도록 하는 데에도 개요표 작성은 매우 요긴합니다. 개요표는 글을 쓰는 도중 아이의 생각이 흐트러질 때마다 되돌아올 수 있는 기준이 되어줍니다. 처음 쓴 문장이 마지막 문장과 어긋나지 않도록, 핵심 생각이 흐름 속에서 사라지지 않도록 개요표는 글의 중심을 흔들리지 않게 잡아주는 버팀목이 됩니다.

처음에는 번거롭게 느껴질 수 있습니다. 하지만 한 번 개요표를 써 보고, 그에 따라 글을 잘 완성해 본 아이는 알게 됩니다. 머릿속에서 흐릿했던 생각들이 또렷해지고 자신의 글을 스스로 통제할 수 있는 기분이 얼마나 짜릿한 것인지를요. 특히 설명문, 논설문, 제안하는 글 등 목적이 분명한 글의 경우는 초반에 항상 개요표를 작성하고 글을 쓰는 습관을 들여주세요. 그러면 아이들은 각 글의 형식과 목적에 맞게 완성해 내는 성공의 경험을 더 많이 쌓게 될 것이고, 그럴수록 글쓰기 자신감은 더욱 고취될 것이기 때문입니다.

앞서 본질 글쓰기 제1~4부를 통해 아이들은 글쓰기의 두려움을 넘고 글로 자기 생각을 만나는 즐거움을 배울 수 있었습니다. 제5부는 글을 완성도 있게 쓰는 법, 즉 생각을 더 질서 있게, 설득력 있게, 흐름에 맞게 쓰는 법을 익히는 단계입니다. 이때 개요표 쓰기는 아이들의 생각을 글로 잘 옮기기 위한 가교가 되어줍니다. 자기 생각을 마음껏 펼치는 단계에서 생각을 구조화하고 정리하여 독자에게 전달할 수 있도록 설계하는 수준으로 발전하는 과정, 그 중간 기술이 바로 개요표 쓰기입니다.

그리고 이 기술은 어떤 갈래의 글이든 어떤 주제가 주어지든 아이들이 "할 수 있어요. 저는 이 글을 이렇게 구성할 거예요."라고 자신 있게 말할 수 있는 힘을 길러줍니다. 개요표 쓰기는 단순한 글쓰기의 사전 활동이 아닙니다. 글쓰기라는 거대한 사고의 흐름을 아이가 주도하고 관리할 수 있도록 도와주는 본질 글쓰기의 핵심 역량입니다. 이 작은 도구 하나가 아이의 글쓰기 태도와 표현 능력, 그리고 자기 생각을 정리하는 힘까지 근본적으로 변화시켜 줄 것입니다.

실전 TIP

갈래별 글의 종류에 따른 개요표 양식

초등학교에서 가장 자주 쓰는 갈래별 글의 개요표를 첨부합니다. 표에 너무 집착하지 마시고 아이들이 글을 쓰기 전 개요표의 각 요소들을 점검하고, 거기에 해당하는 내용을 간략하게 메모하는 습관을 들일 수 있게 해주세요. 개요표 작성 후 아이의 글쓰기 계획을 들어주는 것도 매우 바람직합니다.

설명문

- **설명문 개요표 샘플 (3~4학년용)**

구성	내용 정리	예시
처음	설명할 대상/현상 간단히 소개하기	예: 로봇 청소기 = 집 안을 자동으로 청소해 주는 기계
가운데	설명할 대상/현상의 특징을 적당한 기준으로 나눠 자세히 설명하기 - 생긴 모양 - 쓰이는 곳/방법 - 특징이나 장단점	예: 둥글고 납작한 모양 버튼을 누르면 스스로 움직이며 청소 먼지 센서로 구석까지 깨끗하게 청소 모서리나 구석은 청소하기 힘듦!
끝	요약, 정리, 강조(추천 이유)	예: 바쁜 사람들에게 꼭 필요 효도템

- **설명문 개요표 샘플 (5~6학년용)**

구성	항목	내용 정리
처음	설명할 대상/현상 간단 소개	- 어떤 대상/현상에 대해 설명하려고 하는지 - 왜 이 대상/현상을 설명하게 되었는지
가운데	세부 설명 1	- 정의 또는 기본 설명(그것이 무엇인지, 어떤 기능/목적이 있는지 명확하게) - 생김새, 구조, 작동 원리 등 구체적 설명
	세부 설명 2	- 장단점, 유용한 점, 다른 것과의 차이점
	세부 설명 3	- 사용 예시, 경험, 주의할 점 등
끝	요약, 정리, 강조 (추천 이유)	- 전체 내용을 간단히 정리하고 - 나의 의견이나 제안 추천하기

논설문

- **논설문(주장하는 글) 개요표 샘플 (3~4학년용)**

구성	내용 정리	예시
처음	주장	예: 쉬는 시간을 더 늘려야 함
가운데	이유 1	– 왜 그렇게 생각하나요? 예: 쉬는 시간이 많으면 집중력이 좋아져서
	이유 2	– 또 다른 이유는? 예: 친구들과 놀 시간이 많아져서
끝	주장 요약, 주장 강조, 제안	– 주장 다시 강조하기 예: 그래서 나는 쉬는 시간이 많아져야 한다고 생각함

- **논설문(주장하는 글) 개요표 샘플 (5~6학년용)**

구성	항목	내용 정리
처음	문제 상황, 내 주장	– 이런 주장을 하게 된 이유 설명하기 – 주장하기
가운데	이유 1 (+ 타당한 근거: 경험, 사례, 인용)	– 각 이유와 더불어 타당한 근거 덧붙이기
	이유 2 (+ 타당한 근거: 경험, 사례, 인용)	▪ 타당한 근거 활용하는 법 1. 자신의 경험에서 그 근거 찾기 2. 자료 검색을 통해 통계 자료, 현실 속 사례, 배경지식 활용하기 3. 유명인의 말 인용하기
	이유 3 (+ 타당한 근거: 경험, 사례, 인용) 혹은 반대 의견 & 반박 (선택)	
끝	주장 요약, 주장 강조, 제안	– 내 주장을 요약, 정리하고, 효과를 강조하며 다시 한번 주장하기

독서 감상문

• 독서 감상문 개요표 (3~4학년용)

구성	항목	내용 정리
처음	책에 대한 간략한 소개	- 책에 대한 정보 혹은 책 표지나 제목에 대한 감상 - 책을 읽게 된 계기 - 책의 어떤 부분이 좋았는지, 어떤 내용에 흥미가 있었는지
가운데	본문 1	- 줄거리 요약
가운데	본문 2	- 인상 깊은 장면과 왜 그 장면이 인상이 깊었는지 - 주요 인물에 대한 내 생각과 느낌
가운데	본문 3	- 이 책의 주제와 주제에 대한 내 생각 - 나의 경험과 연결 짓거나 등장인물과 나 비교해 보기
끝	마무리	- 책을 읽고 난 후 내가 하고 싶은 일, 깨달은 점, 느낀 점 등 - 책에 대한 평가, 추천하고 싶은 사람과 그 이유 등

• 독서 감상문 개요표 (5~6학년용)

구성	항목	내용 정리
처음	책에 대한 간략한 소개	- 책에 대한 정보 혹은 책 표지나 제목에 대한 감상 - 책의 어떤 부분이 좋았는지, 어떤 내용에 흥미가 있었는지 - 책 내용 간략한 요약
가운데	본문 1	- 인상 깊은 장면과 주요 인물의 행동 소개 1 - 그 부분에 대한 내 생각과 감상 - 내 경험과 연결하여 깨달은 점 밝히기
가운데	본문 2	- 인상 깊은 장면과 주요 인물의 행동 소개 2 - 그 부분에 대한 내 생각과 감상 - 내 경험과 연결하여 깨달은 점 밝히기
가운데	본문 3	- 인상 깊은 장면과 주요 인물의 행동 소개 3 - 그 부분에 대한 내 생각과 감상 - 내 경험과 연결하여 깨달은 점 밝히기
끝	마무리	- 책을 읽고 난 후 내가 실천하고 싶은 일, 변화된 마음 등 - 책에 대한 평가, 추천하고 싶은 사람과 그 이유 등 - 독후감 제목에 담긴 내 생각 강조하기

제안하는 글, 기행문

- **제안하는 글 개요표 (3~6학년용)**

구성	항목	내용 정리
서론	제안 내용	문제 상황 + 제안하는 내용
본론	이유 1	제안하는 까닭과 근거 1
	이유 2	제안하는 까닭과 근거 2
	이유 3	제안하는 까닭과 근거 3
결론	마무리	제안한 내용 요약, 정리, 강조

- **기행문(3~6학년용)**

구성	항목	내용 정리
처음	여정 위주	- 언제, 어디로 갔는지 - 누구와 함께 갔는지 - 어떻게, 무얼 타고 갔는지 - 출발할 때 기분은 어땠는지
가운데	견문 + 감상 (2~3문단)	- 도착해서 무엇을 했는지 - 어떤 장소를 봤고, 어떤 활동을 했는지 - 인상 깊었던 순간은 무엇인지 - 무엇이 재미있거나 특별했는지
끝	감상 위주	- 이번 여행을 통해 느낀 점 - 활동에 대한 평가와 평가 이유 - 추천하고 싶은 사람과 그 이유

4장
핵심을 잡아내는 능력, 요약하기

본질 글쓰기 역량 키우기의 핵심 역량 중 가장 중요한 것이 무엇이냐 묻는다면 저는 1초의 망설임도 없이 '요약하기'를 꼽을 것입니다. 요약하기는 그저 읽거나 배운 내용을 짧게 줄여 쓰는 과정이 아닙니다. 읽고 듣고 배운 내용의 본질을 파악하고 중심 내용만 추려 자신의 언어로 재구성하여 표현하는 능력이기 때문입니다. 요약하기는 이렇게 읽기와 쓰기를 동시에 깊게 만드는 능력입니다. 특히 요약하기에서 '가장 중요한 내용이 무엇인가'를 가려내는 것은 모든 공부와 교과 학습의 기초가 되는 능력이자 문해력의 핵심이기도 합니다. 요약을 잘하려면 글의 구조, 중심 생각, 흐름을 파악해야 하는데 이 과정에서 글을 깊이 읽는 힘, 즉 문해력이 생겨나기 때문입니다.

본격 글쓰기에서 아이들이 가장 먼저 부딪히는 장벽도 바로 이 요약하기입니다. '요약하기'라는 산을 가장 먼저 만나게 하는 것은 바로 독후감 쓰기입니다. 독후감을 써보라 하면 대부분의 아이들이 '책을 읽게 된 동기 - 줄거리 요약 - 인상 깊은 장면 - 책을 읽고 느낀 점과 깨달은 점' 순서로 써내려 갑니다. 독후감을 쓰는 전형적인 방식입니다. 문제는 분량인데 이렇게 쓴 독후감에서 줄거리가 차지하는 비중이 7~80퍼센트 이상인 경우가 많습니다. 그 분량 안에서라도 중심 내용 위주로 일목 요연하게 요약이 된다면 좋겠지만 대체로 본인이 느끼는 대로, 꽂히는 대로 중구난방 서사를 늘어놓다가 한두 줄로 결론지어 마무리해 버리는 경우가 많습니다. 중심 내용을 잘 파악하고 내용을 구조화하며 읽어야 요약을 제대로 할 수 있습니다. 생각 없이 그저 글을 읽다 보면 다 읽고 나서 책에 대한 전반적인 인상이나 느낌은 남지만 책의 핵심을 짜임새 있게 요약해 내기는 어렵습니다.

요약을 잘하기 위해 가장 먼저 할 일은 글의 중심 내용과 핵심 메시지를 의식하며 읽는 습관을 기르는 것입니다. 아이가 눈으로만 읽는 대신 손을 함께 써서 중요한 단어나 문장에 동그라미를 치고 밑줄을 긋게 해주세요. 간단한 메모나 낱말 정리를 곁들이면 더 좋습니다. 그림이나 목차 등을 활용해 각 부분의 내용을 한 문장으로 요약해 보는 연습도 효과적입니다. 글을 깊이 있게 읽고 핵심을 붙잡는 힘이 요약의 첫걸음이 됩니다.

핵심 내용을 파악하는 읽기의 기술

1. 아이가 핵심어에 동그라미를 치며 읽게 하세요.

▶ 제목, 소제목, 목차 등에서 반복되는 단어는 핵심어일 가능성이 큽니다.

➤ 설명문에서는 중심 개념어나 주제어가 반복될 때 주목해 보세요. 눈에 자주 띄는 단어가 글 전체를 관통하는 핵심어일 수 있습니다.

2. 중심 문장에 밑줄도 그으며 읽게 하세요.

➤ 각 문단에서 중심이 되는 문장을 찾아 밑줄을 긋습니다.

➤ 중심 문장들만 다시 읽어보면 글의 주요한 줄기를 빠르게 파악할 수 있습니다.

➤ 중심 문장 중에서도 가장 핵심적인 문장이 무엇인지 고르는 연습도 함께 하면 좋습니다.

3. 글쓴이의 목적을 생각하며 읽게 하세요.

➤ 아이에게 "이 글은 왜 쓰였을까?", "무엇을 전하고 싶었던 걸까?"라는 질문을 던져보세요.

➤ 설명문과 논설문에서는 제목이나 목차에 글의 목적이 드러나는 경우가 많습니다.

➤ 문학 작품은 어떤 교훈을 주는지, 무엇을 느끼게 하는지 생각하며 읽게 하세요.

4. 접속어를 주목하면 중심 생각이 보입니다.

➤ 짧은 비문학 글에서는 '그러므로, 그래서, 따라서'와 같은 접속어의 앞뒤 문장을 주의 깊게 읽어야 한다는 것을 일러둡니다.

➤ 이런 접속어가 포함된 문장에 글쓴이의 중심 주장이나 결론이 담겨있을

가능성이 크다는 것을 아이들이 눈치챌 수 있도록 여러 차례 경험하게 합니다.

다음 단계는 책의 성격에 맞춰 요약을 구조화하는 훈련입니다. 이야기책을 읽을 땐 인물, 사건, 해결 과정을 중심으로 구조화하여 정리하게 해주면 좋습니다. 고학년은 육하원칙에 따라 이야기를 재정리하게 하세요. 5줄 요약 훈련도 좋습니다. 1줄은 책의 성격, 2~3줄은 주요 인물과 사건 전개, 마지막 1줄은 책의 메시지를 씁니다. 처음엔 낯설어도 몇 번의 훈련만으로 아이는 요약의 구조를 파악하는 감각을 익히게 됩니다. 학년별 요약하기 훈련은 이 장의 실전 팁에서 응용해 보실 수 있습니다.

요약하는 능력을 키우는 데 필요한 쓰기의 기술

1. 간략하게 중심 내용만 한 줄로 써보는 습관을 들이세요.
   - ▶ '이 ○○○은 ~에 관한 글/책/영상(장르)이다'로 한 줄 정리해 말하고 쓰게 하세요.

2. 중요도에 따라 줄을 세우는 연습을 합니다.
   - ▶ 글이나 영상, 책에서 '가장 중요한 3가지 정보'를 찾는 연습을 자주 시켜주세요.
   - ▶ "가장 중요한 내용은 뭐야?", "그다음은?", "꼭 기억해야 할 3가지를 뽑아보자!" 이 질문들에 답하는 습관을 들이면 정보를 중요도 순으로 분류하

고 우선순위를 판단하는 능력이 생깁니다.

3. 구조를 바탕으로 요약해 보게 하세요.
➤ '처음-가운데-끝' 구조에 따라 각 부분을 1문장씩 요약해 보면 전체를 세 부분으로 나눠 요약할 수 있습니다.

4. 연결어를 생략하고 핵심어로만 써보는 연습을 시켜주세요.
➤ '왜냐하면', '그리고', '그래서' 같은 접속어 없이 핵심 단어만 뽑아 나열해 보게 하면 한눈에 핵심만 정리할 수 있는 훈련이 됩니다.

5. 시각적 요약(마인드맵, 도식, 표 등)을 활용하세요.
➤ '요약=문장'이라고 고정하지 말고, 핵심 내용을 도식화하거나 그려보게 하세요.
➤ 아이들이 내용 간 관계와 흐름을 눈으로 볼 수 있어 요약의 이해도가 높아집니다.

6. 제목으로 요약하기 훈련도 효과적입니다.
➤ 읽은 글이나 책에 새로운 제목을 붙이는 것도 요약의 한 방식입니다.
➤ "이 글의 제목을 하나 지어보자.", "왜 그렇게 지었어?" 하고 물어보면, 자연스럽게 내용의 핵심을 파악하고 정리하는 훈련이 됩니다.

일상에서 요약하는 힘 키우기

요약하기는 읽기 능력과 쓰기 능력을 한 차원 끌어올리는 데 유용한 글쓰기입니다. 요약하기 훈련만 잘해도 잘못된 읽기 습관을 고치고, 임팩트 있는 글쓰기가 가능해집니다.

아무리 좋은 글을 읽고 써도, 핵심을 놓치면 진짜 의미는 사라집니다. 아이가 책을 다 읽고 "재미있었어요!" 하고 끝낸다면 사실 아무것도 안 한 거나 마찬가지입니다. 요약하기는 글을 읽고 난 뒤 단순히 줄거리를 말하는 것을 뜻하는 것이 아닙니다. 전체의 흐름을 정리하고 그 흐름 속에서 진짜 핵심을 붙잡는 것을 의미합니다. 이렇게 요약하는 훈련은 하루아침에 길러지는 것이 아니기에 일상에서 수시로 반복하는 노력이 필요합니다.

"이 글을 한 문장으로 말한다면 뭐라고 할래?"

이 질문 하나에 아이의 사고력, 문해력의 기본기가 고스란히 담겨있다고 보셔도 무방합니다. 꼭 책상 앞에서 연필을 들지 않고서라도 우리는 일상에서 아이들과 충분히 요약하기 훈련을 할 수 있습니다. 읽기 독립이 되지 않은 아이들에게 그림책을 읽어준 뒤 지나가는 말처럼 "이 책은 무슨 책이었어?" 하고 묻는 겁니다. 아이의 대답을 잘 받아서 "아, 흥부가 착하게 살아서 나중에 복을 받고, 놀부는 자기 욕심만 챙기며 살다가 나중에 벌받는 이야기 책이구나!" 같이 주요 내용 위주로 갈무리해 주면 됩니다.

책 읽기에서만 요약하기 훈련이 가능한 것은 아닙니다.

"오늘 가장 기억에 남는 일을 한 문장으로 정리해 볼까?"

"방금 본 그 영상은 뭐야? 간단하게 말해줄래?"

"그 게임은 어떤 게임이야?"

"오늘 과학 시간에 뭐 배웠어?"

이렇듯 아이가 접한 어떤 경험의 핵심을 짧고 간결하게 표현할 수 있도록 해주세요. '한 문장으로 말하기' 같은 놀이로 연결해도 좋습니다. 책, 영상, 하루 일과, 학교와 학원 공부 등 어떤 경험도 가능합니다. 공부가 아니라 그저 궁금해서, 소통하기 위해서 묻는 것처럼 질문해 보세요. 그 간단한 대화가 사고력, 문해력, 말하기 능력, 글쓰기 능력, 나아가 전 과목 학습의 기초 능력이 될 수 있습니다.

뾰족하게 본질을 꿰뚫어 핵심만 전달하는 힘, 요약하기

요약하는 능력은 학교 모든 과목의 공부에서 필요한 주요 능력입니다. 글의 구조를 파악하고 중심 내용을 빠르게 포착해 그 위에 자신의 생각을 얹는 것이 문해력 훈련의 핵심이기 때문입니다. 서술형 평가에서도 자주 등장하는 문항이니 다양한 방식으로 요약하기 훈련을 해둘 필요가 있습니다. 그뿐 아닙니다. 아이의 삶에 들어온 정보를 정리하고 전달하는 힘도 요약하기에서 나옵니다. AI가 주도하는 미래 사회에는 온갖 정보가 범람할 것입니다. 같은 자료를 접해도 누군가는 핵심을 정확히 파악하고 정리해 성과를 내는 반면 어떤 이는 정보에 휘둘리며 방향을 잃고 맙니다. 이때 중심을 잃지 않고 자기 방향성을 찾게 해주는 힘의 기반도 요약하기로 다질 수 있습니다.

요약은 긴 이야기를 단숨에 꿰뚫는 통찰의 눈입니다. 글의 겉껍질을 벗기고 중심을 포착해 내는 이 능력은 단순한 기술이 아니라 생각의 정수를 뽑아내는 힘입니다. 이 힘이 날카로울수록 아이는 글을 더 깊이 있게 읽고 더 정제된 언어로 세상과 소통할 수 있게 됩니다.

본질 글쓰기의 핵심은 결국 자기 안의 생각을 꺼내어 의미 있게 전달하는 것입니다. 요약하기는 그 힘을 가장 날렵하게 구현해 낼 수 있는 도구입니다. 아이가 요약하는 힘을 가질 수 있다면 어떤 글도 흔들림 없이 꿰뚫어 보고 어떤 주제도 자기 것으로 정리해 낼 수 있습니다. 이것이 바로 본질 글쓰기가 도달하고자 하는 궁극의 성장입니다.

실전 TIP

장르별 요약하기 훈련법

장르별로 책을 읽고 요약하는 법도 다릅니다. 장르적 특성에 맞게 요약하는 훈련을 해보세요. 요약하기가 한결 수월해질 겁니다.

1. 이야기책 요약 훈련 (전 학년 공통)
1) 이야기 구조를 질문으로 잡아주세요.
2) 아이에게 아래 다섯 가지 질문을 하나씩 던져가며 이야기의 흐름을 정리해 보게 합니다. 이 다섯 질문에 따라 정리하게 하면 사건 중심 요약이 자연스럽게 훈련됩니다.
☺ 어떤 인물이 나와?
☺ 그 인물은 어떤 사람이야?
☺ 또 다른 인물은 누구야?
☺ 주인공에게 어떤 일이 생겨?
☺ 결국 그 일은 어떻게 해결돼?
3) 처음엔 말로 요약하게 해보고 익숙해지면 글로 쓰게 유도하세요.

2. 육하원칙 요약 훈련 (고학년)
글의 핵심을 구조적으로 잡는 데는 육하원칙에 따른 요약 훈련이 효과적입니다. '누가? 언제? 어디서? 무엇을? 왜? 어떻게?' 이 여섯 가지 질문을 바탕으로 글을 정리하게 해보세요. 이 방법은 설명문·논설문뿐 아니라 이야기 구조 파악에도 탁월합니다.

3. 5문장 요약 훈련 (고학년)
처음엔 낯설지만 익숙해지면 요약형 글쓰기의 기본 체력이 됩니다. 한 줄 요약이 충분히 된 다음에 연습하면 좋습니다.
☺ 1문장(첫 번째 줄): 어떤 책인지 간단히 소개
☺ 2~3문장(두 번째 줄~네 번째 줄): 주인공(또는 인물)의 사건과 전개
☺ 1문장(다섯 번째 줄): 작가가 전하려는 메시지

4. 비문학 요약 훈련 (전 학년 공통)

정보 글(설명문·논설문)은 지식을 체계적으로 정리하는 것이 요약의 핵심입니다. 요약 훈련 전 책의 차례부터 훑어보게 하세요. 아래 기준으로 비교·정리하면 내용 간 차이와 연결 구조까지 함께 파악할 수 있습니다.

★ 요약할 때 세 가지 기준으로 나눠 정리하게 합니다.
☺ 새롭게 알게 된 내용
☺ 이미 알고 있었던 내용
☺ 알고 있던 내용에서 더 확장된 지식

★ 실전 훈련 팁 (고학년)
짧은 설명문이나 논설문은 제목 → 중심 문단 → 문단별 한 줄 요약 순으로 정리해 보게 하세요. 구조의 흐름(서론–본문–결론)을 자연스럽게 익힐 수 있습니다.

5. 인물 이야기 요약 훈련 (고학년)

인물 중심 글은 일대기의 흐름 + 의미 있는 사건 요약이 기본입니다.
☺ 인물의 생애를 5문장 내외로 요약합니다.
☺ 인생 전환점이나 핵심 사건을 1~2개로 정리합니다.
☺ 인물에게 배울 점을 한 단어로 정의하게 합니다.(예: 도전, 지혜, 정의감)

★ 실전 훈련 팁
☺ 같은 분야에서 활동한 인물, 같은 시대 인물과 비교 요약 훈련을 해보세요.
☺ 공통점과 차이점 중심으로 정리하면 비판적 사고까지 함께 훈련됩니다.

5장
설득력과 구체성을 키우는 예를 들어 설명하기

 초중고 서술형 평가가 확대되면서 초등 글쓰기가 점점 더 중요한 역량으로 떠오르고 있습니다. 특히 아이들이 자신이 아는 것과 자기 생각을 글로 표현하는 힘은 국어 과목을 넘어 모든 교과의 바탕이 되고 있습니다. 고교 내신마저도 100퍼센트 서술형 평가를 향해 나아가고 있는 요즘, 서술형 평가에서 가장 자주 등장하는 유형이 바로 '요약하기'와 '예를 들어 설명하기'입니다. 요약하기가 '글의 전체를 꿰뚫는 힘'이라면, 예를 들어 설명하기는 '글로 설득하는 힘'입니다. 글의 틀을 잡는 요약과 내용을 밀도 있게 채우는 예시 쓰기는 함께 훈련되어야 하는 쌍둥이 역량입니다. 이 두 가지 역량은 초등 글쓰기에서 핵심적으로 다뤄져야 합니다.

 '예를 들어 설명하라'는 말은 쉽게 보이지만 막상 글로 써보자고 하면 아이들은 곧잘 막막해합니다. "예를 어떻게 들어야 해요?", "그냥 제 생각만 쓰면 안 돼요?" 하고 묻습니다. 예를 드는 것은 왜 이렇게 어려울까요?

첫째, 아이들에게 '예시'는 생각보다 생소한 개념입니다. 자신의 주장을 뒷받침하기 위한 보조 정보라는 개념 자체를 이해하기 어려워합니다.

둘째, 구체적인 사례를 떠올리는 훈련이 되어있지 않습니다. 평소 일상에서 겪은 일이나 본 것들을 글로 연결하는 경험이 부족하기 때문입니다.

셋째, 예시가 논리적으로 맞는지 판단하고 연결하는 사고 과정이 복잡하기 때문입니다. 단순히 떠오른 걸 쓰는 것이 아니라, '내 주장에 맞는 적절한 사례인가'를 스스로 판단해야 하니 어렵게 느끼는 것이죠. 처음에는 조금 어긋나는 예시를 찾아와도 이해하면서 점점 정확도를 키워가는 훈련이 필요합니다.

그래서 예를 들어 설명하는 훈련을 할 때는 학년에 맞는 접근이 필요합니다. 저학년일수록 일상 속 경험과 연결해 구체적인 상황을 떠올리게 하는 것이 좋습니다. "언제 그런 경험을 했니?", "그런 상황이 네 일상에도 있었니?" 같은 질문을 통해 아이들이 자신의 삶에서 구체적인 경험이나 사례를 직접 꺼내 쓸 수 있도록 하는 겁니다. 교실이나 가정, 놀이 상황처럼 아이들이 쉽게 떠올릴 수 있는 장면을 끌어내면 자연스럽게 구체적인 예시가 나옵니다.

고학년은 그보다 한 단계 더 나아가야 합니다. 생각에 타당한 이유를 대고, 그 이유를 뒷받침할 수 있는 근거나 사례를 덧붙여야 합니다. 이때 자주 활용하는 방식이 '오레오 맵(OREO Map) 글쓰기'입니다. 주장, 이유, 예시, 마무리의 구조로 짧은 글을 쓰는 방법이지요. 고학년 아이들은 아래와 같이 오레오 글쓰기를 통해 자신의 주장을 설득력 있게 펼쳐 나가는 힘을 기를 수 있습니다.

- ▶ **Opinion(의견)** 내 생각이나 의견을 주장한다.
- ▶ **Reason(이유)** 그 이유나 근거를 댄다.
- ▶ **Example(증명)** 사례와 예시로 증명한다.
- ▶ **Opinion(의견)** 핵심 의견을 거듭 강조한다.

아래의 글은 '돈이 많으면 행복할까?' 수업에서 아이들이 찬반 토론을 한 뒤 자신의 주장을 오레오 글쓰기로 풀어낸 글입니다.

> 돈이 많으면 행복합니다. 왜냐하면 돈은 원하는 것을 가장 쉽게 가져다주는 요술램프이기 때문입니다. 예를 들어 좋은 집과 차를 원하면 돈으로 살 수 있습니다. 여행을 좋아해서 세계 일주를 하고 싶다면 돈으로 얼마든지 여행을 할 수도 있습니다. 또 자기가 원하는 직업을 얻는 데 공부를 잘해야 한다면 돈으로 좋은 선생님에게 비싼 수업을 들을 수도 있습니다. 돈은 우리가 원하는 걸 얻게 해줍니다. 그러므로 돈이 많으면 행복할 수 있습니다.
>
> ─ 유현초 4학년 김명진

> 돈이 많아야 꼭 행복한 것은 아닙니다. 왜냐하면 돈이 없어도 행복할

수 있기 때문입니다. 예를 들어 집에 아이가 있다면 그 집은 행복할 수 있습니다. 아이는 부모에게 기쁨과 행복을 주는 존재이기 때문입니다. 그러므로 꼭 돈이 많아야 행복할 수 있는 것은 아닙니다.

― 유현초 4학년 김도윤

　명진이는 '돈이 많으면 원하는 것을 쉽게 얻을 수 있기 때문에 행복하다'는 주장을 뒷받침할 다양한 구체적 예시를 들고 있습니다. 그 예시를 듣는 아이들이 고개를 끄덕입니다. 반면 도윤이는 그런 명진이와는 달리 '돈이 없어도 행복할 수 있다'는 주장을 펼쳤는데, 그 예로 '아이가 주는 기쁨'을 들었습니다. 이 예시에 아이들의 의견이 무성해집니다. '너무 돈이 없으면 아이가 있어도 불행하지 않겠냐' 등의 반박이 쏟아집니다. 하지만 그럴 수도 있겠다며 놀라워하는 친구도 있습니다. 이런 과정을 통해 아이들은 같은 주장에도 다양한 관점이 존재한다는 것을 알게 됩니다. 자신의 주장에 어떤 예를 드느냐에 따라 읽는 이의 공감도와 반응이 달라진다는 것도 알게 됩니다. 무엇보다 아이들은 자신의 주장에 걸맞은 구체적인 사례를 찾는 과정에서 논리적인 말하기와 쓰기 능력을 키울 수 있습니다.

　또한 아이가 자신의 경험뿐 아니라 뉴스, 속담, 책이나 영화 속 사례 등 다양한 자료에서 예시를 찾을 수 있도록 안내해 주는 것도 필요합니다. 초등 6학년 국어 교과서에서는 자신의 주장을 더 설득력 있게 만들기 위해 다양한 자료를 활용하는 방법을 배웁니다. 권위 있는 기관의 통계 자료를 인용하거나 뉴스 기사에서 인상 깊은 사례를 가져오고, 유명한 인물의 발언이나 명언을 인용하는 등의 방식이 소개되지요. 예를 들어 '환경을 보호해야 한다'는 주장을 펼칠 때 환경부 통계 자료를 인용하거나 그레타 툰베리 같은 환경 운동가의 사례를 덧붙이면 글의 신뢰도가 높아지고 설득력이 생깁니다. 그렇게 해야 글이 풍부해지고, 논리의 밀도도 높아집니다.

예를 들어 설명하기의 힘

예시의 힘은 말하고자 하는 바를 구체적이고 생생하게 만들어 독자의 공감을 불러일으키는 데 있습니다. 특히 아이들에게 추상적인 개념이나 낯선 단어를 설명할 때 예시는 더 큰 효과를 발휘합니다. 예를 들어 『아름다운 가치 사전』(채인선 글, 김은정 그림, 한울림어린이, 2005)이라는 책에는 '배려'라는 단어를 설명하면서 "배려란, 친구를 위해 걸음을 천천히 걷는 것, 걸으면서 같이 이야기하는 것"이라는 지문과 함께 목발을 짚은 아이 옆에서 친구의 가방까지 다 둘러맨 아이가 나란히 걷는 이미지가 실려 있습니다. 단어의 뜻을 사전처럼 풀이하기보다 구체적인 상황을 보여줌으로써 어린이들이 단어의 뜻을 자연스럽게 이해하고 공감하게 돕는 방식이지요. 아이들에게 '자유'는 '억압이 없는 상태'라고 설명하기보다는 '학교 끝나고 엄마 허락 없이 친구랑 놀이터에 갈 수 있는 것, 네가 하고 싶은 대로 시간을 쓸 수 있는 것, 그게 자유야'라고 알려주는 것이 훨씬 이해하기 쉽습니다.

또 이런 구체적이고 생생한 사례는 타인의 공감을 쉽게 불러일으킬 수 있습니다. 설명하기 수업 중 한 아이가 '가족은 왜 소중한가요?'라는 질문에 이런 대답을 썼습니다.

"가족은 나를 사랑해 주는 사람들이기 때문입니다. 예를 들어 내가 아플 때 엄마는 밤새도록 내 옆을 지켜주었고, 아빠는 약을 사 오고 따뜻한 죽을 끓여 주셨습니다. 그때 나는 가족이 있어서 참 다행이라는 생각을 했습니다."

이 글을 본 다른 아이들은 "맞아요, 저도 아플 때 엄마가 옆에 있어줬어요.", "아빠가 무거운 책가방을 들어줬을 때 생각났어요." 하며 고개를 끄덕였습니다. '가족은 나를 사랑해 주니까 소중하다'는 막연한 설명보다 실제 있었던 상황 하나가 훨씬 더 깊은 공감과 이해를 이끌어낸 것입니다.

막연했던 개념이 예시를 통해 또렷해지고 머릿속에서 이미지로 그려지면 기억에도 오래 남습니다. 단순한 설명은 금세 잊혀도 실제 상황에 빗댄 예시는 우리의 뇌리에 강하게 남아 이후 사고의 기준이 되기도 합니다. 저는 어린 시절 읽었던 『어린 왕자』에서 여우가 말했던 '길들이다'라는 개념을 30년이 지나도록 선명하게 기억하고 있습니다. "넌 아직 내게 세상에 흔한 여러 아이들과 전혀 다를 게 없는 한 아이에 지나지 않아. 하지만 네가 나를 길들인다면 우리는 서로에게 세상에 단 하나뿐인 존재가 되는 거야"라는 말은 '길들임'이라는 단어와 더불어 '관계'라는 추상적 개념을 아주 선명하게 전달해 주었습니다. 그 말은 제가 어른이 되어 관계를 맺을 때 소중한 지침이 되어주기도 하였습니다. 구체적인 예시는 잊히지 않는 한 컷의 이미지를 제공합니다. 이 이미지가 감정과 엮이면서 오래도록 바래지 않은 한 장의 사진처럼 기억에 남게 되는 것입니다.

예를 들어 설명하는 힘을 키워야 하는 이유는 아이들이 단순히 글을 더 잘 쓰게 만드는 데에 있지만은 않습니다. 예를 잘 드는 사람이라는 건 듣는 이의 입장을 잘 배려하는 사람이라는 뜻이기도 합니다. 상대가 이해하기 쉬운 방식으로 말하고 쓰는 습관이 몸에 배어있기 때문입니다. 또 생각을 정리하고 표현하는 데도 능숙합니다. 예시를 들기 위해서는 머릿속에서 개념과 경험, 논리와 감정을 함께 정리해야 하기에 예를 잘 든다는 건 곧 생각이 명확하고 연결이 잘되어 있다는 뜻이기도 합니다. 그래서 예시를 잘 드는 사람은 설명도 잘하고 말도 조리 있게 하며 글도 설득력 있게 쓰는 사람으로 자랄 가능성이 큽니다.

'예를 들어 설명하기'는 말하고자 하는 생각을 삶의 장면 안으로 끌어들이는 기술입니다. 추상적인 생각을 구체적으로 보여주고 막연한 주장에 감정과 공감을 더하며 타인의 세계로 가닿게 하는 다리 역할을 합니다. 본질 글쓰기의 두 방향성, '자기 이해'와 '타인 설득'을 동시에 이루는 가장 실질적인 글쓰기 방법이 바로 이 '예를 들어 설명하기'입니다.

실전 TIP

일상 속
'예를 들어 설명하기' 훈련법

1. 그림책 내용 속에서 예시 찾기 (저학년)
그림책을 읽고 "이 장면이 말하고자 하는 걸 다른 상황으로 말해보자" 또는 "비슷한 일이 너한테도 있었어?"라는 질문을 던지고 생각해 보기

예시

『알사탕』(백희나, 스토리보울, 2024)을 읽고
"혹시 내 마음과 다르게 말이 나간 적 있어? 너도 그런 경험 있어?"
"네, 있어요. 정후가 나만 안 끼워주고 다른 애들이랑만 놀아서 속상했는데… 저번에는 나랑 같이 게임하자고 했는데, 저도 모르게 싫다고 해 버렸어요."

2. "~와 같아요" 비교 예시 말하기 (저학년)
한 상황에서 아이가 느꼈던 감정을 물어보고, 아이가 특정 감정을 말하면 "또 언제 그 감정을 느꼈을까?" 식의 비유 유도하기

예시

"슬펐어요." → "슬펐구나. 어떤 때처럼 슬펐어? 예로 들어볼까?" → "예를 들어, 아이스크림을 떨어뜨렸을 때처럼 속상했어요."

3. 짧은 말놀이 "예를 들어 말해봐!" (저학년)
엄마가 짧은 문장을 말하면 아이는 "예를 들어~" 문장으로 받아치기

예시

엄마: "행복하다는 건 어떤 걸까?"
아이: "예를 들어, 엄마가 짜장 떡볶이 만들어줄 때 엉덩이춤을 추고 싶은 거!"

4. 주장 + 예시 한 문장 말하기 (고학년)
아이의 주장에 그에 맞는 구체적인 예시를 이어서 말하거나 써보게 하기

[예시]

친구 사이에는 신뢰가 중요해요.
→ 친구 사이에는 신뢰가 중요해요. 친구가 나에게 비밀을 말해도 다른 친구에게 절대 그 비밀을 말하지 않아야 신뢰를 지킬 수 있어요.

5. 속담을 예로 바꿔 보기 (고학년)
속담을 실제 사례로 바꿔 쓰게 하기

[예시]

가는 말이 고와야 오는 말이 곱다
→ 내가 진영이한테 오늘 예쁘다고 기분 좋게 말 걸었더니, 진영이도 나에게 오늘 내 스타일이 멋지다며 칭찬을 해주었다.

6. 자료를 활용한 근거 예시 만들기 (고학년, 초등 6학년 교과 연계)
주장하는 주제와 관련된 뉴스 기사, 통계, 명언 등을 인용하며 설명글 쓰기

[예시]

환경 보호는 반드시 필요하다. 예를 들어, 환경부에 따르면 매년 10억 개 이상의 일회용 플라스틱 컵이 버려진다고 한다.

7. 반박 예시 들어보기 (고학년)
누군가의 주장에 대해 예를 들어 반박하는 글 쓰기

[예시]

→ 과도한 핸드폰 사용은 어린이들에게 해로울 수 있습니다. 하지만 핸드폰을 이용해 전자책을 읽는다거나 유익한 교육 콘텐츠를 보고, 우리 생활에 필요한 앱으로 어떤 게 있는지 구상하는 데 활용한다면 핸드폰은 그 어떤 매체보다 유익할 수 있습니다.

6장

상황 감각을 키우는, 대상과 목적에 맞게 쓰기

아이들은 평소에 말을 참 잘합니다. 친구에게 할 말도 많고, 좋아하는 것에 대해 열정적으로 설명하기도 하지요. 그런데 막상 그 말을 글로 옮기려 하면 말하던 느낌이 잘 살지 않고, 문장이 어색하거나 격식에 맞지 않는 경우가 많습니다. 왜 그럴까요? 말은 표정, 손짓, 목소리 높낮이 같은 보조 장치들이 함께하지만 글은 그렇지 않기 때문입니다. 글은 오직 문장 하나하나로 의미를 전달해야 하기에 더 섬세한 감각이 필요합니다. 그 감각이 바로 '상황 감각'입니다.

상황 감각이란, 글을 쓰는 사람이 글이 쓰이는 상황을 읽어내고 그에 맞게 글의 말투, 구조, 표현을 조율할 줄 아는 감각을 말합니다. 더 풀어서 설명하자면

▶ 누구에게 쓰는 글인지 (대상)

> ➤ 왜 쓰는 글인지 (목적)

> ➤ 언제, 어디서, 어떤 분위기에서 읽힐 글인지 (상황)

이 세 가지를 파악하고 그것에 맞게 글의 스타일을 정하는 것입니다. 마치 우리가 상황에 맞는 옷차림을 하는 것처럼 글에도 상황에 맞는 옷을 입히는 것이죠.

글은 자기 생각을 표현하는 수단이지만 단지 쓰는 사람만을 위한 도구는 아닙니다. 글은 결국 누군가에게 '읽히기 위해 쓰는 것'입니다. 그래서 글쓰기에는 '누구에게, 왜 쓰는가'를 생각하는 감각, 즉 '상황 감각'이 꼭 필요합니다. 그런데 많은 아이들이 글을 쓸 때 이 상황 감각을 놓치곤 합니다. 글을 쓰는 목적과 대상을 생각하지 않고 글을 쓰면 글의 말투와 내용, 방향이 쉽게 흔들립니다.

예를 들어 '나의 장점을 써보세요'라는 과제를 내면 어떤 아이는 친구에게 소개하듯 쓰고, 어떤 아이는 입학사정관에게 자기소개서를 제출하듯 씁니다. 같은 주제지만 독자가 누구인지에 따라 내용 구성이나 어휘, 말투는 달라져야 합니다. 그런데 많은 아이들이 글을 쓸 때 '나만의 생각'을 적는 데에만 집중하곤 합니다. 이럴 때 우리는 아이들에게 이렇게 말해줄 필요가 있습니다.

"글은 내가 쓰지만 읽는 사람을 위해 쓰는 거야."

갈래별 글쓰기를 배우기 시작하면 아이들은 다양한 글의 종류와 목적, 형식을 배우게 됩니다. 이때 글을 쓰기 전에 습관처럼 등장해야 하는 두 가지 질문이 있습니다.

"이 글은 누구에게 보여주는 글이야?"

"이 글로 무엇을 전하고 싶어?"

대상과 목적을 의식하는 훈련을 하는 것입니다. 이 두 질문에 대한 답을 찾은 뒤 글을 쓰게 하면 아이들의 글은 훨씬 선명한 방향성을 갖게 됩니다. 주제도 흔들리지 않고, 어투나 문장 구성도 더 적절해집니다. 갈래별 글의 정의와 목적, 대상 들을 몇 번이고 다시 상기시켜 주지 않아도 됩니다. 그래서 상황 감각이란 글을 쓰는 아이가 '누가 읽는지, 왜 쓰는지, 어떤 자리에서 읽는 글'인지를 생각하며 그에 맞게 글의 내용과 스타일을 조절하는 힘이기도 합니다.

상황에 따라 달라지는 글 경험해 보기

상황 감각을 키우는 데 좋은 훈련 중 하나는 같은 종류의 글을 다른 대상과 목적으로 써보는 것입니다. 이때 활용하기 좋은 글쓰기가 '자기소개서 쓰기'입니다. 저는 자기소개서 쓰기 수업을 학년별로 다양하게 진행하는 편인데, 대상과 목적에 따라 글쓰기를 하면 한 사람의 자기소개서도 완전히 다른 글이 될 수 있다는 것을 보여줄 수 있어 자주 활용하는 편입니다.

예를 들어, 새 학기가 되어 반 친구들 앞에서 하는 자기소개를 글로 먼저 써보게 합니다. 그럴 때는 나의 성격이나 특징이 잘 드러나게 소개하되 되도록 친근한 투로, 기억에 남을 만큼 개성적으로 표현할 수 있도록 독려합니다.

안녕! 나는 김도윤이야. 초콜릿보다 하리보 젤리를 좋아하고, 몸 쓰는 놀이보다 머리 쓰는 놀이를 좋아해.

매일 아침 늦잠 자는 바람에 머리가 반쯤 부풀어있는 상태로 등교하지만, 내 장점은 약속을 잘 지킨다는 거야. 요즘은 챗지피티와 대화 나누는 걸 좋아하고, 퉁퉁퉁퉁 퉁퉁퉁퉁 사후르처럼 AI가 만들어낸 신조어에 관심이 많아. 올 한 해, 나와 같이 신조어 만들어볼 사람 주저 말고 말 걸어줘! 잘 부탁해~

— 유현초 6학년 김도윤

도윤이는 위의 자기소개 글에서 자신의 취향, 습관, 좋아하는 일 들을 친근하고 유머러스한 어투로 소개하고 있습니다. 자신과 취향이 맞는 친구를 구하기 위해 자신의 최근 관심사를 가장 자세하게 이야기하며 함께 어울리고 싶은 마음을 잘 담아낸 글입니다.

이번에는 도윤이가 가고 싶어 하는 과학 특성화 중학교의 입학 자기소개서를 써보게 하였습니다. 입학사정관에게 자신의 관심 분야와 활동 이력, 그에 따른 학습 태도가 잘 드러날 수 있도록 논리적이고 구체적이며 진정성이 보이는 자기소개서를 쓸 수 있도록 독려했습니다.

안녕하세요. 저는 유현초등학교 6학년 김도윤입니다.

5학년 때 우연히 본 과학 다큐멘터리에서 인공지능 로봇을 본 뒤, AI에 깊은 관심을 갖게 되었습니다. 그 이후로 관련 책을 읽고, 블록 코딩을 배우며 간단한 게임도 만들어 봤습니다.

특히 사람의 감정을 분석하는 기술에 흥미를 느끼고, 관련 유튜브와 책을 찾아보며 스스로 정리하는 습관도 들였습니다. 『열세 번째 아이』 와 『순재와 키완』 같은 책을 읽으며 AI 로봇과 인간이 공존하는 시대가 오면 어떤 문제들이 생길지 생각해 보았고, AI와 인간의 결정적인 다른 점은 무엇일까에 대한 글도 써 보았습니다. 〈A.I〉 영화와 〈아이 로봇〉 영화를 여러 번 다시 보며 로봇과 인간의 차이점에 대해 열심히 생각도 해 보았습니다.

○○중학교의 인공지능 프로젝트 수업과 로봇 동아리에 꼭 참여해 제 관심 분야를 더 깊이 있게 탐구해 보고 싶습니다.

— 유현초 6학년 김도윤

도윤이는 위의 글에서 진짜 입학사정관에게 자신의 소개서를 보낸다 생각하고 진지하게 글을 써냈습니다. 지원하고자 하는 학교의 특성과 자신의 관심사, 활동 이력이 잘 일치한다는 것을 보여주기 위해 본인의 다양한 노력을 구체적인 예시를 들어 보여주고 있습니다. 자신의 열정을 피력하는 것도 잊지 않았네요. 상황에 맞는 자기소개서로 도윤이는 자신과 독자를 연결할 훌륭한 다리를 만들어낸 것입니다.

이처럼 독자가 누구인지, 글의 목적이 무엇인지 정확히 짚고 들어가면 아이들도 어떤 내용을 어떤 어투와 구조로 써내려 가야 할지 감을 잡게 됩니다. 이렇게 상황 감각을 가지게 되면 아이는 필요한 자리에 어울리는 글을 쓸 수 있게 됩니다. 자기소개서, 제안서, 편지, 보고서처럼 목적이 분명한 글에서 상황 감각은 글의 완성도를 결정짓는 요소입니다. 생각을 조직하는 능력, 표현하는 능력, 독자를 고려하는 능력이 함께 맞물릴 때 비로소 전달력 있는 글이 나옵니다.

결국 본질 글쓰기에서도 가장 중요한 건 전달력입니다. 그 전달력은 글의 정확도, 표현력, 공감력이라는 세 요소가 어우러질 때 나옵니다. 그리고 이 모든 출발점이 바로 상황을 읽어내는 감각입니다. 글을 쓰기 전에 '누구에게, 왜, 어떤 상황에서' 쓰는지를 떠올리는 것만으로도 아이의 글은 독자와 더 깊이 연결될 수 있습니다.

본질 글쓰기의 힘

앞선 장에서 글을 거리낌 없이 유창하게 쓰는 법을 익혔던 아이들은 이제 글을 짜임새 있게 완성하는 단계로 접어들었습니다. 문단 나누기로 생각을 정리하고, 개요표로 구조를 세우며, 요약하기로 핵심을 잡습니다. 예를 들어 설명하기로 설득력을 키우고, 대상과 목적에 맞게 쓰는 훈련을 하면서 아이들은 '뼈대'와 '근육'을 갖춘 글을 써낼 수 있게 됩니다.

제5부에 담긴 여섯 가지 본질 글쓰기 역량은 단순히 시험을 잘 보거나 과제를 잘하기 위한 기술이 아닙니다. 아이가 자기 생각을 구조화하고 논리를 전개하며 타인과 연결되는 글을 쓰는 데 꼭 필요한 힘입니다. 이 힘은 교과 글쓰기, 수행평가, 일기, 독후감, 자기소개서 등 실전 글쓰기에서 빛을 발하는 중요한 연금술이 되어줄 것입니다.

아이들에게 글쓰기를 가르칠 때 우리는 종종 형식, 문법, 평가 기준에 집중합니다. 하지만 본질 글쓰기는 그보다 먼저 이렇게 물어야 한다고 이야기합니다.

'왜 우리 아이들은 글을 써야 할까?'

'글을 쓰게 하면 우리 아이들에게 뭐가 좋은데?'

'글쓰기를 통해 우리 아이들의 삶이 어떻게 달라질 수 있는데?'

세상이 변해도 변하지 않는 핵심을 향해 나아가는 글쓰기 방법이 바로 본질 글쓰기입니다. 세상 모든 존재가 그렇듯 겉에 붙은 것들—형식, 수단, 습관, 유행, 도구—을 벗기고 나면 그 안에 있는 핵심적 의미, 즉 본질은 쉽게 바뀌지 않습니다. 글쓰기의 본질은 잘 쓰는 기술을 익히는 것이 아니라 자신의 생각과 감정을 꺼내어 자기답게 표현하는 힘입니다. 교육의 본질은 사람을 사람답게 키우는 일이겠지요. 그러니 글쓰기가 그 어떤 역량보다도 중요한 시대에 글쓰기 교육은 아이가 내면의 말에 귀 기울이고, 스스로 사고하고 표현하는 존재로 성장하도록 돕는 일이 되어야 합니다. 잘 쓰는 법보다 먼저 가르쳐야 할 것은 '어떻게 나답게 쓸 수 있는가'입니다. 그렇게 글쓰기 교육이 본질을 향해 나아갈 때 아이들은 자신의 목소리로 삶을 자기답게 이야기할 수 있는 사람, 말과 글로 세상과 연결되는 사람으로 자랄 수 있을 거라 확신합니다. 이것이 바로 우리가 아이들에게 글쓰기를 가르치는 진짜 이유가 되어야 합니다.

글쓰기를 하다 보면 아이들도 헷갈릴 때가 있을 겁니다.

'어떻게 써야 하지?'

'이렇게 써도 되나?'

'나 지금 잘 쓰고 있나?'

그럴 때마다 돌아가야 할 출발점은 바로 본질입니다.

'내가 왜 이 글을 쓰려고 했더라?'

'이 글에서 제일 중요하게 말하고 싶은 건 뭐지?'

그 질문이 본질에 가닿을 때, 아이의 글은 비로소 자기 힘으로 다시 길을 찾아나갈 수 있습니다.

본질 글쓰기는 재미있습니다.

쓰는 즐거움을 맛본 아이는 계속 쓰고 싶어집니다.

그 힘을 아이 안에서 키워주는 것,

그것이 바로 본질 글쓰기의 목표입니다.

실전 TIP

대상과 목적에 따라 달라지는
다양한 자기소개서 써보기

중저학년의 경우는 다양한 관점에서 자신을 바라보고 창의적인 방식으로 표현하여 주변 사람들에게 개성 있게 스스로를 드러낼 수 있는 자기소개서를 쓰게 합니다. 쓰면서 본인도 즐길 수 있는 방법들을 소개합니다. 고학년의 경우 대상과 목적에 맞게 보다 실용적인 자기소개서 쓰기를 훈련해 보면 좋습니다.

1. 나를 소개하는 작은 책자 만들기 (저학년)
자기소개는 자신을 돌아보고 나만의 매력을 발견해 보는 좋은 기회입니다. 특히 저학년 아이들에게는 글을 잘 쓰는 것보다 자신에 대해 즐겁게 탐색하고 표현하는 경험이 중요합니다. 작은 책자를 직접 만들어 자신을 그림과 말로 자유롭게 소개해 봅니다. 책 만들기라는 형식을 활용하면 아이들은 놀듯이 몰입하게 되고, 자신도 몰랐던 모습을 새롭게 발견하며 자신감도 얻게 됩니다.

준비물: A4용지 3장, 풀, 가위, 색연필, 연필, 사진(선택), 스티커(선택)

활동 구성

총 6~8쪽 분량의 작은 책자를 직접 만들어, 아래와 같은 순서로 내용을 채워봅니다.
[1쪽] 표지 – 제목:『나를 소개합니다!』, 이름, 날짜, 그림 넣기
[2쪽] 나에 대한 기본 정보 – 이름, 나이, 생일, 가족 구성, 학교 등
[3쪽] 겉으로 보이는 나의 모습 – 머리 색, 키, 표정, 얼굴 생김새, 옷 스타일 등
[4쪽] 내가 좋아하는 것 vs 싫어하는 것 – 음식, 놀이, 장소, 계절 등 자유롭게 적기
[5쪽] 내가 잘하는 것 vs 아직 못하는 것
[6쪽] 내가 인기 있는 이유 – 가족, 친구, 반려동물 입장에서 상상해 보기
[7쪽] 앞으로의 나 – 미래의 나, 되고 싶은 직업, 하고 싶은 일
[8쪽] 내가 나에게 해주고 싶은 말

2. 마인드맵으로 나 소개하기 (저학년)

아래 방식으로 마인드맵을 그린 뒤 가족들 앞에서 발표해 봅니다. 다른 시간에 마인드맵을 바탕으로 '나를 소개하는 글쓰기' 활동을 해봐도 좋습니다.

준비물 : 마인드맵 템플릿 또는 A4용지, 연필, 색연필, 사인펜

[활동 방법]

1) 중앙에 자기 이름이나 '나'라고 쓰기
2) 좋아하는 것, 자주 하는 일, 가족, 꿈, 나의 특징 등 가지를 4~6개로 뻗어나가게 그리기
3) 가지마다 단어·그림·한 문장으로 자신을 표현하기

3. 「나 사용 설명서」 자기소개서 쓰기 (고학년)

고학년을 위한 유쾌하고 창의적인 자기소개 활동입니다. 자기 자신을 객관적이고 유쾌하게 바라보는 시각을 가질 수 있습니다. 가족들이 각자 '나 사용 설명서'를 쓰고 공유한다면 멋진 시간이 될 거예요.

준비물 : A4용지 또는 자기소개서 템플릿, 연필, 색연필 또는 사인펜

[활동 방법]

1) '제품'에 비유해 나를 소개해 보기
☺ 제품명(이름), 출고일(생년월일), 타입(성격), 강점과 단점 등
☺ 일상적인 자기소개 대신 유쾌하고 독창적으로 '나'를 표현하기
2) 창의적 항목 구성으로 개성과 위트 표현하기
☺ 예시 항목
· 제품명 / 출고일 / 타입
· 강점 / 단점
· 방전 시 충전법
· 평소 관리 요령
· 고장 시 대처법
· 업그레이드 계획
· 사용 시 주의점
· 사용자에게 한마디

> 예시

「나 사용 설명서」

제품명: 이나영

출고일: 2013년 6월 25일

타입: A타입

제품의 강점: 튼튼해서 어디 고장이 잘 안 난다. 아무거나 잘 먹는다.

제품의 단점: 너무 튼튼해서 학교 빠질 기회가 없다. 너무 잘 먹어서 돈이 많이 든다.

방전 시 충전법: 단 것을 먹인다. 핸드폰과 침대를 제공해 주면 된다.

평소 관리 요령: 제때 먹을 것을 주고, 칭찬을 많이 해준다.

고장 시 대처법: 혼자만의 시간을 준다. 용돈을 준다.

업그레이드 계획: 태권도 유단자

사용 시 주의점: 숙제를 많이 내주면 자폭한다. 제품 위에 곤충을 올려놓지 말 것!

사용자에게 한마디: 조용히 살자!

— 유현초 5학년 이나영

4. 목적과 대상에 따른 자기소개서 쓰기 (고학년)

대상과 목적이 달라지면 글의 내용과 구성, 어휘, 문장의 길이까지 달라져야 함을 실제로 느끼게 합니다.

1) 반 친구들 앞에서 하는 자기소개 글쓰기

☺ 포인트: 나를 개성 있고 인상적으로 소개하기, 친해지고 싶은 마음 담기

☺ 내용: 취향, 특징, 습관, 별명, 관심사, 특이한 버릇 등

☺ 말투: 편하고 유쾌한 말투, 구어체 가능

☺ 어휘: 요즘 말, 유행어, 감정 표현 자연스럽게 하기

2) 중학교 입학을 위한 자기소개서

☺ 포인트: 입학사정관에게 '나는 어떤 성향과 잠재력을 가진 아이'인지 정확하게 보여주기, 관심사, 활동 경험, 학습 태도, 성장 의지 강조

☺ 내용: 구체적인 활동 경험 + 그 경험에서 얻은 배움, 진로와 연결하여 서술

☺ 말투: 단정하고 또박또박한 말투, 약간의 진지함 필요

☺ 어휘: 정확한 단어 선택, 성장 의지나 태도를 나타내는 어휘 사용

3) 캠프 참가 신청용 자기소개서

☺ 포인트: 나의 성격과 태도, 팀 활동에서의 장점 보여주기, 왜 캠프에 참여하고 싶은지, 어떤 사람인지 전달

☺ 내용: 도전 정신, 협동 경험, 배우고 싶은 의지 등을 중심으로 구성

☺ 말투: 반말은 피하되 너무 딱딱하지 않은 말투

☺ 어휘: 활동적인 표현, 긍정적 성격 묘사, 협동과 소통 강조

에필로그

글쓰기로 아이를 잘 키우고 싶은
당신을 위한 따뜻한 동행

"넌 참 글을 잘 쓰는구나."
어린 시절, 그 한마디에 제 존재의 문이 열렸습니다.
글을 쓴다는 건 세상에 없는 존재로 살아가던 제가
누군가의 눈에 '보이는 사람'이 되는 일이었습니다.
글쓰기는 살면서 저에게
저로 서는 법,
저로 크는 법,
저로 잘 사는 법을 알려 주었습니다.

그리고 다 자라 어른이 된 지금,
저는 아이들에게 그 말을 돌려주기로 하였습니다.
"넌 참 글을 잘 쓰는구나!"

그 말이 마치

"넌 참 잘 크고 있구나!"

"넌 참 잘 살고 있구나!"

라고 들리기를 바랍니다.

『초등 본질 글쓰기』는

그저 아이들이 글을 잘 쓰게 하는 법을 지도하는 책은 아닙니다.

글을 통해 아이의 마음을 읽고

함께 성장하고 싶은 어른들을 위한 책입니다.

글놀이로 장벽을 낮추고

관찰로 눈을 틔우고

묘사로 감정을 표현하게 하며

"지금도 충분히 잘하고 있어"라고 말해주는 글쓰기를

선사할 것입니다.

이 책을 덮는 순간,

당신도 아이와 함께 쓰고 싶어질 것입니다.

그리고 그렇게 함께 쓰는 글은

당신 아이의 삶을, 당신 자신의 삶을

조금 더 풍요롭고 따뜻하게 가꾸어줄 것입니다.

감사의 말

내가 잘할 수 있고 또 잘하고 싶은 일로 나의 쓸모를 찾아 나를 다시 세우는 데 많은 이들의 도움이 있었습니다. "다른 길을 찾아 나선 자에게만 그 길은 나를 향해 마주 걸어온다"(박노해,「다른 길」,『다른 길』, 느린걸음, 2014) 해오름평생교육원 벽에 걸려있던 그 구절 위에서 저는 이 길을 시작할 수 있었습니다. 아이들을 어떻게 대하고, 수업은 어떻게 이뤄져야 하며, 교사는 어떤 사람이어야 하는지 그 기본을 배울 수 있어 감사했습니다. 또 여기 실린 수업 아이디어들은 독서논술지도사를 위한 월간잡지『배워서 남주자』에서 영감을 받은 것이 많습니다.

변함없는 밝기와 온기로 길잡이가 되어주셨던 엄혜선 선생님, "잘한다, 잘한다"로 언제나 든든하게 지지해 주셨던 김순애 선생님, 넉넉한 쉼터가 되어주셨던 홍상희 선생님, 진심을 다해 기도해 주셨던 채은기 선생님, 응원으로 힘을 주었던 한윤선 선생님, 안식이 필요할 때 품을 열어주었던 김정현 선생님, 기꺼이 내 편이 되어주셨던 고병수 선생님 감사합니다.

본질 글쓰기를 본질 글쓰기답게 만들어 주신 도서출판 사이드웨이 박성열 대표님과 신수빈 에디터님, 배선화 에디터님, 감사합니다. 원고를 읽어주시고 추천사를 써주신 강원국 작가님과 박형만 원장님께도 깊은 감사를 드립니다. 첫 책이 나오면 꼭 불러보고 싶었던 분들도 계십니다. 김수진 푸른숲 부대표님, 한때 깡 있는 손자영으로 살 수 있었던 건 당신이 계셨기 때문이라는 걸 나중에야 깨달았습니다. 감사합니다. "사고 좀 쳐도 괜찮아. 너는 그래도 괜찮아!"라며 제 지평을 넓혀 주셨던 김혜경 전 푸른숲 대표님, 어떤 상황과 사정이 있어도 내게는 늘 "예스!"를 외쳐줬던 오랜 친구 김솔미 위즈덤하우스 팀장님, "넌 늘 장하다!"며 예나 지금이나 기꺼이 내 편에 서주시는 유은실 작가님, 감사합니다. 제주 블루플래닛 최보년 원장님, 브레인웨이브 홍지혜 원장님, 당신들의 첫 책에도 제 이름이 새겨지면 좋겠습니다. 감사합니다. 책 쓰기에 집중할 수 있도록 무던한 언덕이 되어주었던 나의 관식이 김준현 씨, 좀 더 나은 내가 될 수 있도록 일깨워 주고, 힘내게 해주는 나의 아들 김도윤에게 감사를 전합니다.

무엇보다 사랑 가득한 눈으로 "선생님"이라 불러주는 준희, 주하, 우희, 태양, 하준이, 현승, 명진, 하윤, 율, 준기, 태희, 서연, 규림, 태희, 민하, 민주, 시원, 재연, 민영, 서아, 하랑, 태호, 수현, 승휘, 지호, 주원, 성원, 이현, 현항, 예나, 나영, 예빈, 준혁, 시연, 리현, 연우, 연하, 지우, 규원, 정우, 서원, 우진, 채언, 서진… 그리고 다 부르지 못한, 나를 잠시라도 스쳐 갔던 작은 스승들과 학부모님들에게 감사합니다. 앞으로도 아이들과 함께 읽고 쓰며 무럭무럭 커 보겠습니다.

초등 본질 글쓰기
자기답게 쓰면서 성장하는 아이들

발행일	2025년 7월 28일 초판 1쇄
지은이	손자영
편집	박성열, 신수빈, 배선화
디자인	박은정
인쇄	재원프린팅
제본	라정문화사
발행인	박성열
발행처	도서출판 사이드웨이
출판등록	2017년 4월 4일 제406-2017-000041호
주소	서울시 영등포구 선유로 114, 양평자이비즈타워 705호
전화	031)935-4027 팩스 031)935-4028
이메일	sideway.books@gmail.com
ISBN	979-11-91998-51-1 (03370)

- 잘못 만들어진 책은 구입처에서 바꾸어 드립니다.
- 이 책의 전부 또는 일부 내용을 재사용하려면 사전에 도서출판 사이드웨이의 동의를 받아야 합니다.